Evaluation Report of County Science &
Technology Innovation in Jiangxi Province

江西省
县域科技创新能力评价报告
2022年度

邹　慧　王秋林　胡紫祎　熊永丽／著

科学出版社

北　京

内 容 简 介

在借鉴国内外现有研究成果的基础上，本书结合江西省情，建立县域科技创新评价指标体系，从创新环境、创新投入、创新成效和经济社会发展四个方面全面客观地评价江西全省 100 个县（市、区）科技创新的发展状况，并结合县域实际提出对策建议。

本书可为江西省委、省人民政府及各有关部门清楚地掌握科技创新的"家底"提供参考。另外，书中通过年度对比分析的方式，既能反映各县（市、区）过去一年科技创新取得的成绩，又能帮助其准确找到自身不足，从而有利于各县（市、区）更有针对性地推动科技创新工作。

本书适合相关研究人员、科技决策部门管理者和工作人员、广大科技工作者阅读。

审图号：赣 S（2024）109 号

图书在版编目（CIP）数据

江西省县域科技创新能力评价报告.2022年度 / 邹慧等著. -- 北京：科学出版社，2024.11. -- ISBN 978-7-03-079557-1

Ⅰ.F124.3

中国国家版本馆CIP数据核字第2024G2V794号

责任编辑：朱萍萍 李嘉佳 / 责任校对：韩 杨
责任印制：师艳茹 / 封面设计：有道文化

科学出版社 出版
北京东黄城根北街 16 号
邮政编码：100717
http://www.sciencep.com

北京建宏印刷有限公司 印刷
科学出版社发行 各地新华书店经销
＊

2024年11月第 一 版 开本：720×1000 1/16
2024年11月第一次印刷 印张：17 3/4
字数：253 000

定价：168.00元

（如有印装质量问题，我社负责调换）

P 前 言
REFACE

　　为深入贯彻落实党的二十大精神和习近平总书记考察江西重要讲话精神，江西省始终坚持创新在现代化建设全局中的核心地位，不断把科教强省战略向纵深推进。开展县域科技创新能力评价是贯彻落实《中共江西省委、江西省人民政府关于深入实施创新驱动发展战略推进创新型省份建设的意见》的重要抓手。

　　为摸清全省县域科技创新能力"家底"，促进县域科技创新能力快速提升，江西省科学院课题组自2015年开始持续对县域科技创新能力评价进行专题研究，在深入调研、专家论证的基础上，从创新环境、创新投入、创新成效和经济社会发展四个方面，建立江西省县域科技创新能力评价指标体系，并连续7年完成了《江西省县域科技创新能力评价报告》（2015～2022年）。历年报告都得到了省委、省人民政府领导、省直相关部门及部分县（市、区）的高度肯定。特别是，2018年、2019年、2021年度评价结果由江西省推进创新型省份建设领导小组印发全省通报，有力地推动了全省县域科技创新能力的提升。

　　县域创新需要社会各界的广泛关注与努力，需要各部门的大力支持与重视。我们将认真听取各方意见与建议、不断总结完善，使这项工作更科学、更客观，更能如实地反映县域创新的发展现状，为县域发展提供决策参考，为江西创新型省份建设提供重要支撑。

《江西省县域科技创新能力评价报告》课题组

2024 年 6 月

C目 录
CONTENTS

第一章

江西省县域科技创新能力评价指标体系

第一节　县域与科技创新能力

县域，是以县级行政区划（县、区、县级市）为地理空间，以县级政权为调控主体，具有地域特色和功能完备的区域。

科技创新是原创性科学研究和技术创新的总称，是创新和应用新知识、新技术、新工艺，采用新的生产方式和经营管理模式，开发新产品、提高产品质量、提供新服务的过程，可以分成知识创新、技术创新和管理创新。科技创新能力主要是指一个地区创造新知识的能力、获取一切可用知识的能力、企业自主创新能力、优化创新环境能力和提升创新经济绩效的能力，是区域发展的最主要动力之一[①]。

开展县域科技创新能力评价工作，是对全省县域科技创新状况的深入摸底调查与动态监测，对县域科技创新能力进行全面系统的分析评判。评价工作分别从创新环境、创新投入、创新成效、经济社会发展等方面，挖掘制约科技创新的因素和根源，为各县（市、区）制定科技政策与发展战略，优化创新环境，提高县域创新能力，为促进科技、经济、社会融合发展提供重要参考。

---

① 雷勇. 2009. 县域科技创新能力评价研究 [D]. 长沙：湖南师范大学.

第二节　指标体系组成

课题组参照科技部建设创新型省份、建设创新型县（市）指标体系及科技部战略院《中国区域科技创新评价报告》[①]，结合江西省高质量发展综合绩效考核及江西省县域工作实际，对原有县域创新能力评价指标体系进行修订完善，在征求各地市及省直相关部门意见的基础上，形成了江西省县域科技创新能力评价指标体系（表 1-1）。

表 1-1　指标体系

指标		描述
科技创新能力		科技创新能力综合反映创新环境、创新投入、创新成效、经济社会发展的总体状况
一级指标（4 项）	创新环境	创新需要一定的基础和环境，对于集聚创新要素、挖掘创新潜能至关重要，创新环境综合反映各县（市、区）的创新基础条件和创新意识
	创新投入	创新投入强度与经济增长存在显著的正相关关系，适度强化的创新投入有助于迅速提升技术水平，通过技术创新促进经济增长，提升竞争力。创新投入是指用于科技创新活动中的各种投入，主要包括各县（市、区）的人力投入和财力投入状况
	创新成效	创新成效是创新活动的直接产出，是衡量县（市、区）创新能力的重要指标，主要包括各县（市、区）的技术创新和产业化水平
	经济社会发展	创新活动最终是要服务于社会、造福于社会，促进经济社会和人类生活的共同进步。经济社会发展综合反映经济增长和社会生活水平
二级指标（8 项）	创新基础	反映区域开展创新活动的现有状况
	科技意识	反映各县（市、区）政府、企业、民众对科技创新活动的参与度
	人力投入	反映各县（市、区）在开展科技创新活动方面的人力投入状况
	财力投入	反映各县（市、区）在开展科技创新活动方面的经费投入状况
	技术创新	反映各县（市、区）企业在技术改进或创新方面的成效
	产业化水平	反映各县（市、区）在创新成果转化方面的能力
	经济增长	反映各县（市、区）创新活动对推动地方经济增长的成效
	社会生活	反映各县（市、区）创新活动最终对当地社会生活的改善

① 中国科学技术发展战略研究院. 2020. 中国区域科技创新评价报告 2020[M]. 北京：科学技术文献出版社.

续表

指标		描述
三级指标（20项）	规模以上企业数	反映县（市、区）企业规模状况，是创新活动的主体和县域创新的基石，指年度主营业务收入在 2000 万元以上的工业、建筑业、服务业法人单位。数据来源于省统计局
	规模以上工业企业建立研发机构的比例	反映县（市、区）企业开展技术创新活动能力的情况，指所辖区域内规模以上工业企业拥有经地市级及以上政府有关部门认定的研发机构占比数；企业研发机构是指在企业内设立的独立或非独立的具有自主研发能力的技术创新组织载体。数据来源于省统计局
	当年① 新增省级及以上研发平台/创新载体	反映县（市、区）创新动力和基础条件，指一个监测年度内，新认定的省级和国家级研发平台和创新载体总量。包括：①平台：国家（级）或省（级）实验室、重点（工程）实验室、工程（技术）研究中心、制造业技术中心、企业技术中心、技术创新中心、产业创新中心；②载体：国家级知识产权强县、知识产权强县建设试点县；国家级或省级高新区、农业科技园、国际科技合作基地、高新技术产业化基地、火炬特色产业基地、科技企业孵化器、创新型县（市、区）、众创空间；省级新型研发机构、引进共建高端研发机构、文化和科技融合示范基地、小型微型企业创业创新示范基地、江西省制造业高质量发展试验区、博士后创新实践基地。数据来源于省科技厅、省发展和改革委员会、省工业和信息化厅、国家知识产权局、省人力资源和社会保障厅
	人均科普经费投入	反映政府当年对科技宣传、科学普及的重视程度，指单位人口中实际用于科普管理、研究及开展科普活动的全部实际支出。数据来源于省科学技术协会
	每十万人科普专职人员	指一个监测年度内各县（市、区）每十万人口中配备的科普专职人员数。开展科普专题活动是让公众接受科学知识、推广科学技术、树立科技意识的重要方式。科普专职人员是指依照《中华人民共和国科学技术普及法》，弘扬科学精神，普及科学知识，传播科学思想和科学方法，开展青少年科学技术教育活动，提高全民科学素质的专职人员。数据来源于省科技厅
	规模以上工业企业中万人 R&D 人员全时当量	反映县（市、区）研究与试验发展（research and development，R&D）活动的人力投入水平，指一个监测年度内，每万人口中规模以上工业企业 R&D 人员按实际从事 R&D 活动时间计算的工作量，包括全时人员折合全时工作量与所有非全时人员工作量之和。数据来源于省统计局
	规模以上工业企业 R&D 人员占从业人员比重	反映县（市、区）企业研发人力投入情况，指一个监测年度内各县（市、区）规模以上工业企业 R&D 人员数量占规模以上工业企业从业人员数量的比重，企业 R&D 人员主要包括研究人员、技术人员和辅助人员三类。数据来源于省统计局

① 书中提到的当年的数据/结果均为 2022 年的数据/结果，上一年的数据/结果均为 2021 年的数据/结果。

续表

指标		描述
三级指标 （20项）	规模以上工业企业R&D经费支出	R&D经费投入是反映县（市、区）科技创新水平的重要指标，县（市、区）R&D经费投入的最主要来源是规模以上工业企业，包括与地区生产总值（gross domestic product，GDP）之比、增幅两个方面。与GDP之比是衡量县（市、区）科技投入水平最重要、最综合的指标，指一定时期内规模以上工业企业R&D经费支出与同期地区生产总值的比值；增幅指县（市、区）规模以上工业企业R&D经费支出较上一年增长百分比。数据来源于省统计局
	规模以上工业企业R&D经费支出占营业收入比重	反映县（市、区）企业创新能力和创新投入水平，包括数值、增幅两个方面，指一个监测年度内规模以上工业企业的R&D经费内部支出占其营业收入的比重。数据来源于省统计局
	万人有效发明专利拥有量增量	专利数量是反映地区科技活动质量的重要指标，发明专利又是其中更为重要的指标[1]。有效发明专利拥有量增量，反映县（市、区）创新活动的质量，指一个监测年度内新增的每万人口拥有的发明专利有效数量。数据来源于省市场监督管理局
	每万家企业法人高新技术企业数	反映县（市、区）高新技术企业密集度、高技术产业发展水平和产业结构优化调整的情况。指一个监测年度内，每万家企业法人单位中在认定有效期内正常运行的高新技术企业数量。数据来源于省科技厅和省市场监督管理局
	每万家企业法人科技型中小企业数	反映县（市、区）科技创新活力，指一个监测年度内，每万家企业法人单位中科技型中小企业数量。科技型中小企业是依托一定数量的科技人员从事科学技术研究开发活动，取得自主知识产权并将其转化为高新技术产品或服务，从而实现可持续发展的中小企业，也是科技创新梯次培育（科技型中小企业—高新技术企业—瞪羚企业—独角兽企业）的重要后备力量。数据来源于省科技厅和省市场监督管理局
	规模以上工业企业新产品销售收入占营业收入比重	反映县（市、区）规模以上工业企业采用新技术原理、新设计构思研制、生产全新产品的状况，或在结构、材质、工艺等某一方面有明显改进的情况，指一个监测年度内各县（市、区）规模以上工业企业新产品销售收入占其营业收入的比重。数据来源于省统计局
	高新技术产业增加值占规模以上工业增加值比重	反映县（市、区）产业结构优化程度，包括数值、增幅两个部分。数值指高新技术产业增加值与规模以上工业增加值的比值，增幅指高新技术产业增加值占规模以上工业增加值比重较上一年增长百分比。数据来源于省统计局

---

[1] 中国科学技术发展战略研究院. 2020. 中国区域科技创新评价报告2020[M].北京：科学技术文献出版社.

续表

指标		描述
三级指标 （20项）	技术合同成交额	反映县（市、区）技术市场的发展和技术成果交易情况，包括总量、与 GDP 之比两个部分。总量指一个监测年度内由技术市场管理办公室认定登记的技术合同（技术开发、技术转让、技术咨询、技术服务）标明的金额总和；与 GDP 之比指一个监测年度内某一个县（市、区）技术合同成交额（按技术合同登记地域划分）与同期地区生产总值的比值。数据来源于省科技厅和省统计局
	农业产业化省级以上龙头企业数	反映县（市、区）农产品产业化情况，指以农产品生产、加工、流通或农业相关服务性为主业，通过各种利益联结机制带动农户，使农产品生产、加工、销售有机结合，相互促进，在规模和经营指标上达到规定标准，并经国家或省级有关部门认定的企业数量。数据来源于省农业农村厅
	GDP 较上一年增长	反映县（市、区）经济发展状况，指区域内 GDP 较上一年增长的百分比。数据来源于省统计局
	本级地方财政科技支出占公共财政支出比重	反映县（市、区）政府科技投入力度，指本级政府科学技术支出决算额占本级财政一般公共预算支出决算额的比重。数据来源于省财政厅
	居民人均可支配收入	反映县（市、区）居民经济收入水平和社会生活水平，指居民可用于最终消费支出和储蓄的总和，即居民可用于自由支配的收入，包括工资性收入、经营净收入、财产净收入和转移净收入。数据来源于国家统计局江西调查总队
	万人社会消费品零售额	反映县（市、区）消费支出水平和社会生活水平，指非生产、非经营用的实物商品金额，及提供餐饮服务所取得的收入金额总和。数据来源于省统计局

第三节　指标体系架构

江西省县域科技创新能力评价指标体系架构如表 1-2 所示。

表 1-2　江西省县域科技创新能力评价指标体系架构

总得分	一级指标	二级指标	三级指标（20 个）	备注
科技创新能力	创新环境	创新基础	规模以上企业数（家）	
			规模以上工业企业建立研发机构的比例（%）	
			当年新增省级及以上研发平台 / 创新载体（个）	国家级
				省级

续表

总得分	一级指标	二级指标	三级指标（20个）	备注
科技创新能力	创新环境	科技意识	人均科普经费投入（元）	
			每十万人科普专职人员（人）	
	创新投入	人力投入	规模以上工业企业中万人R&D人员全时当量（人·年）	
			规模以上工业企业R&D人员占从业人员比重（%）	
		财力投入	规模以上工业企业R&D经费支出*	与GDP之比
				增幅
			规模以上工业企业R&D经费支出占营业收入比重（%）	数值
				增幅
	创新成效	技术创新	万人有效发明专利拥有量增量（件）	
			每万家企业法人高新技术企业数（家）	
			每万家企业法人科技型中小企业数（家）	
		产业化水平	规模以上工业企业新产品销售收入占营业收入比重（%）	
			高新技术产业增加值占规模以上工业增加值比重（%）	数值
				增幅
			技术合同成交额*	数值（万元）
				与GDP之比
			农业产业化省级以上龙头企业数（个）	
	经济社会发展	经济增长	GDP较上一年增长（%）	
			本级地方财政科技支出占公共财政支出比重（%）	
		社会生活	居民人均可支配收入（元）	
			万人社会消费品零售额（万元）	

注：*标注的指标实际的含义包括两个方面，是两个方面计算的结果，无单位，全书同。

第二章
江西省县域科技创新能力评价

第一节　江西省县域科技创新能力总体评价

江西省县域科技创新能力总得分，最高分为月湖区（94.81分，鹰潭市），最低分为都昌县（53.22分，九江市）。全省平均得分为69.95分，低于全省所有区（74.14分），但高于所有县（68.25分）和县级市（69.20分）平均水平。根据各县（市、区）创新能力总得分情况，将全省100个县（市、区）划分为以下几类（表2-1、图2-1、图2-2）。最高分与最低分的比值为1.78，与上一年的1.76基本持平。

表2-1　江西省2022年100个县（市、区）科技创新能力总得分划分类别

类别	描述
第一类	综合评价总得分90.00分（含）以上地区有2个，即月湖区（鹰潭市）、青山湖区（南昌市）
第二类	综合评价总得分80.00（含）～90.00分的地区有新建区（南昌市）等9个地区。与上一年对照，2022年县域科技创新能力总得分前十位的地区中，7个保留、3个（青云谱区、湘东区、万安县）退出，3个（新建区、浮梁县、贵溪市）新进入
第三类	综合评价总得分69.95（含）～80.00分的地区有高安市（宜春市）等34个。全省平均水平之上的县（市、区）共有45个，与上一年持平（图2-2）
第四类	综合评价总得分60.00（含）～69.95分的地区有吉水县（吉安市）等50个
第五类	综合评价总得分60.00分以下的地区有庐山市（九江市）等5个。较上一年减少7个

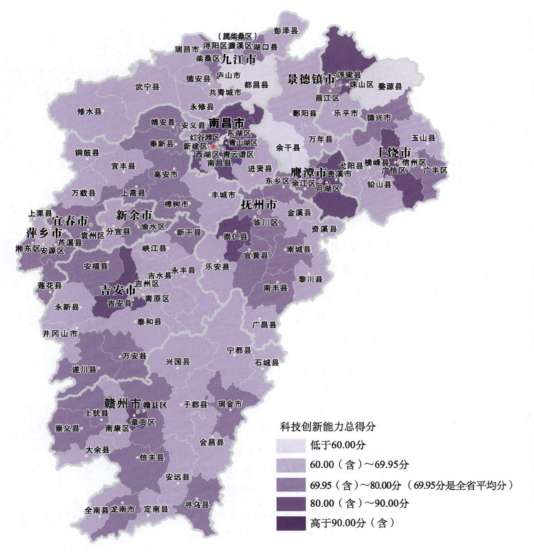

图 2-1　江西省 2022 年县域科技创新能力分布图

排名	县域	得分/分		排名	县域	得分/分
1	月湖区	94.81		51	丰城市	68.81
2	青山湖区	90.55		52	濂溪区	68.73
3	新建区	89.34		53	玉山县	68.72
4	吉安县	85.67		54	安义县	68.31
5	浮梁县	84.32		55	安源区	68.10
6	南昌县	83.77		56	乐安县	68.01
7	珠山区	82.81		57	彭泽县	67.86
8	崇仁县	82.61		58	金溪县	67.56
9	广信区	81.56		59	泰和县	67.52
10	贵溪市	81.14		60	广昌县	67.22
11	章贡区	81.07		61	青原区	67.17
12	高安市	78.53		62	浔阳区	67.13
13	青云谱区	78.36		63	会昌县	67.12
14	渝水区	77.70		64	弋阳县	66.93
15	寻乌县	77.65		65	德安县	66.37
16	湘东区	77.32		66	永新县	66.23
17	西湖区	76.99		67	万载县	66.11
18	上犹县	76.40		68	吉州区	65.63
19	柴桑区	75.99		69	信州区	65.52
20	袁州区	75.61		70	铜鼓县	65.37
21	临川区	75.40		71	定南县	65.19
22	龙南市	74.91		72	共青城市	65.15
23	信丰县	74.74		73	铅山县	64.88
24	余江区	74.30		74	万年县	64.72
25	湖口县	73.87		75	大余县	64.61
26	宜黄县	73.72		76	上栗县	64.59
27	昌江区	73.17		77	井冈山市	64.45
28	广丰区	73.14		78	宜丰县	64.42
29	安福县	73.04		79	永丰县	64.40
30	南城县	72.71		80	永修县	64.38
31	奉新县	72.51		81	峡江县	64.32
32	靖安县	72.01		82	进贤县	64.30
33	樟树市	71.82		83	兴国县	64.12
34	万安县	71.69		84	红谷滩区	63.84
35	莲花县	71.68		85	瑞昌市	63.71
36	新干县	71.20		86	武宁县	63.51
37	芦溪县	71.15		87	石城县	63.42
38	南丰县	70.92		88	乐平市	63.09
39	赣县区	70.90		89	于都县	62.21
40	崇义县	70.90		90	横峰县	61.87
41	遂川县	70.60		91	分宜县	61.63
42	瑞金市	70.52		92	宁都县	60.98
43	上高县	70.29		93	南康区	60.92
44	东乡区	70.20		94	鄱阳县	60.78
45	德兴市	70.12		95	修水县	60.28
46	吉水县	69.52		96	庐山市	58.09
47	资溪县	69.45		97	婺源县	57.24
48	安远县	69.41		98	余干县	56.50
49	全南县	69.40		99	东湖区	55.56
50	黎川县	69.07		100	都昌县	53.22

全省平均水平线

图 2-2 江西省 2022 年县域科技创新能力总得分与排名

第二节   江西省县域科技创新能力分类比较

目前，江西省共有县（市、区）100个，经济基础、主导产业、功能定位、自然资源、区位优势等方面各有不同。为了能更公平、公正、客观地评价江西省县域科技创新能力，根据《江西省人民政府关于印发江西省主体功能区规划的通知》（赣府发〔2013〕4号）和产业发展情况及省委办公厅、省人民政府办公厅《关于印发〈江西省高质量发展考核评价实施意见〉的通知》，书中将江西省所有县（市、区）分为三类：重点开发区（35个，一类）、农业主产区（33个，二类）、重点生态区（32个，三类）进行分类比较。

一、重点开发区（一类）

重点开发区共有35个县（市、区），创新能力总得分最高的三个地区分别是月湖区（鹰潭市）、青山湖区（南昌市）、新建区（南昌市）；得分最低的三个地区分别是乐平市（景德镇市）、南康区（赣州市）、东湖区（南昌市）。重点开发区中创新能力平均得分为74.10分，高于全省平均水平、农业主产区、重点生态区平均水平。根据各县（市、区）创新能力得分情况，将重点开发区划分为以下几类（表2-2、图2-3）。

表2-2   江西省2022年重点开发区（一类）科技创新能力得分划分类别

类别	描述
第一类	创新能力总得分80.00分（含）以上的地区有9个，即月湖区（鹰潭市）、青山湖区（南昌市）、新建区（南昌市）、吉安县（吉安市）、南昌县（南昌市）、珠山区（景德镇市）、广信区（上饶市）、贵溪市（鹰潭市）、章贡区（赣州市）。与上一年相比，新建区、贵溪市、章贡区为新进入地区，90.00分以上有2个，与上一年持平
第二类	创新能力总得分74.10（含）～80.00分的地区有8个，即高安市（宜春市）、青云谱区（南昌市）、渝水区（新余市）、湘东区（萍乡市）、西湖区（南昌市）、柴桑区（九江市）、袁州区（宜春市）、临川区（抚州市）。重点开发区平均水平以上的地区共有17个，较上一年增加2个
第三类	创新能力总得分60.00（含）～74.10分的地区有湖口县（九江市）等17个
第四类	创新能力总得分低于60.00分的地区只有1个，即东湖区（南昌市）

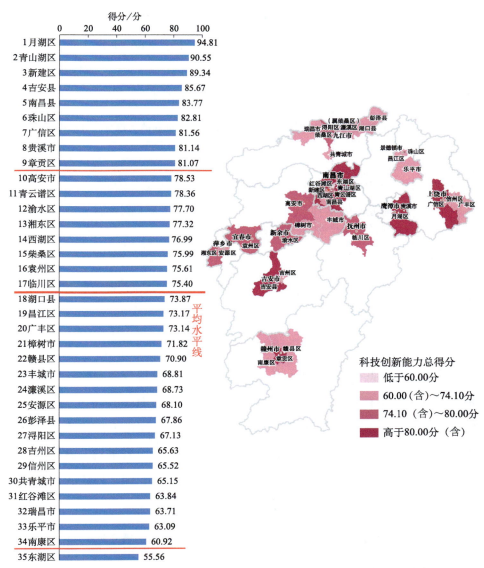

图 2-3　江西省 2022 年重点开发区（一类）县域科技创新能力排名及分布图

二、农业主产区（二类）

农业主产区共有 33 个县（市、区），创新能力总得分最高的三个地区分别是崇仁县（抚州市）、信丰县（赣州市）和余江区（鹰潭市），与上一年一致；得分最低的三个地区分别是鄱阳县（上饶市）、余干县（上饶市）和都昌县（九江市）。农业主产区的创新能力平均得分为 66.74 分，低于全省平均、重点开发区、重点生态区平均水平。根据各县（市、区）创新能力得分情况，将农业主产区划分为以下几类（表 2-3、图 2-4）。

表 2-3　江西省 2022 年农业主产区（二类）科技创新能力得分划分类别

类别	描述
第一类	创新能力总得分 80.00 分（含）以上的地区只有 1 个，即崇仁县（抚州市）
第二类	创新能力总得分 66.74（含）～80.00 分的地区有信丰县（赣州市）等 15 个。农业主产区平均水平以上的地区共有 16 个，较上一年下降 1 个
第三类	创新能力总得分 60.00（含）～66.74 分的地区有德安县（九江市）等 15 个
第四类	创新能力总得分低于 60.00 分的地区有 2 个，即余干县（上饶市）和都昌县（九江市）

三、重点生态区（三类）

重点生态区共有 32 个县（市、区），创新能力总得分最高的三个地区分别是浮梁县（景德镇市）、寻乌县（赣州市）和上犹县（赣州市）；得分最低的三个地区分别是修水县（九江市）、庐山市（九江市）和婺源县（上饶市）。重点生态区创新能力平均得分为 68.73 分，低于全省平均、重点开发区平均水平，高于农业主产区平均水平。根据各县（市、区）创新能力得分情况，将重点生态区划分为以下几类（表 2-4、图 2-5）。

表 2-4　江西省 2022 重点生态区（三类）科技创新能力得分划分类别

类别	描述
第一类	创新能力总得分 80.00 分（含）以上的地区也只有 1 个，即浮梁县（景德镇市）
第二类	创新能力总得分 68.73（含）～80.00 分的地区有寻乌县（赣州市）等 17 个。重点生态区平均水平以上的地区共有 18 个，较上一年增加 1 个
第三类	创新能力总得分 60.00（含）～68.73 分的地区有安义县（南昌市）等 12 个
第四类	创新能力总得分低于 60.00 分的地区有 2 个，即庐山市（九江市）和婺源县（上饶市）

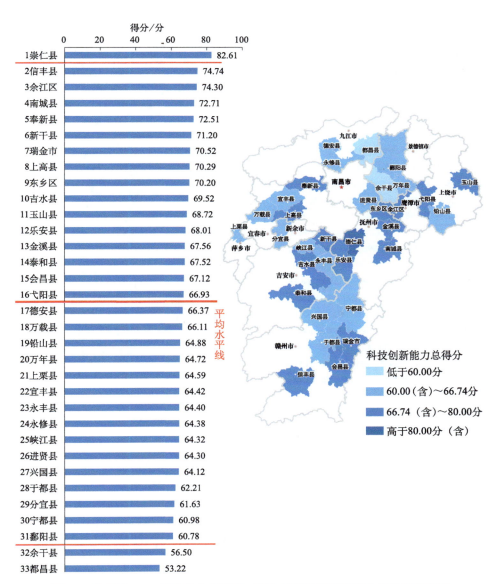

图 2-4　江西省 2022 年农业主产区（二类）县域科技创新能力排名及分布图

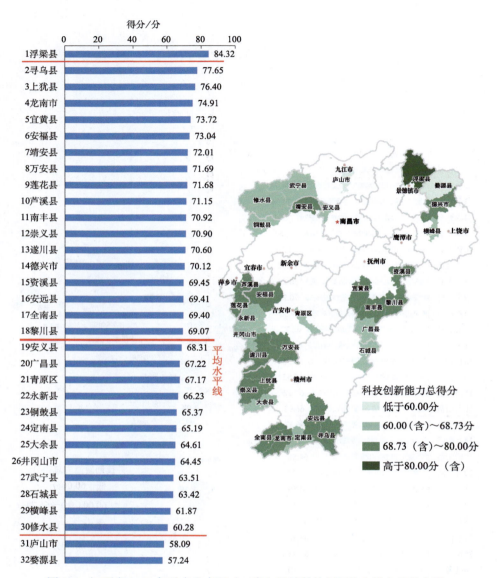

图 2-5　江西省 2022 年重点生态区（三类）县域科技创新能力排名及分布图

第三节　县、区与县级市

目前，江西省共有 100 个县（市、区），其中包括 61 个县、27 个区、12

个县级市。为更细致地了解各地区创新能力在全省的状况，书中将县、区、县级市进行单独分类比较。

一、县

在江西省的 61 个县中，创新能力总得分最高的前三个县分别是吉安县、浮梁县、南昌县，得分最低的三个县是婺源县、余干县、都昌县（表 2-5）。江西省县的科技创新能力平均得分为 68.25 分，低于全省平均、区平均及县级市平均水平。

表 2-5　江西省 2022 年 61 个县科技创新能力排名

地区	科技创新能力总得分	创新环境	创新投入	创新成效	经济社会发展
吉安县	1	8	1	5	28
浮梁县	2	10	4	2	47
南昌县	3	2	15	1	22
崇仁县	4	17	5	3	30
寻乌县	5	14	2	27	38
上犹县	6	11	16	4	45
信丰县	7	7	12	9	27
湖口县	8	60	3	26	15
宜黄县	9	22	20	7	16
安福县	10	12	18	16	11
南城县	11	34	7	28	19
奉新县	12	57	8	32	1
靖安县	13	48	13	17	2
万安县	14	36	9	36	7
莲花县	15	41	6	29	41
新干县	16	21	21	14	23
芦溪县	17	24	39	6	20
南丰县	18	39	11	34	12
崇义县	19	27	19	10	49

续表

地区	科技创新能力总得分	创新环境	创新投入	创新成效	经济社会发展
遂川县	20	6	17	41	32
上高县	21	31	10	51	3
吉水县	22	23	23	40	6
资溪县	23	1	44	57	4
安远县	24	4	43	12	54
全南县	25	29	47	8	14
黎川县	26	13	27	33	21
玉山县	27	3	45	35	17
安义县	28	25	22	22	58
乐安县	29	47	32	15	24
彭泽县	30	37	14	43	42
金溪县	31	32	35	20	33
泰和县	32	38	31	21	39
广昌县	33	33	25	42	10
会昌县	34	16	42	23	46
弋阳县	35	40	41	13	35
德安县	36	18	36	50	9
永新县	37	20	24	53	36
万载县	38	55	26	31	37
铜鼓县	39	42	30	37	53
定南县	40	46	57	11	18
铅山县	41	49	28	47	25
万年县	42	35	40	38	44
大余县	43	58	52	24	13
上栗县	44	15	49	49	29
宜丰县	45	59	53	25	5
永丰县	46	28	37	46	48
永修县	47	30	38	48	34

续表

地区	科技创新能力总得分	创新环境	创新投入	创新成效	经济社会发展
峡江县	48	52	29	44	40
进贤县	49	44	50	18	59
兴国县	50	19	48	45	43
武宁县	51	43	33	58	26
石城县	52	26	54	30	56
于都县	53	9	59	56	31
横峰县	54	5	51	60	50
分宜县	55	54	60	39	8
宁都县	56	53	61	19	51
鄱阳县	57	56	46	54	55
修水县	58	50	34	55	60
婺源县	59	61	56	52	57
余干县	60	51	58	59	52
都昌县	61	45	55	61	61

创新环境方面，得分最高的前三个县是资溪县、南昌县和玉山县；得分最低的后三名是宜丰县、湖口县和婺源县。

创新投入方面，得分最高的前三个县是吉安县、寻乌县和湖口县；得分最低的后三名是于都县、分宜县和宁都县。

创新成效方面，得分最高的三个县是南昌县、浮梁县和崇仁县；得分最低的后三个县是余干县、横峰县和都昌县。

经济社会发展方面，得分最高的三个县为奉新县、靖安县和上高县；得分最低的三个县为进贤县、修水县和都昌县。

二、区

在江西省的 27 个区中，科技创新能力总得分最高的前三个区分别是月湖区、青山湖区和新建区；得分最低的三个区是红谷滩区、南康区和东湖区

（表 2-6）。江西省的所有区科技创新能力平均得分为 74.14 分，高于全省一类县（市、区）、全省平均和县级市平均水平。

表 2-6　江西省 2022 年 27 个区科技创新能力排名

地区	科技创新能力总得分	创新环境	创新投入	创新成效	经济社会发展
月湖区	1	6	7	1	7
青山湖区	2	1	15	2	12
新建区	3	4	8	3	25
珠山区	4	24	1	14	23
广信区	5	21	4	4	18
章贡区	6	3	19	5	2
青云谱区	7	25	6	8	3
渝水区	8	8	12	6	9
湘东区	9	27	5	7	20
西湖区	10	23	2	27	4
柴桑区	11	10	3	24	26
袁州区	12	7	9	13	8
临川区	13	9	14	10	10
余江区	14	13	11	16	1
昌江区	15	5	22	9	16
广丰区	16	17	13	12	6
赣县区	17	11	18	15	19
东乡区	18	12	17	18	15
濂溪区	19	16	16	22	17
安源区	20	19	10	23	11
青原区	21	20	20	19	14
浔阳区	22	18	21	21	13
吉州区	23	15	23	25	5
信州区	24	22	25	11	22
红谷滩区	25	2	26	17	27

地区	科技创新能力 总得分	创新环境	创新投入	创新成效	经济社会发展
南康区	26	14	24	26	24
东湖区	27	26	27	20	21

创新环境方面，得分最高的前三个区是青山湖区、红谷滩区和章贡区；得分最低的后三名是青云谱区、东湖区和湘东区。

创新投入方面，得分最高的前三个区是珠山区、西湖区和柴桑区；得分最低的后三名是信州区、红谷滩区和东湖区。

创新成效方面，得分最高的三个区是月湖区、青山湖区和新建区；得分最低的后三个区是吉州区、南康区和西湖区。

经济社会发展方面，得分最高的三个区为余江区、章贡区和青云谱区；得分最低的三个区为新建区、柴桑区和红谷滩区。

三、县级市

在江西省的 12 个县级市中，科技创新能力总得分最高的三个县级市分别是贵溪市、高安市和龙南市；最低的三个市分别是瑞昌市、乐平市和庐山市（表 2-7）。江西省所有县级市的科技创新能力平均得分为 69.20 分，低于全省平均水平和全省所有区的平均水平，高于全省所有县的平均水平。

表 2-7　江西省 2022 年 12 个县级市科技创新能力排名

地区	科技创新能力总得分	创新环境	创新投入	创新成效	经济社会发展
贵溪市	1	7	1	3	10
高安市	2	1	2	4	4
龙南市	3	8	3	1	6
樟树市	4	2	11	2	1
瑞金市	5	6	5	7	2
德兴市	6	5	6	5	9
丰城市	7	12	4	6	7
共青城市	8	4	10	10	3

地区	科技创新能力总得分	创新环境	创新投入	创新成效	经济社会发展
井冈山市	9	3	7	11	8
瑞昌市	10	10	12	9	5
乐平市	11	11	9	8	11
庐山市	12	9	8	12	12

　　创新环境方面，得分最高的前三个市分别是高安市、樟树市和井冈山市；得分最低的后三个市分别是瑞昌市、乐平市和丰城市。

　　创新投入方面，得分最高的前三个市分别是贵溪市、高安市和龙南市；得分最低的后三个市分别是共青城市、樟树市和瑞昌市。

　　创新成效方面，得分最高的前三个市分别是龙南市、樟树市和贵溪市；得分最低的后三个市分别是共青城市、井冈山市和庐山市。

　　经济社会发展方面，得分最高的前三个市分别是樟树市、瑞金市和共青城市；得分最低的后三个市分别是贵溪市、乐平市和庐山市。

第三章

江西省各县(市、区)科技创新能力水平分析

第一节　南　昌　市

一、南昌县

南昌县，位于江西省南昌市南部。2022 年，南昌县科技创新能力在全省一类县（市、区）排名第 5 位，排在南昌市第 3 位，均与上一年位次相同（表 3-1）。

表 3-1　南昌县（一类）科技创新能力评价指标得分与位次

指标名称	得分/分	全省一类县（市、区）排名		本市排名	
	2022 年	2022 年	2021 年	2022 年	2021 年
科技创新能力	83.77	5	5	3	3
创新环境	4.59	4	5	3	4
创新基础	5.22	3	4	2	3
规模以上企业数（家）	6.81	2	2	2	2
规模以上工业企业建立研发机构的比例（%）	2.57	23	27	2	4
当年新增省级及以上研发平台/创新载体（个）	6.46	3	2	2	2
科技意识	3.65	12	9	4	4
人均科普经费投入（元）	4.19	5	4	4	3

续表

指标名称	得分/分	全省一类县（市、区）排名		本市排名	
	2022 年	2022 年	2021 年	2022 年	2021 年
每十万人科普专职人员（人）	2.99	24	24	8	8
创新投入	3.72	14	17	4	5
人力投入	3.76	14	14	2	3
规模以上工业企业中万人 R&D 人员全时当量（人·年）	3.91	10	12	3	3
规模以上工业企业 R&D 人员占从业人员比重（%）	3.61	18	16	3	4
财力投入	3.69	12	23	4	6
规模以上工业企业 R&D 经费支出	3.73	15	18	6	5
规模以上工业企业 R&D 经费支出占营业收入比重（%）	3.67	5	28	2	8
创新成效	4.62	4	3	3	2
技术创新	4.37	6	9	4	4
万人有效发明专利拥有量增量（件）	5.14	7	11	4	5
每万家企业法人高新技术企业数（家）	3.98	9	8	4	4
每万家企业法人科技型中小企业数（家）	3.92	10	9	4	4
产业化水平	4.88	2	3	1	2
规模以上工业企业新产品销售收入占营业收入比重（%）	4.44	7	6	2	3
高新技术产业增加值占规模以上工业增加值比重（%）	3.68	17	14	4	4
技术合同成交额	4.67	4	7	2	4
农业产业化省级以上龙头企业数（个）	8.44	1	1	1	1
经济社会发展	3.49	28	19	5	6
经济增长	3.22	24	17	3	4
GDP 较上一年增长（%）	2.42	32	21	4	5
本级地方财政科技支出占公共财政支出比重（%）	4.01	9	10	2	2
社会生活	3.90	18	17	7	6
居民人均可支配收入（元）	4.29	18	18	6	6
万人社会消费品零售额（万元）	3.41	23	21	7	6

创新环境在全省一类县（市、区）排名第 4 位，排在南昌市第 3 位，均

较上一年上升了1位。具体来看，规模以上工业企业建立研发机构比例从2021年的16.36%上升至2022年的20.37%，在全省一类县（市、区）排名上升4位；规模以上企业数从2021年的662家上升至2022年的743家，在全省一类县（市、区）排名第2位。

创新投入在全省一类县（市、区）排名第14位，较上一年上升了3位，排在南昌市第4位，较上一年上升了1位。具体来看，规模以上工业企业R&D经费支出占营业收入比重从2021年的1.03%上升至2022年的1.43%，在全省一类县（市、区）排名上升23位；规模以上工业企业R&D经费支出从2021年的237 760.40万元上升至2022年的257 632.20万元，在全省一类县（市、区）排名上升3位；规模以上工业企业中万人R&D人员全时当量在全省一类县（市、区）排名上升2位。

创新成效在全省一类县（市、区）排名第4位，排在南昌市第3位，均较上一年下降了1位。具体来看，每万家企业法人高新技术企业数、每万家企业法人科技型中小企业数在全省一类县（市、区）排名均较上一年下降1位；规模以上工业企业新产品销售收入占营业收入比重、高新技术产业增加值占规模以上工业增加值比重虽较上一年有所上升，但在全省一类县（市、区）排名却下降。

经济社会发展排在全省一类县（市、区）第28位，较上一年下降了9位，排在南昌市第5位，较上一年上升了1位。具体来看，GDP增幅从2021年的8.70%下降至2022年的4.20%，在全省一类县（市、区）排名下降11位。

综上所述，南昌县规模以上企业数、当年新增省级及以上研发平台/创新载体、人均科普经费投入、技术合同成交额、农业产业化省级以上龙头企业数等排名靠前，但规模以上工业企业建立研发机构的比例、规模以上工业企业R&D人员占从业人员比重等排名相对靠后。建议该县鼓励有条件的企业建立研发机构，加大科技创新投入，提高科技成果转化和产业化水平，助推区域经济高质量发展。

二、进贤县

进贤县，位于江西省中部偏北，南昌市下辖县。2022年，进贤县科技创新能力在全省二类县（市、区）排第26位，较上一年下降了7位，排在南昌市第7位，较上一年上升了1位（表3-2）。

表3-2　进贤县（二类）科技创新能力评价指标得分与位次

指标名称	得分/分	全省二类县（市、区）排名		本市排名	
	2022年	2022年	2021年	2022年	2021年
科技创新能力	64.30	26	19	7	8
创新环境	3.19	22	20	6	8
创新基础	2.90	31	31	7	8
规模以上企业数（家）	3.73	5	6	5	5
规模以上工业企业建立研发机构的比例（%）	2.02	33	33	6	7
当年新增省级及以上研发平台/创新载体（个）	2.96	20	13	8	9
科技意识	3.63	11	6	5	5
人均科普经费投入（元）	3.25	21	15	7	8
每十万人科普专职人员（人）	4.08	5	5	2	3
创新投入	3.11	27	25	7	6
人力投入	3.11	22	10	6	5
规模以上工业企业中万人R&D人员全时当量（人·年）	3.12	19	16	6	5
规模以上工业企业R&D人员占从业人员比重（%）	3.10	22	6	6	2
财力投入	3.10	27	32	7	7
规模以上工业企业R&D经费支出	2.93	29	32	7	6
规模以上工业企业R&D经费支出占营业收入比重（%）	3.25	20	28	5	7
创新成效	3.54	6	6	5	7
技术创新	3.27	12	12	8	7
万人有效发明专利拥有量增量（件）	3.06	16	15	9	7
每万家企业法人高新技术企业数（家）	3.50	6	5	5	5
每万家企业法人科技型中小企业数（家）	3.24	18	15	6	6

续表

指标名称	得分/分	全省二类县（市、区）排名		本市排名	
	2022 年	2022 年	2021 年	2022 年	2021 年
产业化水平	3.81	7	7	3	7
规模以上工业企业新产品销售收入占营业收入比重（%）	2.46	27	21	6	6
高新技术产业增加值占规模以上工业增加值比重（%）	3.80	13	7	2	3
技术合同成交额	3.89	8	16	4	9
农业产业化省级以上龙头企业数（个）	5.93	1	1	2	3
经济社会发展	2.51	32	26	9	8
经济增长	1.82	32	31	7	7
GDP 较上一年增长（%）	1.72	32	24	6	6
本级地方财政科技支出占公共财政支出比重（%）	1.92	33	33	9	9
社会生活	3.56	6	6	8	8
居民人均可支配收入（元）	3.85	2	1	8	8
万人社会消费品零售额（万元）	3.20	11	12	8	8

创新环境在全省二类县（市、区）排名第 22 位，较上一年下降了 2 位，排在南昌市第 6 位，较上一年上升了 2 位。具体来看，当年新增省级及以上研发平台/创新载体数在全省二类县（市、区）排名较上一年下降 7 位；人均科普经费投入与 2021 年持平，但在全省二类县（市、区）排名却下降了 6 位。

创新投入排在全省二类县（市、区）第 27 位，较上一年下降了 2 位，排在南昌市第 7 位，较上一年下降了 1 位。具体来看，规模以上工业企业 R&D 人员占从业人员比重从 2021 年的 7.83% 下降至 2022 年的 5.38%，在全省二类县（市、区）排名下降 16 位；规模以上工业企业中万人 R&D 人员全时当量从 2021 年的 20.33 人·年下降至 2022 年的 16.87 人·年，在全省二类县（市、区）排名下降 3 位。

创新成效排在全省二类县（市、区）第 6 位，与上一年位次相同，排在南昌市第 5 位，较上一年上升了 2 位。具体来看，农业产业化省级以上龙头企业数 29 个，该项指标连续两年在全省二类县（市、区）排名首位；技术合同成交额为 96 743.54 万元、与 GDP 之比 2.56%，在全省二类县（市、区）排名较上一年上升 8 位。

经济社会发展排在全省二类县（市、区）第 32 位，较上一年下降了 6 位，排在南昌市第 9 位，较上一年下降了 1 位。具体来看，GDP 增幅从 2021 年的 8.40% 下降至 2022 年的 3.70%，在全省二类县（市、区）排名下降 8 位；居民人均可支配收入 34 531 元，较上一年略有提升，但在全省二类县（市、区）排名却下降了 1 位。

综上所述，进贤县农业产业化省级以上龙头企业数、居民人均可支配收入、规模以上企业数、每十万人科普专职人员等在全省二类县（市、区）排名较前，但规模以上工业企业建立研发机构的比例、规模以上工业企业 R&D 经费支出、规模以上工业企业新产品销售收入占营业收入比重、本级地方财政科技支出占公共财政支出比重等排名靠后。建议该县优化创新环境，引导企业加大研发投入、更大力度参与科技创新，提高科技成果转化和产业化水平，不断塑造发展新动能新优势。

三、安义县

安义县，位于江西省中北部，南昌市下辖县。2022 年，安义县科技创新能力在全省三类县（市、区）排名第 19 位，较上一年下降了 13 位，排在南昌市第 6 位，较上一年下降了 1 位（表 3-3）。

表 3-3 安义县（三类）科技创新能力评价指标得分与位次

指标名称	得分 /分	全省三类县（市、区）排名		本市排名	
	2022 年	2022 年	2021 年	2022 年	2021 年
科技创新能力	68.31	19	6	6	5
创新环境	3.46	16	17	5	6
创新基础	3.36	16	19	4	6
规模以上企业数（家）	3.99	1	1	4	4
规模以上工业企业建立研发机构的比例（%）	2.46	29	29	3	3

指标名称	得分/分	全省三类县（市、区）排名		本市排名	
	2022 年	2022 年	2021 年	2022 年	2021 年
当年新增省级及以上研发平台/创新载体（个）	3.66	4	6	5	7
科技意识	3.62	15	17	6	6
人均科普经费投入（元）	4.07	5	5	5	4
每十万人科普专职人员（人）	3.08	21	24	6	7
创新投入	3.57	13	10	5	3
人力投入	3.60	13	9	4	4
规模以上工业企业中万人 R&D 人员全时当量（人•年）	4.03	6	5	2	2
规模以上工业企业 R&D 人员占从业人员比重（%）	3.17	22	12	5	5
财力投入	3.56	8	13	5	4
规模以上工业企业 R&D 经费支出	3.87	4	5	4	3
规模以上工业企业 R&D 经费支出占营业收入比重（%）	3.30	22	19	4	3
创新成效	3.48	13	3	6	5
技术创新	3.58	9	8	7	5
万人有效发明专利拥有量增量（件）	3.28	9	4	7	6
每万家企业法人高新技术企业数（家）	4.03	7	10	3	4
每万家企业法人科技型中小企业数（家）	3.41	19	8	5	5
产业化水平	3.37	18	2	6	3
规模以上工业企业新产品销售收入占营业收入比重（%）	3.58	19	7	3	4
高新技术产业增加值占规模以上工业增加值比重（%）	3.20	24	2	5	1
技术合同成交额	3.15	19	7	9	7
农业产业化省级以上龙头企业数（个）	3.82	5	7	5	5
经济社会发展	2.54	30	32	8	9
经济增长	2.17	30	32	6	8
GDP 较上一年增长（%）	2.28	30	29	5	7
本级地方财政科技支出占公共财政支出比重（%）	2.05	31	31	8	8
社会生活	3.11	10	11	9	9
居民人均可支配收入（元）	3.55	5	5	9	9
万人社会消费品零售额（万元）	2.56	32	32	9	9

创新环境在全省三类县（市、区）排名第 16 位，排在南昌市第 5 位，均较上一年上升了 1 位。具体来看，规模以上企业数从 2021 年的 264 家上升至 2022 年的 310 家，该项指标连续两年排在全省三类县（市、区）首位；当年新增省级及以上研发平台/创新载体数共 3 个，其中国家级 1 个，在全省三类县（市、区）排名较上一年上升 2 位；人均科普经费投入从 2021 年的 1.23 元上升至 2022 年的 1.32 元，排在全省三类县（市、区）第 5 位。

创新投入排在全省三类县（市、区）第 13 位，较上一年下降 3 位，排在南昌市第 5 位，较上一年下降 2 位。具体来看，规模以上工业企业 R&D 人员占从业人员比重从 2021 年的 6.24% 下降至 2022 年的 5.59%，在全省三类县（市、区）排名下降 10 位；规模以上工业企业 R&D 经费支出占营业收入比重由 2021 年的 0.65% 上升至 2022 年的 0.73%，但在全省三类县（市、区）排名却下降了 3 位。

创新成效排在全省三类县（市、区）第 13 位，较上一年下降了 10 位，排在南昌市第 6 位，较上一年下降了 1 位。具体来看，高新技术产业增加值占规模以上工业增加值比重从 2021 年的 75.09% 下降至 2022 年的 55.87%，在全省三类县（市、区）排名下降 22 位；规模以上工业企业新产品销售收入占营业收入比重、技术合同成交额在全省三类县（市、区）排名均较上一年下降 12 位。

经济社会发展排在全省三类县（市、区）第 30 位，较上一年上升了 2 位，排在南昌市第 8 位，较上一年上升了 1 位。具体来看，居民人均可支配收入从 2021 年的 30 155 元上升至 2022 年的 32 055 元；本级地方财政科技支出占公共财政支出比重 0.73%，较上一年略有提升。

综上所述，安义县规模以上企业数、当年新增省级及以上研发平台/创新载体、规模以上工业企业 R&D 经费支出排名靠前，但规模以上工业企业建立研发机构的比例、高新技术产业增加值占规模以上工业增加值比重、规模以上工业企业 R&D 人员占从业人员比重等指标排名相对靠后。建议该县夯实创新基础，引导企业加大研发投入，坚持人才培养与引进并举、持续激发人才创新活力，提高科技成果转化和产业化水平，推动产业向价值链高端攀升。

四、东湖区

东湖区，江西省南昌市市辖区、中心城区。2022年，东湖区科技创新能力在全省一类县（市、区）排名第35位，较上一年下降了9位，排在南昌市第9位，较上一年下降了2位（表3-4）。

表3-4 东湖区（一类）科技创新能力评价指标得分与位次

指标名称	得分/分	全省一类县（市、区）排名		本市排名	
	2022年	2022年	2021年	2022年	2021年
科技创新能力	55.56	35	26	9	7
创新环境	2.81	33	3	9	3
创新基础	2.34	35	3	9	2
规模以上企业数（家）	2.76	34	34	9	9
规模以上工业企业建立研发机构的比例（%）	1.23	34	1	8	1
当年新增省级及以上研发平台/创新载体（个）	3.13	26	15	6	6
科技意识	3.53	13	8	7	3
人均科普经费投入（元）	3.25	23	17	7	7
每十万人科普专职人员（人）	3.86	5	4	3	2
创新投入	2.02	35	35	9	9
人力投入	1.66	34	35	8	9
规模以上工业企业中万人R&D人员全时当量（人·年）	2.08	34	35	8	9
规模以上工业企业R&D人员占从业人员比重（%）	1.25	34	35	8	9
财力投入	2.32	35	35	9	9
规模以上工业企业R&D经费支出	1.80	35	35	9	9
规模以上工业企业R&D经费支出占营业收入比重（%）	2.74	35	35	9	9
创新成效	3.27	24	4	8	3
技术创新	4.34	8	2	5	1
万人有效发明专利拥有量增量（件）	4.32	11	1	6	1
每万家企业法人高新技术企业数（家）	3.50	14	13	6	3
每万家企业法人科技型中小企业数（家）	5.35	3	3	2	2
产业化水平	2.20	34	14	8	6

指标名称	得分/分	全省一类县（市、区）排名		本市排名	
	2022年	2022年	2021年	2022年	2021年
规模以上工业企业新产品销售收入占营业收入比重（%）	1.58	33	2	7	1
高新技术产业增加值占规模以上工业增加值比重（%）	1.20	33	33	7	7
技术合同成交额	3.62	17	5	6	3
农业产业化省级以上龙头企业数（个）	2.37	32	30	8	7
经济社会发展	3.63	22	6	4	4
经济增长	1.50	35	33	9	6
GDP较上一年增长（%）	0.45	35	32	9	8
本级地方财政科技支出占公共财政支出比重（%）	2.55	29	28	5	5
社会生活	6.82	1	1	1	1
居民人均可支配收入（元）	6.21	1	1	1	1
万人社会消费品零售额（万元）	7.57	1	1	1	1

创新环境排在全省一类县（市、区）第33位，较上一年下降了30位，排在南昌市第9位，较上一年下降了6位。具体来看，规模以上工业企业建立研发机构的比例在全省一类县（市、区）排名较上一年下降33位；当年新增省级及以上研发平台/创新载体从2021年的5个下降至2022年的2个，在全省一类县（市、区）排名下降11位；人均科普经费投入从2021年的1.09元下降至2022年的1元，在全省一类县（市、区）排名下降6位。

创新投入排在全省一类县（市、区）第35位，排在南昌市第9位，均与上一年位次相同。规模以上工业企业R&D经费支出、规模以上工业企业R&D经费支出占营业收入比重均排在全省一类县（市、区）末位。

创新成效排在全省一类县（市、区）第24位，较上一年下降了20位，排在南昌市第8位，较上一年下降了5位。具体来看，规模以上工业企业新产品销售收入占营业收入比重从2021年的63.21%下降为2022年的0%，在全省一类县（市、区）排名下降31位；技术合同成交额从2021年的83 822.26万元上升至2022年的93 655.35万元，但在全省一类县（市、区）

排名却下降了 12 位；万人有效发明专利拥有量增量从 2021 年的 4.43 件下降至 2022 年的 3.39 件，在全省一类县（市、区）排名下降 10 位。

经济社会发展排在全省一类县（市、区）第 22 位，较上一年下降了 16 位，排在南昌市第 4 位，与上一年位次相同。具体来看，GDP 增幅从 2021 年的 8.20% 下降至 2022 年的 2.80%，在全省一类县（市、区）排名下降了 3 位。

综上所述，东湖区居民人均可支配收入、万人社会消费品零售额居全省一类县（市、区）首位，每十万人科普专职人员、每万家企业法人科技型中小企业数排名靠前，但规模以上企业数、规模以上工业企业建立研发机构的比例、规模以上工业企业中万人 R&D 人员全时当量、规模以上工业企业 R&D 人员占从业人员比重、高新技术产业增加值占规模以上工业增加值比重、规模以上工业企业 R&D 经费支出、规模以上工业企业 R&D 经费支出占营业收入比重等指标排名落后。建议该区优化创新环境，增强科技创新意识，积极培养和引进人才，引导企业加大科研投入，进一步提升科技创新能力。

五、西湖区

西湖区，江西省南昌市市辖区、中心城区。2022 年，西湖区科技创新能力在全省一类县（市、区）排名第 14 位，较上一年上升了 11 位，排在南昌市第 5 位，较上一年上升了 1 位（表 3-5）。

表 3-5　西湖区（一类）科技创新能力评价指标得分与位次

指标名称	得分 /分	全省一类县（市、区）排名		本市排名	
	2022 年	2022 年	2021 年	2022 年	2021 年
科技创新能力	76.99	14	25	5	6
创新环境	3.11	30	34	7	9
创新基础	2.98	30	35	6	9
规模以上企业数（家）	3.25	26	24	7	6
规模以上工业企业建立研发机构的比例（%）	2.88	19	34	1	8
当年新增省级及以上研发平台/创新载体（个）	2.78	34	24	9	7

续表

指标名称	得分/分	全省一类县（市、区）排名		本市排名	
	2022 年	2022 年	2021 年	2022 年	2021 年
科技意识	3.32	18	19	8	8
人均科普经费投入（元）	3.40	17	14	6	6
每十万人科普专职人员（人）	3.22	15	19	4	5
创新投入	5.37	2	16	1	4
人力投入	2.89	30	33	7	8
规模以上工业企业中万人R&D人员全时当量（人·年）	2.18	33	34	7	8
规模以上工业企业 R&D 人员占从业人员比重（%）	3.61	17	25	2	7
财力投入	7.40	1	5	1	2
规模以上工业企业 R&D 经费支出	4.22	7	33	3	7
规模以上工业企业 R&D 经费支出占营业收入比重（%）	10.01	1	2	1	2
创新成效	2.63	35	30	9	8
技术创新	2.94	32	16	9	6
万人有效发明专利拥有量增量（件）	3.23	24	5	8	3
每万家企业法人高新技术企业数（家）	2.89	31	28	8	8
每万家企业法人科技型中小企业数（家）	2.65	31	22	9	7
产业化水平	2.32	33	31	7	8
规模以上工业企业新产品销售收入占营业收入比重（%）	1.58	33	34	7	8
高新技术产业增加值占规模以上工业增加值比重（%）	1.20	33	33	7	7
技术合同成交额	4.18	9	3	3	2
农业产业化省级以上龙头企业数（个）	2.11	34	34	9	8
经济社会发展	4.25	3	2	2	2
经济增长	2.74	30	12	5	3
GDP 较上一年增长（%）	3.13	23	3	3	2
本级地方财政科技支出占公共财政支出比重（%）	2.35	30	33	6	7
社会生活	6.51	2	2	2	2
居民人均可支配收入（元）	6.20	2	2	2	2
万人社会消费品零售额（万元）	6.89	3	3	3	3

创新环境排在全省一类县（市、区）第 30 位，较上一年上升了 4 位，排在南昌市第 7 位，较上一年上升了 2 位。具体来看，规模以上工业企业建立研发机构的比例为 25%，在全省一类县（市、区）排名较上一年上升 15 位；每十万人科普专职人员 14.24 人，在全省一类县（市、区）排名较上一年上升 4 位。

创新投入排在全省一类县（市、区）第 2 位，较上一年上升了 14 位，排在南昌市第 1 位，较上一年上升了 3 位。具体来看，规模以上工业企业 R&D 经费支出从 2021 年的 3508.40 万元上升至 2022 年的 12 982.20 万元，在全省一类县（市、区）排名上升 26 位；规模以上工业企业 R&D 经费支出占营业收入比重由 2021 年的 3.52% 上升为 2022 年的 11.65%，在全省一类县（市、区）排名首位。

创新成效排在全省一类县（市、区）第 35 位，较上一年下降了 5 位，排在南昌市第 9 位，较上一年下降了 1 位。具体来看，万人有效发明专利拥有量增量从 2021 年的 3.04 件下降至 2022 年的 0.91 件，在全省一类县（市、区）排名较上一年下降 19 位；技术合同成交额 140 908.15 万元、与 GDP 之比 1.94%，在全省一类县（市、区）排名较上一年下降 6 位。

经济社会发展排在全省一类县（市、区）第 3 位，较上一年下降了 1 位，排在南昌市第 2 位，与上一年位次相同。具体来看，GDP 增幅从 2021 年的 10% 下降为 2022 年的 4.70%，在全省一类县（市、区）排名下降 20 位。

综上所述，西湖区科技创新能力排名较上一年进步明显，规模以上工业企业 R&D 经费支出占营业收入比重、规模以上工业企业 R&D 经费支出、技术合同成交额、居民人均可支配收入等排名靠前，但每万家企业法人高新技术企业数、每万家企业法人科技型中小企业数、规模以上工业企业新产品销售收入占营业收入比重、高新技术产业增加值占规模以上工业增加值比重、当年新增省级及以上研发平台／创新载体等指标排名较后。建议该区优化创新基础，完善高新技术企业和科技型中小企业成长加速机制，提高技术创新和产业化水平，不断塑造发展新动能新优势。

六、青云谱区

青云谱区，江西省南昌市市辖区、中心城区，位于南昌市区的南部。2022年，青云谱区科技创新能力在全省一类县（市、区）排名第11位，较上一年下降了10位，排在南昌市第4位，较上一年下降了3位（表3-6）。

表3-6　青云谱区（一类）科技创新能力评价指标得分与位次

指标名称	得分/分	全省一类县（市、区）排名		本市排名	
	2022年	2022年	2021年	2022年	2021年
科技创新能力	78.36	11	1	4	1
创新环境	2.93	32	28	8	7
创新基础	2.81	32	20	8	5
规模以上企业数（家）	3.02	33	33	8	8
规模以上工业企业建立研发机构的比例（%）	2.33	27	23	5	2
当年新增省级及以上研发平台/创新载体（个）	3.13	26	5	4	4
科技意识	3.12	27	25	9	9
人均科普经费投入（元）	3.25	23	22	7	8
每十万人科普专职人员（人）	2.95	26	21	9	6
创新投入	4.31	9	1	2	1
人力投入	4.54	8	9	1	1
规模以上工业企业中万人R&D人员全时当量（人·年）	3.74	13	15	5	4
规模以上工业企业R&D人员占从业人员比重（%）	5.35	2	4	1	1
财力投入	4.11	6	1	3	1
规模以上工业企业R&D经费支出	4.94	4	2	2	1
规模以上工业企业R&D经费支出占营业收入比重（%）	3.43	10	1	3	1
创新成效	3.92	10	15	4	6
技术创新	4.15	10	22	6	8
万人有效发明专利拥有量增量（件）	6.62	3	7	3	4
每万家企业法人高新技术企业数（家）	2.84	32	29	9	9
每万家企业法人科技型中小企业数（家）	2.78	30	25	8	8
产业化水平	3.69	16	10	5	5

续表

指标名称	得分/分 2022年	全省一类县（市、区）排名 2022年	全省一类县（市、区）排名 2021年	本市排名 2022年	本市排名 2021年
规模以上工业企业新产品销售收入占营业收入比重（%）	4.97	4	4	1	2
高新技术产业增加值占规模以上工业增加值比重（%）	3.09	24	32	6	6
技术合同成交额	3.55	19	10	7	6
农业产业化省级以上龙头企业数（个）	3.03	22	19	6	6
经济社会发展	4.53	2	1	1	1
经济增长	3.25	21	8	2	2
GDP 较上一年增长（%）	3.69	14	1	1	1
本级地方财政科技支出占公共财政支出比重（%）	2.81	27	27	4	4
社会生活	6.46	3	3	3	3
居民人均可支配收入（元）	6.06	4	4	4	4
万人社会消费品零售额（万元）	6.96	2	2	2	2

创新环境在全省一类县（市、区）排名第 32 位，较上一年下降了 4 位，排在南昌市第 8 位，较上一年下降了 1 位。具体来看，当年新增省级及以上研发平台/创新载体数从 2021 年的 7 个下降至 2022 年的 2 个，在全省一类县（市、区）排名较上一年下降 21 位；每十万人科普专职人员从 2021 年的 9.23 人下降为 2022 年的 6.94 人，在全省一类县（市、区）排名较上一年下降 5 位；规模以上工业企业建立研发机构的比例从 2021 年的 23.53% 下降为 2022 年的 16.67%，在全省一类县（市、区）排名较上一年下降 4 位。

创新投入排在全省一类县（市、区）第 9 位，较上一年下降了 8 位，排在南昌市第 2 位，较上一年下降了 1 位。具体来看，规模以上工业企业 R&D 经费支出占营业收入比重从 2021 年的 7.86% 下降为 2022 年的 4.25%，在全省一类县（市、区）排名下降 9 位；规模以上工业企业 R&D 经费支出 167 678.80 万元、较上一年增长 26.79%，但在全省一类县（市、区）排名却下降了 2 位。

创新成效排在全省一类县（市、区）第 10 位，较上一年上升了 5 位，排在南昌市第4位，较上一年上升了2位。具体来看，高新技术产业增加值占规模以上工业增加值的比重由2021年的3.36%上升至2022年的14.43%，在全省一类县（市、区）排名上升8位；万人有效发明专利拥有量增量从2021年的2.26件上升为2022年的8.62件，在全省一类县（市、区）排名上升4位。

经济社会发展排在全省一类县（市、区）第2位，较上一年下降了1位，排在南昌市第1位，与上一年位次相同。具体来看，GDP增幅从2021年的10.20%下降至2022年的5.10%，在全省一类县（市、区）排名下降13位。

综上所述，青云谱区规模以上工业企业R&D人员占从业人员比重、万人有效发明专利拥有量增量、规模以上工业企业R&D经费支出、规模以上工业企业新产品销售收入占营业收入比重排名靠前，但规模以上企业数、规模以上工业企业建立研发机构的比例、每万家企业法人高新技术企业数、每万家企业法人科技型中小企业数等排名落后。建议该区优化创新环境，支持企业做大做强、更大力度参与科技创新，同时完善高新技术企业和科技型中小企业成长加速机制，不断塑造发展新动能新优势。

七、红谷滩区

红谷滩区，位于江西省南昌市西北部，赣江下游西岸，是南昌市委、市政府为拓展城市规模，构建"一江两岸"城市发展格局而设立的城市新区。2022年，红谷滩区科技创新能力在全省一类县（市、区）排名第31位，较上一年上升了4位，排在南昌市第8位，较上一年上升了1位（表3-7）。

表3-7　红谷滩区（一类）科技创新能力评价指标得分与位次

指标名称	得分/分	全省一类县（市、区）排名		本市排名	
	2022年	2022年	2021年	2022年	2021年
科技创新能力	63.84	31	35	8	9
创新环境	4.67	2	2	2	2
创新基础	3.13	26	33	5	7
规模以上企业数（家）	3.52	21	31	6	7
规模以上工业企业建立研发机构的比例（%）	1.23	34	34	8	8

续表

指标名称	得分/分	全省一类县（市、区）排名		本市排名	
	2022 年	2022 年	2021 年	2022 年	2021 年
当年新增省级及以上研发平台/创新载体（个）	4.88	6	5	4	4
科技意识	6.98	1	1	1	1
人均科普经费投入（元）	8.35	1	1	1	1
每十万人科普专职人员（人）	5.31	2	3	1	1
创新投入	2.06	34	34	8	8
人力投入	1.66	34	24	8	6
规模以上工业企业中万人 R&D 人员全时当量（人•年）	2.08	34	33	8	7
规模以上工业企业 R&D 人员占从业人员比重（%）	1.25	34	11	8	3
财力投入	2.39	34	34	8	8
规模以上工业企业 R&D 经费支出	1.81	34	34	8	8
规模以上工业企业 R&D 经费支出占营业收入比重（%）	2.87	34	18	8	4
创新成效	3.48	21	35	7	9
技术创新	4.84	4	35	3	9
万人有效发明专利拥有量增量（件）	8.03	2	35	2	9
每万家企业法人高新技术企业数（家）	3.25	22	23	7	7
每万家企业法人科技型中小企业数（家）	2.99	23	35	7	7
产业化水平	2.11	35	35	9	9
规模以上工业企业新产品销售收入占营业收入比重（%）	1.58	33	34	7	8
高新技术产业增加值占规模以上工业增加值比重（%）	1.20	33	33	7	7
技术合同成交额	3.19	24	8	8	5
农业产业化省级以上龙头企业数（个）	2.63	30	34	8	8
经济社会发展	3.19	34	20	7	7
经济增长	1.64	34	35	8	8
GDP 较上一年增长（%）	1.02	34	33	8	9
本级地方财政科技支出占公共财政支出比重（%）	2.25	33	32	7	6
社会生活	5.53	5	5	4	4
居民人均可支配收入（元）	6.11	3	3	3	3
万人社会消费品零售额（万元）	4.82	9	10	4	5

创新环境排在全省一类县（市、区）第2位，排在南昌市第2位，均与上一年位次相同。具体来看，人均科普经费投入从2021年的2.97元上升为2022年的3元，该项指标连续两年排在全省一类县（市、区）首位；每十万人科普专职人员72.62人，排在全省一类县（市、区）第2位；当年新增省级及以上研发平台/创新载体共10个，其中国家级1个，排在全省一类县（市、区）第6位。

创新投入排在全省一类县（市、区）第34位，排在南昌市第8位，均与上一年位次相同。规模以上工业企业中万人R&D人员全时当量、规模以上工业企业R&D经费支出等细分指标在全省一类县（市、区）排名均靠后。

创新成效排在全省一类县（市、区）第21位，较上一年上升了14位，排在南昌市第7位，较上一年上升了2位。具体来看，万人有效发明专利拥有量增量11.82件，在全省一类县（市、区）排名较上一年上升了33位；每万家企业法人科技型中小企业数从2021年的0.32家上升为2022年的73.89家，在全省一类县（市、区）排名上升12位；农业产业化省级以上龙头企业数4个，在全省一类县（市、区）排名较上一年上升4位。

经济社会发展排在全省一类县（市、区）第34位，较上一年下降了14位，排在南昌市第7位，与上一年位次相同。具体来看，GDP增幅从2021年的8%下降至2022年的3.20%；本级地方财政科技支出占公共财政支出比重由2021年的1.27%下降至2022年的1.07%。

综上所述，红谷滩区人均科普经费投入、每十万人科普专职人员、万人有效发明专利拥有量增量排名靠前，但本级地方财政科技支出占公共财政支出比重、GDP较上一年增长、规模以上工业企业建立研发机构的比例、规模以上工业企业中万人R&D人员全时当量、规模以上工业企业R&D经费支出、规模以上工业企业R&D经费支出占营业收入比重、规模以上工业企业新产品销售收入占营业收入比重等指标排名落后。建议该区加大政府科技创新投入力度，探索多元化财政科技投入方式，引导有条件的企业建立研发机构，提升科技和产业竞争力。

八、青山湖区

青山湖区，江西省南昌市市辖区，位于南昌市城东。2022 年，青山湖区科技创新能力在全省一类县（市、区）排名第 2 位，排在南昌市第 1 位，均较上一年上升了 1 位（表3-8）。

表 3-8 青山湖区（一类）科技创新能力评价指标得分与位次

指标名称	得分/分	全省一类县（市、区）排名		本市排名	
	2022 年	2022 年	2021 年	2022 年	2021 年
科技创新能力	90.55	2	3	1	2
创新环境	5.40	1	1	1	1
创新基础	5.94	1	1	1	1
规模以上企业数（家）	7.02	1	1	1	1
规模以上工业企业建立研发机构的比例（%）	2.01	30	33	7	6
当年新增省级及以上研发平台/创新载体（个）	9.25	1	1	1	1
科技意识	4.58	3	18	2	7
人均科普经费投入（元）	5.80	2	9	2	5
每十万人科普专职人员（人）	3.10	20	27	5	9
创新投入	3.54	21	8	6	2
人力投入	3.67	16	10	3	2
规模以上工业企业中万人 R&D 人员全时当量（人·年）	4.62	7	5	1	1
规模以上工业企业 R&D 人员占从业人员比重（%）	2.71	29	21	7	6
财力投入	3.43	18	7	6	3
规模以上工业企业 R&D 经费支出	3.74	13	4	5	2
规模以上工业企业 R&D 经费支出占营业收入比重（%）	3.18	29	22	7	6
创新成效	5.20	2	2	1	1
技术创新	6.07	3	5	2	2
万人有效发明专利拥有量增量（件）	4.61	9	34	5	8
每万家企业法人高新技术企业数（家）	7.29	2	2	1	1
每万家企业法人科技型中小企业数（家）	6.37	2	2	1	1

指标名称	得分/分	全省一类县（市、区）排名		本市排名	
	2022 年	2022 年	2021 年	2022 年	2021 年
产业化水平	4.33	6	1	2	1
规模以上工业企业新产品销售收入占营业收入比重（%）	2.81	28	17	4	5
高新技术产业增加值占规模以上工业增加值比重（%）	3.22	23	15	4	5
技术合同成交额	6.32	1	1	1	1
农业产业化省级以上龙头企业数（个）	5.14	5	7	4	4
经济社会发展	3.89	13	10	3	5
经济增长	3.26	19	23	1	5
GDP 较上一年增长（%）	3.55	16	18	2	3
本级地方财政科技支出占公共财政支出比重（%）	2.98	21	22	3	3
社会生活	4.84	11	6	5	5
居民人均可支配收入（元）	5.83	5	5	5	5
万人社会消费品零售额（万元）	3.64	19	8	6	4

创新环境在全省一类县（市、区）排名第 1 位，排在南昌市第 1 位，均与上一年位次相同。具体来看，规模以上企业数 775 家、当年新增省级及以上研发平台 / 创新载体数共 31 个，以上两项指标连续两年排在全省一类县（市、区）首位；人均科普经费投入从 2021 年的 1.21 元上升至 2022 年的 2.00 元，在全省一类县（市、区）排名较上一年上升 7 位。

创新投入排在全省一类县（市、区）第 21 位，较上一年下降了 13 位，排在南昌市第 6 位，较上一年下降了 4 位。具体来看，规模以上工业企业 R&D 经费支出从 2021 年的 291 962.20 万元下降为 2022 年的 171 009.70 万元，在全省一类县（市、区）排名下降 9 位；规模以上工业企业 R&D 人员占从业人员比重 4.25%，在全省一类县（市、区）排名较上一年下降 8 位；规模以上工业企业 R&D 经费支出占营业收入比重从 2021 年的 0.73% 下降至 2022 年的 0.59%，在全省一类县（市、区）排名下降 7 位。

创新成效排在全省一类县（市、区）第 2 位，排在南昌市第 1 位，均与上一年位次相同。具体来看，技术合同成交额 259 716.69 万元、每万家企业法人高新技术企业数 254.99 家、每万家企业法人科技型中小企业数 309.14 家、农业产业化省级以上龙头企业数 23 个，以上指标均排在全省一类县（市、区）前五位。

经济社会发展排在全省一类县（市、区）第 13 位，较上一年下降了 3 位，排在南昌市第 3 位，较上一年上升了 2 位。具体来看，万人社会消费品零售额从 2021 年的 54 570 万元下降至 2022 年的 29 814.95 万元，在全省一类县（市、区）排名较上一年下降 11 位。

综上所述，青山湖区规模以上企业数、当年新增省级及以上研发平台 / 创新载体、技术合同成交额排名、人均科普经费投入、每万家企业法人科技型中小企业数、每万家企业法人高新技术企业数排名靠前，具有一定优势。但规模以上工业企业建立研发机构的比例、规模以上工业企业 R&D 人员占从业人员比重、规模以上工业企业 R&D 经费支出占营业收入比重等排名靠后。建议该区引导企业加大研发投入、更大力度参与科技创新，坚持人才培养与引进并举、持续激发人才创新活力，提高科技成果转化和产业化水平，不断塑造发展新动能新优势。

九、新建区

新建区，原新建县，2015 年 8 月，撤销新建县设立新建区，其位于江西省南昌市中心城区西北。2022 年，新建区科技创新能力在全省一类县（市、区）排名第 3 位，较上一年上升 9 位，排在南昌市第 2 位，较上一年上升了 2 位（表 3-9）。

表 3-9 新建区（一类）科技创新能力评价指标得分与位次

指标名称	得分 /分	全省一类县（市、区）排名		本市排名	
	2022 年	2022 年	2021 年	2022 年	2021 年
科技创新能力	89.34	3	12	2	4
创新环境	4.51	5	7	4	5
创新基础	4.94	4	15	3	4
规模以上企业数（家）	6.77	3	9	3	3

指标名称	得分/分	全省一类县（市、区）排名		本市排名	
	2022 年	2022 年	2021 年	2022 年	2021 年
规模以上工业企业建立研发机构的比例（%）	2.43	26	31	4	5
当年新增省级及以上研发平台/创新载体（个）	5.76	4	4	3	3
科技意识	3.85	8	5	3	2
人均科普经费投入（元）	4.52	4	3	3	2
每十万人科普专职人员（人）	3.02	22	18	7	4
创新投入	4.07	12	27	3	7
人力投入	3.58	19	31	5	7
规模以上工业企业中万人 R&D 人员全时当量（人·年）	3.87	11	28	4	6
规模以上工业企业 R&D 人员占从业人员比重（%）	3.29	23	29	4	8
财力投入	4.46	4	20	2	5
规模以上工业企业 R&D 经费支出	5.96	2	16	1	4
规模以上工业企业 R&D 经费支出占营业收入比重（%）	3.24	22	20	6	5
创新成效	5.13	3	10	2	4
技术创新	6.45	2	8	1	3
万人有效发明专利拥有量增量（件）	8.92	1	4	1	2
每万家企业法人高新技术企业数（家）	5.82	3	18	2	6
每万家企业法人科技型中小企业数（家）	4.32	6	4	3	3
产业化水平	3.81	13	9	4	4
规模以上工业企业新产品销售收入占营业收入比重（%）	2.62	30	30	5	7
高新技术产业增加值占规模以上工业增加值比重（%）	4.16	10	8	1	2
技术合同成交额	3.72	15	14	5	8
农业产业化省级以上龙头企业数（个）	5.27	4	3	3	2
经济社会发展	3.47	29	4	6	3
经济增长	3.10	26	1	4	1
GDP 较上一年增长（%）	1.16	33	18	7	3
本级地方财政科技支出占公共财政支出比重（%）	5.04	2	1	1	1

指标名称	得分/分	全省一类县（市、区）排名		本市排名	
	2022 年	2022 年	2021 年	2022 年	2021 年
社会生活	4.02	17	20	6	7
居民人均可支配收入（元）	4.00	21	21	7	7
万人社会消费品零售额（万元）	4.04	14	24	5	7

创新环境在全省一类县（市、区）排名第 5 位，较上一年上升了 2 位，排在南昌市第 4 位，较上一年上升了 1 位。具体来看，规模以上企业数从 2021 年的 376 家上升至 2022 年的 736 家，在全省一类县（市、区）排名上升 6 位；规模以上工业企业建立研发机构的比例从 2021 年的 11.63% 上升至 2022 年的 18.16%，在全省一类县（市、区）排名上升 5 位。

创新投入排在全省一类县（市、区）第 12 位，较上一年上升了 15 位，排在南昌市第 3 位，较上一年上升了 4 位。具体来看，规模以上工业企业中万人 R&D 人员全时当量 29.22 人·年，在全省一类县（市、区）排名较上一年上升 17 位；规模以上工业企业 R&D 经费支出 144 080 万元、与 GDP 之比 3.53%，在全省一类县（市、区）排名上升 14 位；规模以上工业企业 R&D 人员占从业人员比重 5.93%，在全省一类县（市、区）排名较上一年上升 6 位。

创新成效排在全省一类县（市、区）第 3 位，较上一年上升了 7 位，排在南昌市第 2 位，较上一年上升了 2 位。具体来看，每万家企业法人高新技术企业数从 2021 年的 65.60 家上升至 2022 年的 179.34 家，在全省一类县（市、区）排名较上一年上升 15 位；万人有效发明专利拥有量增量从 2021 年的 3.26 件上升至 2022 年的 13.84 件，在全省一类县（市、区）排名较上一年上升 3 位。

经济社会发展排在全省一类县（市、区）第 29 位，较上一年下降了 25 位，排在南昌市第 6 位，较上一年下降了 3 位。具体来看，GDP 增幅从 2021 年的 8.80% 下降至 2022 年的 3.30%，在全省一类县（市、区）排名下降 15 位；本级地方财政科技支出占公共财政支出比重从 2021 年的 8.68% 下降至

2021 年的 5.59%，在全省一类县（市、区）排名下降 1 位。

综上所述，新建区万人有效发明专利拥有量增量排名居全省一类县（市、区）首位，规模以上企业数、当年新增省级及以上研发平台 / 创新载体、人均科普经费投入、规模以上工业企业 R&D 经费支出、每万家企业法人高新技术企业数排名靠前，但规模以上工业企业新产品销售收入占营业收入比重、规模以上工业企业建立研发机构的比例、规模以上工业企业 R&D 人员占从业人员比重等排名相对靠后。建议该区加大科研人力投入，坚持人才培养与引进并举，同时提高科技成果转化和产业化水平，推动产业向价值链高端攀升。

第二节　九　江　市

一、修水县

修水县，位于江西省西北部，九江市西部，九江市下辖县。2022 年，修水县科技创新能力在全省三类县（市、区）排名第 30 位，较上一年下降了 5 位，排在九江市第 11 位，与上一年位次相同（表 3-10）。

表 3-10　修水县（三类）科技创新能力评价指标得分与位次

指标名称	得分 / 分	全省三类县（市、区）排名		本市排名	
	2022 年	2022 年	2021 年	2022 年	2021 年
科技创新能力	60.28	30	25	11	11
创新环境	3.12	30	6	12	2
创新基础	3.47	10	6	3	2
规模以上企业数（家）	3.25	5	6	7	10
规模以上工业企业建立研发机构的比例（%）	3.83	19	13	4	4
当年新增省级及以上研发平台 / 创新载体（个）	3.31	8	3	4	2
科技意识	2.59	31	9	12	5

续表

指标名称	得分/分	全省三类县（市、区）排名		本市排名	
	2022 年	2022 年	2021 年	2022 年	2021 年
人均科普经费投入（元）	1.98	31	1	12	4
每十万人科普专职人员（人）	3.34	16	15	6	4
创新投入	3.32	21	26	6	11
人力投入	3.28	20	24	9	11
规模以上工业企业中万人 R&D 人员全时当量（人·年）	3.01	20	22	11	11
规模以上工业企业 R&D 人员占从业人员比重（%）	3.55	11	25	5	10
财力投入	3.35	19	23	4	11
规模以上工业企业 R&D 经费支出	3.14	25	22	8	11
规模以上工业企业 R&D 经费支出占营业收入比重（%）	3.53	9	26	2	9
创新成效	2.99	27	28	10	9
技术创新	2.92	26	28	11	10
万人有效发明专利拥有量增量（件）	2.96	23	22	12	9
每万家企业法人高新技术企业数（家）	2.99	25	26	9	10
每万家企业法人科技型中小企业数（家）	2.79	28	28	10	10
产业化水平	3.06	27	27	4	7
规模以上工业企业新产品销售收入占营业收入比重（%）	2.68	27	27	8	8
高新技术产业增加值占规模以上工业增加值比重（%）	3.45	20	26	6	9
技术合同成交额	2.41	32	31	11	13
农业产业化省级以上龙头企业数（个）	4.22	2	1	2	2
经济社会发展	1.81	32	15	12	12
经济增长	1.10	32	13	13	5
GDP 较上一年增长（%）	−0.53	32	8	12	3
本级地方财政科技支出占公共财政支出比重（%）	2.74	28	26	10	9
社会生活	2.87	18	18	12	12
居民人均可支配收入（元）	2.59	19	19	12	12
万人社会消费品零售额（万元）	3.22	10	13	11	11

创新环境在全省三类县（市、区）排名第 30 位，较上一年下降了 24 位，排在九江市第 12 位，较上一年下降了 10 位。具体来看，人均科普经费投入从 2021 年的 1.26 元下降至 2022 年的 0.50 元，在全省三类县（市、区）排名下降 30 位；规模以上工业企业建立研发机构的比例从 2021 年的 43.36% 下降至 2022 年的 39.41%，在全省三类县（市、区）排名下降 6 位；当年新增省级及以上研发平台/创新载体在全省三类县（市、区）排名较上一年下降 5 位。

创新投入排在全省三类县（市、区）第 21 位，排在九江市第 6 位，均较上一年上升了 5 位。具体来看，规模以上工业企业 R&D 经费支出占营业收入比重从 2021 年的 0.52% 上升至 2022 年的 1.01%，在全省三类县（市、区）排名上升 17 位；规模以上工业企业 R&D 人员占从业人员比重 6.68%，在全省三类县（市、区）排名较上一年上升 14 位。

创新成效排在全省三类县（市、区）第 27 位，较上一年上升了 1 位，排在九江市第 10 位，较上一年下降了 1 位。具体来看，高新技术产业增加值占规模以上工业增加值比重从 2021 年的 34.29% 上升至 2022 年的 36.48%，在全省三类县（市、区）排名上升 6 位；每万家企业法人高新技术企业数 34.57 家，在全省三类县（市、区）排名较上一年上升 1 位。

经济社会发展排在全省三类县（市、区）第 32 位，较上一年下降了 17 位，排在九江市第 12 位，与上一年位次相同。具体来看，GDP 增幅从 2021 年的 9.20% 下降至 2022 年的 2.10%，在全省三类县（市、区）排名下降 24 位。

综上所述，修水县农业产业化省级以上龙头企业数、规模以上企业数在全省三类县（市、区）排名靠前，但技术合同成交额、人均科普经费投入、GDP 较上一年增长、规模以上工业企业 R&D 经费支出、每万家企业法人科技型中小企业数、每万家企业法人高新技术企业数等指标排名靠后。建议该县加大科普经费投入，积极营造创新氛围，完善高新技术企业和科技型中小企业成长加速机制，提高科技成果转化和产业化水平，不断塑造发展新动能新优势。

二、武宁县

武宁县，位于江西省西北部，九江市下辖县。2022 年，武宁县科技创新能力在全省三类县（市、区）排名第 27 位，较上一年下降了 3 位，排在九江市第 10 位，与上一年位次相同（表 3-11）。

表 3-11　武宁县（三类）科技创新能力评价指标得分与位次

指标名称	得分/分	全省三类县（市、区）排名		本市排名	
	2022 年	2022 年	2021 年	2022 年	2021 年
科技创新能力	63.51	27	24	10	10
创新环境	3.19	27	13	10	10
创新基础	3.30	19	10	7	6
规模以上企业数（家）	2.97	12	10	12	11
规模以上工业企业建立研发机构的比例（%）	4.08	14	7	2	1
当年新增省级及以上研发平台/创新载体（个）	2.78	28	21	10	11
科技意识	3.03	29	18	11	10
人均科普经费投入（元）	3.25	25	3	10	6
每十万人科普专职人员（人）	2.76	31	32	13	13
创新投入	3.34	20	21	5	10
人力投入	3.51	14	19	6	9
规模以上工业企业中万人 R&D 人员全时当量（人·年）	3.59	10	13	7	9
规模以上工业企业 R&D 人员占从业人员比重（%）	3.44	16	22	7	6
财力投入	3.20	26	21	7	9
规模以上工业企业 R&D 经费支出	3.15	23	21	7	10
规模以上工业企业 R&D 经费支出占营业收入比重（%）	3.23	27	23	8	8
创新成效	2.93	29	27	11	8
技术创新	3.04	24	24	10	8
万人有效发明专利拥有量增量（件）	3.06	17	18	10	7
每万家企业法人高新技术企业数（家）	3.19	20	22	7	8
每万家企业法人科技型中小企业数（家）	2.84	27	23	8	7
产业化水平	2.82	30	28	8	9

续表

指标名称	得分/分	全省三类县（市、区）排名		本市排名	
	2022年	2022年	2021年	2022年	2021年
规模以上工业企业新产品销售收入占营业收入比重（%）	2.08	30	30	9	11
高新技术产业增加值占规模以上工业增加值比重（%）	3.64	17	20	4	5
技术合同成交额	2.46	31	24	9	9
农业产业化省级以上龙头企业数（个）	3.16	13	14	5	5
经济社会发展	3.42	16	11	7	8
经济增长	3.30	21	16	5	5
GDP较上一年增长（%）	3.55	20	17	3	9
本级地方财政科技支出占公共财政支出比重（%）	3.04	20	13	6	5
社会生活	3.60	4	4	8	8
居民人均可支配收入（元）	3.47	7	7	9	9
万人社会消费品零售额（万元）	3.76	4	5	5	6

创新环境在全省三类县（市、区）排名第 27 位，较上一年下降了 14 位，排在九江市第 10 位，与上一年位次相同。具体来看，人均科普经费投入从 2021 年的 1.24 元下降至 2022 年的 1.00 元，在全省三类县（市、区）排名较上一年下降 22 位；规模以上工业企业建立研发机构的比例、当年新增省级及以上研发平台/创新载体数在全省三类县（市、区）排名均较上一年下降 7 位。

创新投入排在全省三类县（市、区）第 20 位，较上一年上升了 1 位，排在九江市第 5 位，较上一年上升了 5 位。具体来看，规模以上工业企业 R&D 人员占从业人员比重 6.36%，在全省三类县（市、区）排名较上一年上升 6 位；规模以上工业企业中万人 R&D 人员全时当量 24.63 人·年，在全省三类县（市、区）排名较上一年上升 3 位。

创新成效排在全省三类县（市、区）第 29 位，较上一年下降了 2 位，排在九江市第 11 位，较上一年下降了 3 位。具体来看，技术全同成交额 23 774.60 万元、与 GDP 之比 1.09%，在全省三类县（市、区）排名较上一年下降 7 位；每万家企业法人科技型中小企业数 64.08 家，在全省三类县

（市、区）排名较上一年下降 4 位。

经济社会发展排在全省三类县（市、区）第 16 位，较上一年下降了 5 位，排在九江市第 7 位，较上一年上升了 1 位。具体来看，本级地方财政科技支出占公共财政支出比重 2.34%，在全省三类县（市、区）排名较上一年下降 7 位；GDP 较上一年增长 5%，在全省三类县（市、区）排名较上一年下降 3 位。

综上所述，武宁县科技创新能力排名整体偏弱，每十万人科普专职人员、技术合同成交额、规模以上工业企业新产品销售收入占营业收入比重、每万家企业法人科技型中小企业数、当年新增省级及以上研发平台 / 创新载体、规模以上工业企业 R&D 经费支出占营业收入比重等指标排名均靠后。建议该县优化创新环境，加大科技创新投入，完善高新技术企业和科技型中小企业成长加速机制，进一步提升科技竞争力。

三、瑞昌市

瑞昌市，位于江西省北部偏西，九江市西部，九江市下辖县级市。2022 年，瑞昌市科技创新能力在全省一类县（市、区）排名第 32 位，较上一年下降了 8 位，排在九江市第 9 位，较上一年下降了 4 位（表 3-12）。

表 3-12　瑞昌市（一类）科技创新能力评价指标得分与位次

指标名称	得分 /分	全省一类县（市、区）排名		本市排名	
	2022 年	2022 年	2021 年	2022 年	2021 年
科技创新能力	63.71	32	24	9	5
创新环境	3.20	26	24	9	8
创新基础	3.10	28	19	10	4
规模以上企业数（家）	4.16	15	15	1	1
规模以上工业企业建立研发机构的比例（%）	2.01	29	14	13	8
当年新增省级及以上研发平台 / 创新载体（个）	3.13	26	24	6	4
科技意识	3.35	17	21	7	12
人均科普经费投入（元）	3.25	23	15	10	9
每十万人科普专职人员（人）	3.47	11	30	4	11

续表

指标名称	得分/分	全省一类县（市、区）排名		本市排名	
	2022年	2022年	2021年	2022年	2021年
创新投入	3.01	31	20	12	5
人力投入	2.61	31	17	13	5
规模以上工业企业中万人R&D人员全时当量（人·年）	2.98	27	11	12	5
规模以上工业企业R&D人员占从业人员比重（%）	2.24	33	27	13	8
财力投入	3.34	24	22	6	6
规模以上工业企业R&D经费支出	3.04	26	21	9	6
规模以上工业企业R&D经费支出占营业收入比重（%）	3.59	7	23	1	5
创新成效	3.17	29	29	5	7
技术创新	3.30	24	25	6	6
万人有效发明专利拥有量增量（件）	3.86	15	19	4	5
每万家企业法人高新技术企业数（家）	3.08	26	25	8	7
每万家企业法人科技型中小企业数（家）	2.89	25	26	7	8
产业化水平	3.04	30	28	6	5
规模以上工业企业新产品销售收入占营业收入比重（%）	3.00	24	24	5	4
高新技术产业增加值占规模以上工业增加值比重（%）	2.87	28	17	10	6
技术合同成交额	3.17	26	23	1	3
农业产业化省级以上龙头企业数（个）	3.16	19	22	5	5
经济社会发展	3.83	16	7	3	1
经济增长	4.05	8	2	1	1
GDP较上一年增长（%）	2.99	28	10	8	3
本级地方财政科技支出占公共财政支出比重（%）	5.12	1	2	1	1
社会生活	3.51	25	25	9	9
居民人均可支配收入（元）	3.54	26	26	6	6
万人社会消费品零售额（万元）	3.47	22	22	9	9

创新环境在全省一类县（市、区）排名第26位，较上一年下降了2位，排在九江市第9位，较上一年下降了1位。具体来看，每十万人科普专职人员21.30人，在全省一类县（市、区）排名较上一年上升19位；规模以上工业企业建立研发机构的比例从2021年的30.12%下降至2022年的11.87%，在全

省一类县（市、区）排名下降 15 位；人均科普经费投入从 2021 年的 1.13 元下降至 2022 年的 1.00 元，在全省一类县（市、区）排名下降 8 位。

创新投入排在全省一类县（市、区）第 31 位，较上一年下降了 11 位，排在九江市第 12 位，较上一年下降了 7 位。具体来看，规模以上工业企业中万人 R&D 人员全时当量从 2021 年的 32.51 人·年下降至 2022 年的 14.63 人·年，在全省一类县（市、区）排名下降 16 位；规模以上工业企业 R&D 人员占从业人员比重从 2021 年的 5.13% 下降至 2.87%，在全省一类县（市、区）排名下降 6 位；规模以上工业企业 R&D 经费支出在全省一类县（市、区）排名较上一年下降 5 位。

创新成效排在全省一类县（市、区）第 29 位，与上一年位次相同，排在九江市第 5 位，较上一年上升了 2 位。具体来看，万人有效发明专利拥有量增量从 2021 年的 0.79 件上升至 2022 年的 2.35 件，在全省一类县（市、区）排名上升 4 位；农业产业化省级以上龙头企业数从 2021 年的 7 个上升至 8 个，在全省一类县（市、区）排名上升 3 位。

经济社会发展排在全省一类县（市、区）第 16 位，较上一年下降了 9 位，排在九江市第 3 位，较上一年下降了 2 位。具体来看，GDP 增幅从 2021 年的 9.20% 下降至 2022 年的 4.60%，在全省一类县（市、区）排名下降 18 位。

综上所述，瑞昌市本级地方财政科技支出占公共财政支出比重居全省一类县（市、区）首位，但规模以上工业企业 R&D 人员占从业人员比重、高新技术产业增加值占规模以上工业增加值比重、规模以上工业企业建立研发机构的比例、每万家企业法人高新技术企业数、每万家企业法人科技型中小企业数、技术合同成交额等指标排名均靠后。建议该市进一步优化创新环境，引导企业加大研发投入、更大力度参与科技创新，提高科技成果转化和产业化水平，推动产业向价值链高端攀升。

四、都昌县

都昌县，位于江西省北部，九江市下辖县。2022 年，都昌县科技创新能力在全省二类县（市、区）排名第 33 位，排在九江市第 13 位，均与上一年位次相同（表3-13）。

表3-13　都昌县（二类）科技创新能力评价指标得分与位次

指标名称	得分/分	全省二类县（市、区）排名		本市排名	
	2022年	2022年	2021年	2022年	2021年
科技创新能力	53.22	33	33	13	13
创新环境	3.18	23	32	11	13
创新基础	2.96	30	33	13	13
规模以上企业数（家）	2.93	27	28	13	13
规模以上工业企业建立研发机构的比例（%）	3.15	24	28	9	13
当年新增省级及以上研发平台/创新载体（个）	2.78	25	24	10	11
科技意识	3.50	12	17	5	11
人均科普经费投入（元）	3.76	8	13	5	13
每十万人科普专职人员（人）	3.18	20	18	9	8
创新投入	2.88	29	33	13	13
人力投入	2.66	29	33	12	13
规模以上工业企业中万人R&D人员全时当量（人·年）	2.38	31	33	13	13
规模以上工业企业R&D人员占从业人员比重（%）	2.95	23	33	9	13
财力投入	3.06	29	33	10	12
规模以上工业企业R&D经费支出	2.75	31	31	13	12
规模以上工业企业R&D经费支出占营业收入比重（%）	3.31	16	33	5	12
创新成效	2.40	33	33	13	12
技术创新	2.59	33	33	13	13
万人有效发明专利拥有量增量（件）	2.88	28	29	13	11
每万家企业法人高新技术企业数（家）	2.47	33	33	13	13
每万家企业法人科技型中小企业数（家）	2.38	33	33	13	13
产业化水平	2.22	33	32	13	11
规模以上工业企业新产品销售收入占营业收入比重（%）	2.01	32	33	11	13
高新技术产业增加值占规模以上工业增加值比重（%）	1.93	33	26	13	8
技术合同成交额	2.02	33	30	13	12

续表

指标名称	得分/分	全省二类县（市、区）排名		本市排名	
	2022年	2022年	2021年	2022年	2021年
农业产业化省级以上龙头企业数（个）	3.56	8	9	4	4
经济社会发展	1.75	33	28	13	13
经济增长	1.25	33	26	12	12
GDP较上一年增长（%）	−0.68	33	21	13	12
本级地方财政科技支出占公共财政支出比重（%）	3.17	21	28	3	11
社会生活	2.52	32	31	13	13
居民人均可支配收入（元）	2.04	33	33	13	13
万人社会消费品零售额（万元）	3.10	14	17	12	12

创新环境在全省二类县（市、区）排名第23位，较上一年上升了9位，排在九江市第11位，较上一年上升了2位。人均科普经费投入1.20元，在全省二类县（市、区）排名较上一年上升5位；规模以上工业企业建立研发机构的比例29.13%，在全省二类县（市、区）排名较上一年上升4位。

创新投入排在全省二类县（市、区）第29位，较上一年上升了4位，排在九江市第13位，与上一年位次相同。具体来看，规模以上工业企业R&D经费支出占营业收入比重由2021年的0.29%上升至2022年的0.58%，在全省二类县（市、区）排名上升17位；规模以上工业企业R&D人员占从业人员比重从2021年的2.71%上升至2022年的4.94%，在全省二类县（市、区）排名较上一年上升10位。

创新成效排在全省二类县（市、区）第33位，与上一年位次相同，排在九江市第13位，较上一年下降了1位。具体来看，高新技术产业增加值占规模以上工业增加值比重从2021年的21.73%下降至2022年的9.28%，在全省二类县（市、区）排名下降7位；每万家企业法人高新技术企业数、每万家企业法人科技型中小企业数、技术合同成交额均排在全省二类县（市、区）第33位。

经济社会发展排在全省二类县（市、区）第33位，较上一年下降了5位，排在九江市第 13 位，与上一年位次相同。具体来看，GDP 增幅从 2021 年的 8.60% 下降至 2022 年的 2%，在全省二类县（市、区）排名下降 12 位。

综上所述，都昌县规模以上工业企业 R&D 经费支出、每万家企业法人高新技术企业数、每万家企业法人科技型中小企业数、规模以上工业企业新产品销售收入占营业收入比重、高新技术产业增加值占规模以上工业增加值比重、技术合同成交额、规模以上工业企业中万人 R&D 人员全时当量等指标均落后。建议该县优化创新环境，引导企业加大研发投入、更大力度参与科技创新，完善高新技术企业和科技型中小企业成长加速机制，提高科技成果转化和产业化水平，助推区域经济高质量发展。

五、湖口县

湖口县，位于江西省北部，九江市东部，九江市下辖县。2022 年，湖口县科技创新能力在全省一类县（市、区）排名第 18 位，较上一年上升了 1 位，排在九江市第 2 位，与上一年位次相同（表 3-14）。

表 3-14　湖口县（一类）科技创新能力评价指标得分与位次

指标名称	得分 /分	全省一类县（市、区）排名		本市排名	
	2022 年	2022 年	2021 年	2022 年	2021 年
科技创新能力	73.87	18	19	2	2
创新环境	2.71	35	29	13	12
创新基础	3.08	29	28	12	11
规模以上企业数（家）	3.24	27	26	8	7
规模以上工业企业建立研发机构的比例（%）	3.02	16	17	11	9
当年新增省级及以上研发平台 / 创新载体（个）	2.96	32	24	8	4
科技意识	2.16	33	16	13	9
人均科普经费投入（元）	1.39	33	11	13	8
每十万人科普专职人员（人）	3.10	21	17	10	9
创新投入	4.54	6	9	2	2
人力投入	5.34	4	6	2	2

续表

指标名称	得分/分	全省一类县（市、区）排名		本市排名	
	2022 年	2022 年	2021 年	2022 年	2021 年
规模以上工业企业中万人 R&D 人员全时当量（人·年）	6.51	2	3	1	2
规模以上工业企业 R&D 人员占从业人员比重（%）	4.17	10	15	2	2
财力投入	3.89	8	9	2	2
规模以上工业企业 R&D 经费支出	4.49	6	8	2	2
规模以上工业企业 R&D 经费支出占营业收入比重（%）	3.40	13	12	3	2
创新成效	3.44	22	22	1	4
技术创新	3.50	19	15	2	4
万人有效发明专利拥有量增量（件）	4.09	13	12	3	1
每万家企业法人高新技术企业数（家）	3.31	21	16	5	5
每万家企业法人科技型中小企业数（家）	3.02	22	17	5	5
产业化水平	3.39	24	27	1	4
规模以上工业企业新产品销售收入占营业收入比重（%）	3.68	14	19	1	1
高新技术产业增加值占规模以上工业增加值比重（%）	4.21	9	16	1	4
技术合同成交额	2.64	33	29	7	7
农业产业化省级以上龙头企业数（个）	2.77	27	27	10	10
经济社会发展	3.57	25	32	6	11
经济增长	3.54	16	26	4	11
GDP 较上一年增长（%）	4.40	4	17	2	8
本级地方财政科技支出占公共财政支出比重（%）	2.69	28	31	11	13
社会生活	3.62	23	23	6	7
居民人均可支配收入（元）	3.54	27	27	7	7
万人社会消费品零售额（万元）	3.72	17	18	7	7

创新环境在全省一类县（市、区）排名第 35 位，较上一年下降了 6 位，排在九江市第 13 位，较上一年下降了 1 位。具体来看，人均科普经费投入从 2021 年的 1.18 元下降至 2022 年的 0.27 元，在全省一类县（市、区）排名较上一年下降 22 位；当年新增省级及以上研发平台 / 创新载体数 1 个，在全省

一类县（市、区）排名较上一年下降 8 位；每十万人科普专职人员 10.88 人，在全省一类县（市、区）排名较上一年下降 4 位。

创新投入排在全省一类县（市、区）第 6 位，较上一年上升了 3 位，排在九江市第 2 位，与上一年位次相同。具体来看，规模以上工业企业 R&D 人员占从业人员比重 8.48%，在全省一类县（市、区）排名较上一年上升 5 位；规模以上工业企业中万人 R&D 人员全时当量 72.15 人·年，在全省一类县（市、区）排名较上一年上升 1 位。

创新成效排在全省一类县（市、区）第 22 位，与上一年位次相同，排在九江市第 1 位，较上一年上升了 3 位。具体来看，高新技术产业增加值占规模以上工业增加值比重由 2021 年的 32.07% 上升至 2022 年的 45.28%，在全省一类县（市、区）排名上升 7 位；规模以上工业企业新产品销售收入占营业收入比重 25.53%，在全省一类县（市、区）排名较上一年上升 5 位。

经济社会发展排在全省一类县（市、区）第 25 位，较上一年上升了 7 位，排在九江市第 6 位，较上一年上升了 5 位。具体来看，GDP 较上一年增长 5.60%，在全省一类县（市、区）排名较上一年上升 13 位；本级地方财政科技支出占公共财政支出比重 1.77%，在全省一类县（市、区）排名较上一年上升 3 位。

综上所述，湖口县规模以上工业企业中万人 R&D 人员全时当量、GDP 较上一年增长排名靠前，但人均科普经费投入、技术合同成交额、当年新增省级及以上研发平台 / 创新载体等指标排名落后。建议该县夯实创新环境，增加科普经费投入，完善高新技术企业和科技型中小企业成长加速机制，提高科技成果转化和产业化水平，助推区域经济高质量发展。

六、彭泽县

彭泽县，位于江西省北部，九江市下辖县。2022 年，彭泽县科技创新能力在全省一类县（市、区）排名第 26 位，较上一年上升了 3 位，排在九江市第 4 位，较上一年上升了 4 位（表 3-15）。

表 3-15　彭泽县（一类）科技创新能力评价指标得分与位次

指标名称	得分/分	全省一类县（市、区）排名		本市排名	
	2022 年	2022 年	2021 年	2022 年	2021 年
科技创新能力	67.86	26	29	4	8
创新环境	3.28	23	25	7	9
创新基础	3.25	23	29	8	12
规模以上企业数（家）	3.19	29	26	9	7
规模以上工业企业建立研发机构的比例（%）	3.41	12	13	7	7
当年新增省级及以上研发平台/创新载体（个）	3.13	26	29	6	9
科技意识	3.31	19	12	9	4
人均科普经费投入（元）	3.36	18	7	8	3
每十万人科普专职人员（人）	3.25	13	13	8	7
创新投入	3.74	13	19	3	4
人力投入	4.09	10	18	3	6
规模以上工业企业中万人 R&D 人员全时当量（人·年）	4.35	9	16	4	7
规模以上工业企业 R&D 人员占从业人员比重（%）	3.83	13	20	3	4
财力投入	3.45	17	19	3	5
规模以上工业企业 R&D 经费支出	3.65	17	14	3	5
规模以上工业企业 R&D 经费支出占营业收入比重（%）	3.28	20	24	7	6
创新成效	3.20	27	23	4	5
技术创新	3.07	30	27	9	7
万人有效发明专利拥有量增量（件）	3.33	19	17	7	4
每万家企业法人高新技术企业数（家）	2.95	29	31	11	9
每万家企业法人科技型中小企业数（家）	2.91	24	23	6	6
产业化水平	3.32	25	20	2	3
规模以上工业企业新产品销售收入占营业收入比重（%）	3.15	22	21	4	3
高新技术产业增加值占规模以上工业增加值比重（%）	3.70	15	12	3	2
技术合同成交额	2.77	30	28	5	6
农业产业化省级以上龙头企业数（个）	3.95	13	12	3	3
经济社会发展	3.11	35	31	10	10
经济增长	2.97	29	24	8	10

续表

指标名称	得分/分	全省一类县（市、区）排名		本市排名	
	2022年	2022年	2021年	2022年	2021年
GDP较上一年增长（％）	2.99	28	18	8	9
本级地方财政科技支出占公共财政支出比重（％）	2.95	23	23	7	7
社会生活	3.33	29	29	10	10
居民人均可支配收入（元）	3.40	31	31	10	10
万人社会消费品零售额（万元）	3.24	28	28	10	10

创新环境在全省一类县（市、区）排名第23位，排在九江市第7位，均较上一年上升了2位。具体来看，当年新增省级及以上研发平台/创新载体数在全省一类县（市、区）排名较上一年上升3位；规模以上工业企业建立研发机构的比例33.13%，在全省一类县（市、区）排名较上一年上升1位。

创新投入排在全省一类县（市、区）第13位，较上一年上升了6位，排在九江市第3位，较上一年上升了1位。具体来看，规模以上工业企业中万人R&D人员全时当量36.95人·年、规模以上工业企业R&D人员占从业人员比重7.51%，以上两项指标在全省一类县（市、区）排名均较上一年上升7位；规模以上工业企业R&D经费支出占营业收入比重由2021年的0.63%上升至2022年的0.70%，在全省一类县（市、区）排名上升4位。

创新成效排在全省一类县（市、区）第27位，较上一年下降了4位，排在九江市第4位，较上一年上升了1位。具体来看，高新技术产业增加值占规模以上工业增加值比重由2021年的41.74%上升至2022年的43.70%，但在全省一类县（市、区）排名却下降了3位；技术合同成交额34 086万元、万人有效发明专利拥有量增量1.14件，在全省一类县（市、区）排名较上一年下降了2位；每万家企业法人高新技术企业数32.25家，在全省一类县（市、区）排名均较上一年上升了2位。

经济社会发展排在全省一类县（市、区）第35位，较上一年下降了4位，排在九江市第10位，与上一年位次相同。具体来看，GDP增幅从2021年的8.80%下降至2022年的4.60%，在全省一类县（市、区）排名下降10位。

综上所述，彭泽县规模以上工业企业中万人 R&D 人员全时当量在全省一类县（市、区）排名靠前，但规模以上企业数、每万家企业法人高新技术企业数、技术合同成交额、居民人均可支配收入、GDP 较上一年增长、万人社会消费品零售额等指标在全省一类县（市、区）排名相对靠后。建议该县夯实创新基础，鼓励企业做大做强，同时完善高新技术企业和科技型中小企业成长加速机制，推动产业向价值链高端攀升。

七、永修县

永修县，位于江西省北部，九江市南部，九江市下辖县。2022 年，永修县科技创新能力在全省二类县（市、区）排名第 24 位，较上一年下降了 16 位，排在九江市第 8 位，较上一年下降了 5 位（表 3-16）。

表 3-16　永修县（二类）科技创新能力评价指标得分与位次

指标名称	得分/分	全省二类县（市、区）排名		本市排名	
	2022 年	2022 年	2021 年	2022 年	2021 年
科技创新能力	64.38	24	8	8	3
创新环境	3.37	15	3	6	3
创新基础	3.39	21	14	5	7
规模以上企业数（家）	3.83	4	3	3	2
规模以上工业企业建立研发机构的比例（%）	2.86	28	24	12	10
当年新增省级及以上研发平台/创新载体（个）	3.48	4	7	2	4
科技意识	3.34	18	2	8	2
人均科普经费投入（元）	3.38	20	1	7	2
每十万人科普专职人员（人）	3.30	13	14	7	6
创新投入	3.23	19	24	8	8
人力投入	3.32	14	12	7	4
规模以上工业企业中万人 R&D 人员全时当量（人·年）	3.86	7	6	5	4
规模以上工业企业 R&D 人员占从业人员比重（%）	2.77	27	19	10	10
财力投入	3.17	25	31	9	10
规模以上工业企业 R&D 经费支出	3.16	23	28	6	9

指标名称	得分/分	全省二类县（市、区）排名		本市排名	
	2022年	2022年	2021年	2022年	2021年
规模以上工业企业R&D经费支出占营业收入比重（%）	3.17	27	31	9	10
创新成效	3.11	26	8	7	1
技术创新	3.46	6	2	4	2
万人有效发明专利拥有量增量（件）	3.55	4	7	6	2
每万家企业法人高新技术企业数（家）	3.46	8	2	2	2
每万家企业法人科技型中小企业数（家）	3.36	14	11	3	4
产业化水平	2.76	30	15	9	2
规模以上工业企业新产品销售收入占营业收入比重（%）	1.92	33	25	12	6
高新技术产业增加值占规模以上工业增加值比重（%）	2.88	26	11	9	3
技术合同成交额	2.42	30	19	10	4
农业产业化省级以上龙头企业数（个）	4.61	3	3	1	1
经济社会发展	3.25	20	6	8	6
经济增长	2.94	31	15	9	4
GDP较上一年增长（%）	3.27	24	4	6	1
本级地方财政科技支出占公共财政支出比重（%）	2.61	30	27	12	10
社会生活	3.72	2	2	5	5
居民人均可支配收入（元）	3.71	5	5	5	5
万人社会消费品零售额（万元）	3.74	3	3	6	5

创新环境在全省二类县（市、区）排名第15位，较上一年下降了12位，排在九江市第6位，较上一年下降了3位。具体来看，人均科普经费投入从2021年的1.45元下降至2022年的1.05元，在全省二类县（市、区）排名较上一年下降19位；规模以上工业企业建立研发机构的比例从2021年的28.10%下降至2022年的24.71%，在全省二类县（市、区）排名较上一年下降4位。

创新投入排在全省二类县（市、区）第19位，较上一年上升了5位，排在九江市第8位，与上一年位次相同。具体来看，规模以上工业企业R&D

经费支出 34 962 万元、与 GDP 之比 1.11%，在全省二类县（市、区）排名上升 5 位；规模以上工业企业 R&D 经费支出占营业收入比重 0.46%，在全省二类县（市、区）排名较上一年上升 4 位。

创新成效排在全省二类县（市、区）第 26 位，较上一年下降了 18 位，排在九江市第 7 位，较上一年下降了 6 位。具体来看，高新技术产业增加值占规模以上工业增加值比重从 2021 年的 35.41% 下降至 2022 年的 29.47%，在全省二类县（市、区）排名下降 15 位；技术合同成交额 27 462.97 万元，与 GDP 之比 0.87%，在全省二类县（市、区）排名较上一年下降 11 位；规模以上工业企业新产品销售收入占营业收入比重 4.11%，在全省二类县（市、区）排名较上一年下降 8 位。

经济社会发展排在全省二类县（市、区）第 20 位，较上一年下降了 14 位，排在九江市第 8 位，较上一年下降了 2 位。具体来看，GDP 增幅从 2021 年的 9.40% 下降至 2022 年的 4.80%，在全省二类县（市、区）排名下降 20 位；本级地方财政科技支出占公共财政支出比重 1.64%，在全省二类县（市、区）排名较上一年下降 3 位。

综上所述，永修县规模以上企业数、当年新增省级及以上研发平台 / 创新载体、万人有效发明专利拥有量增量全省二类县（市、区）排名靠前，但技术合同成交额、规模以上工业企业新产品销售收入占营业收入比重、规模以上工业企业建立研发机构的比例、规模以上工业企业 R&D 人员占从业人员比重等指标排名靠后。建议该县进一步夯实创新基础，引导企业加大创新投入，提高科技成果转化和产业化水平，助推区域经济高质量发展。

八、德安县

德安县，位于江西省北部，九江市南部，九江市下辖县。2022 年，德安县科技创新能力在全省二类县（市、区）排名第 17 位，较上一年下降了 8 位，排在九江市第 6 位，较上一年下降了 2 位（表 3-17）。

表 3-17 德安县（二类）科技创新能力评价指标得分与位次

指标名称	得分/分	全省二类县（市、区）排名		本市排名	
	2022 年	2022 年	2021 年	2022 年	2021 年
科技创新能力	66.37	17	9	6	4
创新环境	3.54	10	8	4	4
创新基础	3.39	20	13	4	5
规模以上企业数（家）	3.31	18	15	6	6
规模以上工业企业建立研发机构的比例（%）	3.98	13	9	3	2
当年新增省级及以上研发平台/创新载体（个）	2.78	25	13	10	9
科技意识	3.77	4	8	4	6
人均科普经费投入（元）	3.50	13	9	6	11
每十万人科普专职人员（人）	4.10	4	6	1	2
创新投入	3.28	17	12	7	3
人力投入	3.59	10	4	5	3
规模以上工业企业中万人 R&D 人员全时当量（人·年）	4.57	3	1	3	3
规模以上工业企业 R&D 人员占从业人员比重（%）	2.61	30	20	11	9
财力投入	3.02	30	30	13	8
规模以上工业企业 R&D 经费支出	2.95	26	23	12	8
规模以上工业企业 R&D 经费支出占营业收入比重（%）	3.08	29	32	13	11
创新成效	3.10	28	21	8	6
技术创新	3.49	5	7	3	3
万人有效发明专利拥有量增量（件）	3.84	2	8	5	3
每万家企业法人高新技术企业数（家）	3.22	15	8	6	3
每万家企业法人科技型中小企业数（家）	3.38	12	7	2	3
产业化水平	2.71	31	27	10	6
规模以上工业企业新产品销售收入占营业收入比重（%）	2.04	31	30	10	10
高新技术产业增加值占规模以上工业增加值比重（%）	2.97	24	21	7	7
技术合同成交额	2.85	26	15	3	1
农业产业化省级以上龙头企业数（个）	3.03	26	23	7	5
经济社会发展	3.78	9	5	4	5

续表

指标名称	得分/分	全省二类县（市、区）排名		本市排名	
	2022 年	2022 年	2021 年	2022 年	2021 年
经济增长	3.79	11	9	3	3
GDP 较上一年增长（%）	4.54	1	7	1	2
本级地方财政科技支出占公共财政支出比重（%）	3.05	23	13	5	4
社会生活	3.77	1	1	4	4
居民人均可支配收入（元）	3.87	1	2	4	4
万人社会消费品零售额（万元）	3.65	5	6	8	8

创新环境在全省二类县（市、区）排名第 10 位，较上一年下降了 2 位，排在九江市第 4 位，与上一年位次相同。具体来看，当年新增省级及以上研发平台 / 创新载体数在全省二类县（市、区）排名较上一年下降 12 位；规模以上工业企业建立研发机构的比例 41.76%、人均科普经费投入 1.10 元，以上两项指标在全省二类县（市、区）排名均较上一年下降 4 位。

创新投入排在全省二类县（市、区）第 17 位，较上一年下降了 5 位，排在九江市第 7 位，较上一年下降了 4 位。具体来看，规模以上工业企业 R&D 人员占从业人员比重从 2021 年的 5.03% 下降至 2022 年的 3.95%，在全省二类县（市、区）排名下降 10 位；规模以上工业企业 R&D 经费支出从 2021 年的 21 385.60 万元下降至 2022 年的 18 491.80 万元，在全省二类县（市、区）排名下降 3 位。

创新成效排在全省二类县（市、区）第 28 位，较上一年下降了 7 位，排在九江市第 8 位，较上一年下降了 2 位。具体来看，技术合同成交额从 2021 年的 22 432.35 万元上升为 2022 年的 34 181 万元，但在全省二类县（市、区）排名却下降了 11 位；每万家企业法人高新技术企业数从 2021 年的 70.87 家下降至 2022 年的 46.17 家，在全省二类县（市、区）排名下降 7 位；每万家企业法人科技型中小企业数从 2021 年的 96.80 家上升至 2022 年的 101.57 家，但在全省二类县（市、区）排名却下降了 5 位。

经济社会发展排在全省二类县（市、区）第 9 位，较上一年下降了 4 位，排在九江市第 4 位，较去上一年上升了 1 位。具体来看，本级地方财政科技支出占公共财政支出比重 2.35%，在全省二类县（市、区）排名较上一年下降 10 位。

综上所述，德安县 GDP 较上一年增长、居民人均可支配收入居全省二类县（市、区）首位，规模以上工业企业中万人 R&D 人员全时当量、万人有效发明专利拥有量增量排名前三，但规模以上工业企业新产品销售收入占营业收入比重、技术合同成交额、规模以上工业企业 R&D 经费支出、规模以上工业企业 R&D 经费支出占营业收入比重等指标排名相对靠后。建议该县进一步加大政府科技投入力度，探索多元化财政科技投入方式，提高科技成果转移转化能力和产业化水平，不断塑造发展新动能新优势。

九、共青城市

共青城市，位于江西省北部、九江市南部，九江市下辖县级市。2022年，共青城市科技创新能力在全省一类县（市、区）排名第 30 位，较上一年下降了 2 位，排在九江市第 7 位，与上一年位次相同（表 3-18）。

表 3-18　共青城市（一类）科技创新能力评价指标得分与位次

指标名称	得分/分	全省一类县（市、区）排名		本市排名	
	2022 年	2022 年	2021 年	2022 年	2021 年
科技创新能力	65.15	30	28	7	7
创新环境	3.69	16	17	2	1
创新基础	3.31	21	25	6	9
规模以上企业数（家）	3.58	20	20	5	5
规模以上工业企业建立研发机构的比例（%）	3.05	15	21	10	12
当年新增省级及以上研发平台/创新载体（个）	3.31	22	24	4	4
科技意识	4.26	4	7	1	1
人均科普经费投入（元）	4.58	3	6	1	1
每十万人科普专职人员（人）	3.88	4	6	2	1
创新投入	3.06	27	22	11	6

续表

指标名称	得分/分	全省一类县（市、区）排名		本市排名	
	2022 年	2022 年	2021 年	2022 年	2021 年
人力投入	3.08	26	23	11	8
规模以上工业企业中万人 R&D 人员全时当量（人·年）	3.67	14	14	6	6
规模以上工业企业 R&D 人员占从业人员比重（%）	2.49	31	32	12	12
财力投入	3.04	29	17	11	4
规模以上工业企业 R&D 经费支出	2.95	28	11	11	3
规模以上工业企业 R&D 经费支出占营业收入比重（%）	3.10	31	19	11	4
创新成效	3.01	33	31	9	10
技术创新	3.14	28	33	8	9
万人有效发明专利拥有量增量（件）	3.18	28	32	8	13
每万家企业法人高新技术企业数（家）	3.36	19	21	4	6
每万家企业法人科技型中小企业数（家）	2.84	27	29	9	9
产业化水平	2.88	31	29	7	8
规模以上工业企业新产品销售收入占营业收入比重（%）	2.92	25	25	6	5
高新技术产业增加值占规模以上工业增加值比重（%）	2.92	26	26	8	12
技术合同成交额	2.73	31	22	6	2
农业产业化省级以上龙头企业数（个）	3.03	22	22	7	5
经济社会发展	3.95	10	9	1	2
经济增长	3.80	13	5	2	5
GDP 较上一年增长（%）	3.13	23	13	7	5
本级地方财政科技支出占公共财政支出比重（%）	4.46	5	3	2	2
社会生活	4.17	16	16	3	3
居民人均可支配收入（元）	4.34	17	17	3	3
万人社会消费品零售额（万元）	3.96	16	16	3	3

创新环境在全省一类县（市、区）排名第 16 位，较上一年上升了 1 位，排在九江市第 2 位，较上一年下降了 1 位。具体来看，规模以上工业企业建立研发机构的比例27.62%，在全省一类县（市、区）排名较上一年上升6位；

当年新增省级研发平台/创新载体数3个、每十万人科普专职人员32.74人，在全省一类县（市、区）排名均较上一年上升了2位。

创新投入排在全省一类县（市、区）第27位，排在九江市第11位，均较上一年下降了5位。具体来看，规模以上工业企业R&D经费支出从2021年的28 629.90万元下降至2022年的22 871万元，在全省一类县（市、区）排名下降17位；规模以上工业企业R&D经费支出占营业收入比重从2021年的0.54%下降至2022年的0.41%，在全省一类县（市、区）排名下降12位。

创新成效排在全省一类县（市、区）第33位，较上一年下降了2位，排在九江市第9位，较上一年上升了1位。具体来看，技术合同成交额33 100万元、与GDP之比1.52%，在全省一类县（市、区）排名较上一年下降9位；万人有效发明专利拥有量增量0.79件，排在全省一类县（市、区）第28位。

经济社会发展排在全省一类县（市、区）第10位，较上一年下降了1位，排在九江市第1位，较上一年上升了1位。具体来看，GDP增幅从2021年的9.10%下降至2022年的4.70%，在全省一类县（市、区）排名下降10位。

综上所述，共青城市人均科普经费投入、每十万人科普专职人员、本级地方财政科技支出占公共财政支出比重在全省一类县（市、区）排名靠前，但技术合同成交额、规模以上工业企业R&D人员占从业人员比重、万人有效发明专利拥有量增量、每万家企业法人科技型中小企业数、规模以上工业企业R&D经费支出等指标排名落后。建议该市加大科技创新人力投入，坚持人才培养与引进并举、持续激发人才创新活力，引导企业加大研发投入、更大力度参与科技创新，提高科技成果转化和产业化水平，助推区域经济高质量发展。

十、庐山市

庐山市，原名星子县，2017年5月撤星子县，改为庐山市，位于江西省北部，九江市南部，九江市下辖县级市。2022年，庐山市科技创新能力在全省三类县（市、区）排名第31位，排在九江市第12位，均与上一年位次相同（表3-19）。

表3-19　庐山市（三类）科技创新能力评价指标得分与位次

指标名称	得分/分	全省三类县（市、区）排名		本市排名	
	2022年	2022年	2021年	2022年	2021年
科技创新能力	58.09	31	31	12	12
创新环境	3.23	25	14	8	11
创新基础	3.10	27	18	11	8
规模以上企业数（家）	3.03	9	11	11	12
规模以上工业企业建立研发机构的比例（%）	3.29	24	15	8	5
当年新增省级及以上研发平台/创新载体（个）	2.96	16	6	8	4
科技意识	3.43	20	16	6	7
人均科普经费投入（元）	3.91	10	2	4	5
每十万人科普专职人员（人）	2.85	28	25	11	10
创新投入	3.07	27	29	10	12
人力投入	3.12	23	26	10	12
规模以上工业企业中万人R&D人员全时当量（人·年）	3.06	19	21	10	10
规模以上工业企业R&D人员占从业人员比重（%）	3.18	21	28	8	11
财力投入	3.03	32	29	12	13
规模以上工业企业R&D经费支出	2.96	30	29	10	13
规模以上工业企业R&D经费支出占营业收入比重（%）	3.10	32	29	12	13
创新成效	2.66	31	32	12	13
技术创新	2.76	31	30	12	11
万人有效发明专利拥有量增量（件）	3.10	15	19	9	8
每万家企业法人高新技术企业数（家）	2.61	31	29	12	11
每万家企业法人科技型中小企业数（家）	2.56	31	30	11	11
产业化水平	2.55	31	32	11	13
规模以上工业企业新产品销售收入占营业收入比重（%）	1.69	32	31	13	12
高新技术产业增加值占规模以上工业增加值比重（%）	2.71	29	31	11	13

续表

指标名称	得分/分	全省三类县（市、区）排名		本市排名	
	2022年	2022年	2021年	2022年	2021年
技术合同成交额	2.99	21	30	2	10
农业产业化省级以上龙头企业数（个）	2.77	24	26	10	10
经济社会发展	2.54	31	10	11	7
经济增长	1.83	31	14	11	6
GDP较上一年增长（%）	0.87	31	12	11	6
本级地方财政科技支出占公共财政支出比重（%）	2.78	27	20	9	6
社会生活	3.61	3	3	7	6
居民人均可支配收入（元）	3.36	8	8	11	11
万人社会消费品零售额（万元）	3.92	2	2	4	4

创新环境在全省三类县（市、区）排名第25位，较上一年下降了11位，排在九江市第8位，较上一年上升了3位。具体来看，规模以上工业企业建立研发机构的比例从2021年的38.24%下降至31.25%，在全省三类县（市、区）排名下降9位；当年新增省级及以上研发平台/创新载体数在全省三类县（市、区）排名较上一年下降10位；人均科普经费投入全省三类县（市、区）排名较上一年下降8位。

创新投入排在全省三类县（市、区）第27位，排在九江市第10位，均较上一年上升了2位。具体来看，规模以上工业企业R&D人员占从业人员比重5.60%，在全省三类县（市、区）排名较上一年上升7位；规模以上工业企业中万人R&D人员全时当量15.92人·年，在全省三类县（市、区）排名较上一年上升2位。

创新成效排在全省三类县（市、区）第31位，排在九江市第12位，均较上一年上升了1位。具体来看，技术合同成交额36 878.74万元，与GDP之比2.08%，在全省三类县（市、区）排名较上一年上升9位；万人有效发明专利拥有量增加0.61件，在全省三类县（市、区）排名上升4位。

经济社会发展排在全省三类县（市、区）第31位，较上一年下降了21位，排在九江市第 11 位，较上一年下降了 4 位。GDP 增幅从 2021 年的 9% 下降至 2022 年的 3.10%，在全省三类县（市、区）排名下降 19 位；本级地方财政科技支出占公共财政支出比重从 2021 年的 2.24% 下降至 2022 年的 1.91%，在全省三类县（市、区）排名下降 7 位。

综上所述，庐山市万人社会消费品零售额排在全省三类县（市、区）前三位，但规模以上工业企业 R&D 经费支出占营业收入比重、规模以上工业企业 R&D 经费支出、高新技术产业增加值占规模以上工业增加值比重、规模以上工业企业新产品销售收入占营业收入比重、每万家企业法人高新技术企业数、每万家企业法人科技型中小企业数等指标均落后。建议该市进一步优化创新环境，加大科技投入，积极引进和培育创新人才，提高成果转化和产业化水平，不断塑造发展新动能新优势。

十一、柴桑区

柴桑区，原名九江县，位于江西省北部九江市西部，九江市下辖县。2022 年，柴桑区科技创新能力在全省一类县（市、区）排名第 15 位，较上一年下降了 6 位，排在九江市第 1 位，与上一年位次相同（表 3-20）。

表 3-20　柴桑区（一类）科技创新能力评价指标得分与位次

指标名称	得分 /分	全省一类县（市、区）排名		本市排名	
	2022 年	2022 年	2021 年	2022 年	2021 年
科技创新能力	75.99	15	9	1	1
创新环境	3.89	12	21	1	6
创新基础	3.92	15	18	1	3
规模以上企业数（家）	3.92	16	17	2	3
规模以上工业企业建立研发机构的比例（%）	4.29	4	7	1	3
当年新增省级及以上研发平台/创新载体（个）	3.48	18	33	2	11
科技意识	3.86	7	15	3	8
人均科普经费投入（元）	4.19	5	16	2	10
每十万人科普专职人员（人）	3.44	12	12	5	5

续表

指标名称	得分/分	全省一类县（市、区）排名		本市排名	
	2022年	2022年	2021年	2022年	2021年
创新投入	4.58	5	4	1	1
人力投入	5.39	3	3	1	1
规模以上工业企业中万人R&D人员全时当量（人·年）	6.50	3	2	2	1
规模以上工业企业R&D人员占从业人员比重（%）	4.28	9	6	1	1
财力投入	3.91	7	8	1	1
规模以上工业企业R&D经费支出	4.64	5	5	1	1
规模以上工业企业R&D经费支出占营业收入比重（%）	3.31	17	13	4	3
创新成效	3.13	31	20	6	2
技术创新	3.21	26	20	7	5
万人有效发明专利拥有量增量（件）	3.01	31	30	11	10
每万家企业法人高新技术企业数（家）	3.38	18	15	3	4
每万家企业法人科技型中小企业数（家）	3.27	17	13	4	2
产业化水平	3.04	29	18	5	1
规模以上工业企业新产品销售收入占营业收入比重（%）	2.78	29	20	7	2
高新技术产业增加值占规模以上工业增加值比重（%）	3.50	20	4	5	1
技术合同成交额	2.80	29	31	4	8
农业产业化省级以上龙头企业数（个）	3.03	22	24	7	9
经济社会发展	3.25	33	30	9	9
经济增长	3.24	23	22	7	9
GDP较上一年增长（%）	3.41	19	21	5	11
本级地方财政科技支出占公共财政支出比重（%）	3.07	20	16	4	3
社会生活	3.25	30	30	11	11
居民人均可支配收入（元）	3.49	29	28	8	8
万人社会消费品零售额（万元）	2.96	32	33	13	13

创新环境在全省一类县（市、区）排名第12位，较上一年上升了9位，排在九江市第1位，较上一年上升了5位。当年新增省级及以上研发平台/创新载体4个，在全省一类县（市、区）排名较上一年上升15位；人均

科普经费投入从 2021 年的 1.11 元上升至 2022 年的 1.37 元，在全省一类县（市、区）排名较上一年上升 11 位；规模以上工业企业建立研发机构的比例 46.40%，在全省一类县（市、区）排名较上一年上升 3 位。

创新投入排在全省一类县（市、区）第 5 位，较上一年下降了 1 位，排在九江市第 1 位，与上一年位次相同。具体来看，规模以上工业企业 R&D 经费支出占营业收入比重从 2021 年的 0.89% 下降至 2022 年的 0.87%，在全省一类县（市、区）排名下降 4 位；规模以上工业企业 R&D 人员占从业人员比重从 2021 年的 9.68% 下降至 2022 年的 8.82%，在全省一类县（市、区）排名较上一年下降 3 位。

创新成效排在全省一类县（市、区）第 31 位，较上一年下降了 11 位，排在九江市第 6 位，较上一年下降了 4 位。具体来看，高新技术产业增加值占规模以上工业增加值比重从 2021 年的 57.45% 下降至 2022 年的 50.02%，在全省一类县（市、区）排名下降 16 位；规模以上工业企业新产品销售收入占营业收入比重 14.58%，在全省一类县（市、区）排名较上一年下降 9 位。

经济社会发展排在全省一类县（市、区）第 33 位，较上一年下降了 3 位，排在九江市第 9 位，与上一年位次相同。具体来看，本级地方财政科技支出占公共财政支出比重从 2021 年的 2.61% 下降至 2.38%，在全省一类县（市、区）排名下降 4 位；居民人均可支配收入 31 581 元，在全省一类县（市、区）排名较上一年下降 1 位。

综上所述，柴桑区规模以上工业企业中万人 R&D 人员全时当量、规模以上工业企业建立研发机构的比例、人均科普经费投入在全省一类县（市、区）排名前五，但万人有效发明专利拥有量增量、技术合同成交额、规模以上工业企业新产品销售收入占营业收入比重、万人社会消费品零售额等指标排名靠后。建议该区鼓励企业更大力度参与科技创新，提高科技成果转化和产业化水平，助推区域经济高质量发展。

十二、浔阳区

浔阳区，位于江西省北部，九江市市辖区。2022 年，浔阳区科技创新能力在全省一类县（市、区）排名第 27 位，与上一年位次相同，排在九江市第 5 位，较上一年上升了 1 位（表 3-21）。

表 3-21　浔阳区（一类）科技创新能力评价指标得分与位次

指标名称	得分/分	全省一类县（市、区）排名		本市排名	
	2022 年	2022 年	2021 年	2022 年	2021 年
科技创新能力	67.13	27	27	5	6
创新环境	3.49	22	23	5	7
创新基础	3.18	25	26	9	10
规模以上企业数（家）	3.12	31	29	10	9
规模以上工业企业建立研发机构的比例（%）	3.59	10	18	5	11
当年新增省级及以上研发平台 / 创新载体（个）	2.78	34	22	10	2
科技意识	3.97	6	10	2	3
人均科普经费投入（元）	4.14	7	8	3	7
每十万人科普专职人员（人）	3.75	7	8	3	3
创新投入	3.23	25	25	9	9
人力投入	3.31	23	28	8	10
规模以上工业企业中万人 R&D 人员全时当量（人·年）	3.12	25	27	9	12
规模以上工业企业 R&D 人员占从业人员比重（%）	3.50	21	24	6	7
财力投入	3.17	26	13	8	3
规模以上工业企业 R&D 经费支出	3.18	24	13	5	4
规模以上工业企业 R&D 经费支出占营业收入比重（%）	3.16	30	9	10	1
创新成效	3.26	25	21	2	3
技术创新	3.99	11	7	1	1
万人有效发明专利拥有量增量（件）	4.29	12	22	2	6
每万家企业法人高新技术企业数（家）	3.61	12	5	1	1
每万家企业法人科技型中小企业数（家）	4.06	7	7	1	1
产业化水平	2.54	32	34	12	12
规模以上工业企业新产品销售收入占营业收入比重（%）	3.25	17	26	2	7
高新技术产业增加值占规模以上工业增加值比重（%）	2.28	31	25	12	11

续表

指标名称	得分 /分	全省一类县（市、区）排名		本市排名	
	2022 年	2022 年	2021 年	2022 年	2021 年
技术合同成交额	2.30	35	34	12	11
农业产业化省级以上龙头企业数（个）	2.37	32	30	13	13
经济社会发展	**3.84**	**15**	**12**	**2**	**3**
经济增长	**2.43**	**32**	**32**	**10**	**13**
GDP 较上一年增长（%）	2.57	31	31	10	13
本级地方财政科技支出占公共财政支出比重（%）	2.29	32	29	13	12
社会生活	**5.95**	**4**	**4**	**1**	**1**
居民人均可支配收入（元）	5.61	7	7	1	1
万人社会消费品零售额（万元）	6.37	4	4	1	1

创新环境在全省一类县（市、区）排名第 22 位，较上一年上升了 1 位，排在九江市第 5 位，较上一年上升了 2 位。规模以上工业企业建立研发机构的比例 35.80%，在全省一类县（市、区）排名较上一年上升 8 位；每十万人科普专职人员、人均科普经费投入在全省一类县（市、区）排名均较上一年上升 1 位。

创新投入排在全省一类县（市、区）第 25 位，排在九江市第 9 位，均与上一年位次相同。具体来看，规模以上工业企业 R&D 人员占从业人员比重从 2021 年的 5.19% 上升至 2022 年的 6.53%，在全省一类县（市、区）排名上升 3 位；但规模以上工业企业 R&D 经费支出占营业收入比重、规模以上工业企业 R&D 经费支出排名均较上一年有所下降。

创新成效排在全省一类县（市、区）第 25 位，较上一年下降了 4 位，排在九江市第 2 位，较上一年上升了 1 位。具体来看，每万家企业法人高新技术企业数 66.35 家，在全省一类县（市、区）排名较上一年下降 7 位；高新技术产业增加值占规模以上工业增加值比重从 2021 年的 13.66% 下降至 2022 年的 9.45%，在全省一类县（市、区）排名下降 6 位。

经济社会发展排在全省一类县（市、区）第 15 位，较上一年下降了 3 位，排在九江市第 2 位,较上一年上升了 1 位。具体来看,本级地方财政科技支出占公共财政支出比重从 2021 年的 1.36% 下降至 1.12%,在全省一类县(市、区)排名下降 3 位;GDP 增幅从 2021 年的 8.30% 下降至 2022 年的 4.30%,排在全省一类县(市、区)第 31 位。

综上所述,浔阳区万人社会消费品零售额、人均科普经费投入、每十万人科普专职人员、每万家企业法人科技型中小企业数排名相对靠前,但技术合同成交额、规模以上企业数、农业产业化省级以上龙头企业数、当年新增省级及以上研发平台/创新载体、规模以上工业企业 R&D 经费支出占营业收入比重、高新技术产业增加值占规模以上工业增加值比重、本级地方财政科技支出占公共财政支出比重等指标排名落后。建议该区持续优化创新环境,引导企业加大研发投入、更大力度参与科技创新,提高科技成果转化和产业化水平,不断塑造发展新动能新优势。

十三、濂溪区

濂溪区,原庐山区,为避免与庐山市重名,2016 年 4 月 8 日更名为濂溪区。其位于江西省北部,九江市市辖区。2022 年,濂溪区科技创新能力在全省一类县(市、区)排名第 24 位,排在九江市第 3 位,均较上一年上升了 6 位(表 3-22)。

表 3-22　濂溪区(一类)科技创新能力评价指标得分与位次

指标名称	得分/分	全省一类县(市、区)排名		本市排名	
	2022 年	2022 年	2021 年	2022 年	2021 年
科技创新能力	68.73	24	30	3	9
创新环境	3.55	20	20	3	5
创新基础	3.84	18	12	2	1
规模以上企业数(家)	3.65	19	19	4	4
规模以上工业企业建立研发机构的比例(%)	3.59	11	10	6	6
当年新增省级及以上研发平台/创新载体(个)	4.36	11	8	1	1

续表

指标名称	得分/分	全省一类县（市、区）排名		本市排名	
	2022年	2022年	2021年	2022年	2021年
科技意识	3.10	28	30	10	13
人均科普经费投入（元）	3.33	20	19	9	12
每十万人科普专职人员（人）	2.83	31	35	12	12
创新投入	3.47	22	24	4	7
人力投入	3.61	18	19	4	7
规模以上工业企业中万人R&D人员全时当量（人·年）	3.58	18	18	8	8
规模以上工业企业R&D人员占从业人员比重（%）	3.65	16	18	4	3
财力投入	3.35	23	25	5	7
规模以上工业企业R&D经费支出	3.41	23	24	4	7
规模以上工业企业R&D经费支出占营业收入比重（%）	3.30	19	25	6	7
创新成效	3.24	26	34	3	11
技术创新	3.36	23	34	5	12
万人有效发明专利拥有量增量（件）	4.52	10	31	1	12
每万家企业法人高新技术企业数（家）	2.99	27	35	10	12
每万家企业法人科技型中小企业数（家）	2.44	35	34	12	12
产业化水平	3.13	27	30	3	10
规模以上工业企业新产品销售收入占营业收入比重（%）	3.19	20	29	3	9
高新技术产业增加值占规模以上工业增加值比重（%）	3.81	14	22	2	10
技术合同成交额	2.57	34	27	8	5
农业产业化省级以上龙头企业数（个）	2.77	27	27	10	10
经济社会发展	3.78	18	14	5	4
经济增长	3.24	22	20	6	7
GDP较上一年增长（%）	3.55	16	14	3	6
本级地方财政科技支出占公共财政支出比重（%）	2.94	24	24	8	8
社会生活	4.59	13	12	2	2
居民人均可支配收入（元）	4.86	13	13	2	2
万人社会消费品零售额（万元）	4.26	13	13	2	2

创新环境在全省一类县（市、区）排名第20位，与上一年位次相同，排在九江市第3位，较上一年上升了2位。具体来看，每十万人科普专职人员3.60人，在全省一类县（市、区）排名较上一年上升4位；规模以上工业企业建立研发机构的比例从2021年的37.85%下降至2022年的35.80%、当年新增省级及以上研发平台/创新载体数从2021年的4个上升为2022年的9个，均排在全省一类县（市、区）第11位。

创新投入排在全省一类县（市、区）第22位，较上一年上升了2位，排在九江市第4位，较上一年上升了3位。具体来看，规模以上工业企业R&D经费支出占营业收入比重由2021年的0.66%上升至2022年的0.74%，在全省一类县（市、区）排名上升6位；规模以上工业企业R&D经费支出52 751.60万元，与GDP之比1.40%，在全省一类县（市、区）排名上升1位。

创新成效排在全省一类县（市、区）第26位，排在九江市第3位，均较上一年上升了8位。具体来看，万人有效发明专利拥有量增量3.84件，在全省一类县（市、区）排名较上一年上升21位；规模以上工业企业新产品销售收入占营业收入比重19.61%，在全省一类县（市、区）排名较上一年上升9位；高新技术产业增加值占规模以上工业增加值比重由2021年的29.61%上升至2022年的38.57%，在全省一类县（市、区）上升8位。

经济社会发展排在全省一类县（市、区）第18位，较上一年下降了4位，排在九江市第5位，较上一年下降了1位。GDP增幅从2021年的9%下降至2022年的5%，在全省一类县（市、区）排名下降2位；本级地方财政科技支出占公共财政支出比重从2021年的2.18%下降至2022年的2.17%。

综上所述，濂溪区科技创新能力排名较上一年有所提升，但技术合同成交额、每万家企业法人科技型中小企业数、每十万人科普专职人员、每万家企业法人高新技术企业数等指标在全省一类县（市、区）排名靠后。建议该区坚持人才培养与引进并举、持续激发人才创新活力，引导企业加大研发投入，提高科技成果转化和产业化水平，同时完善高新技术企业和科技型中小企业成长加速机制，助推区域经济高质量发展。

第三节　景 德 镇 市

一、乐平市

乐平市，位于江西省东北部，是景德镇市下辖县级市。2022 年，乐平市科技创新能力在全省一类县（市、区）排名第 33 位，较上一年下降了 1 位，排在景德镇市第 4 位，与上一年位次相同（表 3-23）。

表 3-23　乐平市（一类）科技创新能力评价指标得分与位次

指标名称	得分/分	全省一类县（市、区）排名		本市排名	
	2022 年	2022 年	2021 年	2022 年	2021 年
科技创新能力	63.09	33	32	4	4
创新环境	3.20	27	15	3	3
创新基础	2.89	31	32	3	3
规模以上企业数（家）	3.43	23	21	3	1
规模以上工业企业建立研发机构的比例（%）	2.00	31	16	4	2
当年新增省级及以上研发平台/创新载体（个）	3.31	22	33	3	4
科技意识	3.66	11	4	3	3
人均科普经费投入（元）	3.56	12	5	1	1
每十万人科普专职人员（人）	3.78	6	5	3	3
创新投入	3.06	26	29	3	3
人力投入	2.92	29	29	4	4
规模以上工业企业中万人 R&D 人员全时当量（人·年）	2.71	30	31	4	4
规模以上工业企业 R&D 人员占从业人员比重（%）	3.12	24	22	2	3
财力投入	3.18	25	31	3	2
规模以上工业企业 R&D 经费支出	3.12	25	30	3	2
规模以上工业企业 R&D 经费支出占营业收入比重（%）	3.23	23	29	3	2
创新成效	3.19	28	28	4	4
技术创新	2.90	33	30	4	4
万人有效发明专利拥有量增量（件）	2.92	33	26	4	4

续表

指标名称	得分/分	全省一类县（市、区）排名		本市排名	
	2022 年	2022 年	2021 年	2022 年	2021 年
每万家企业法人高新技术企业数（家）	2.96	28	26	3	3
每万家企业法人科技型中小企业数（家）	2.82	28	27	3	3
产业化水平	3.47	19	25	3	4
规模以上工业企业新产品销售收入占营业收入比重（%）	2.40	32	27	4	3
高新技术产业增加值占规模以上工业增加值比重（%）	4.30	8	19	1	2
技术合同成交额	3.03	27	25	4	4
农业产业化省级以上龙头企业数（个）	4.48	8	6	1	1
经济社会发展	3.28	32	33	3	3
经济增长	3.10	25	27	1	2
GDP 较上一年增长（%）	3.27	22	29	1	4
本级地方财政科技支出占公共财政支出比重（%）	2.93	25	25	2	1
社会生活	3.56	24	24	3	3
居民人均可支配收入（元）	3.78	23	23	3	3
万人社会消费品零售额（万元）	3.29	26	25	3	3

创新环境在全省一类县（市、区）排名第 27 位，较上一年下降了 12 位，排在景德镇市第 3 位，与上一年位次相同。具体来看，规模以上工业企业建立研发机构的比例从 2021 年的 28.39% 下降至 2022 年的 11.60%，在全省一类县（市、区）排名较上一年下降 15 位；人均科普经费投入从 2021 年的 1.67 元下降至 2022 年的 1.12 元，在全省一类县（市、区）排名较上一年下降 7 位。

创新投入排在全省一类县（市、区）第 26 位，较上一年上升了 3 位，排在景德镇市第 3 位，与上一年位次相同。具体来看，规模以上工业企业 R&D 经费支出占营业收入比重由 2021 年的 0.50% 上升至 2022 年的 0.56%，在全省一类县（市、区）排名上升 6 位；规模以上工业企业 R&D 经费支出 31 348 万元，与 GDP 之比 0.71%，在全省一类县（市、区）排名上升 5 位。

创新成效排在全省一类县（市、区）第 28 位，排在景德镇市第 4 位，均与上一年位次相同。具体来看，高新技术产业增加值占规模以上工业增加值比重从 2021 年的 37.97% 上升至 2022 年的 49.74%；农业产业化省级及以上龙头企业数 18 个，排在全省一类县（市、区）第 8 位。

经济社会发展排在全省一类县（市、区）第 32 位，较上一年上升了 1 位，排在景德镇市第 3 位，与上一年位次相同。具体来看，GDP 增幅从 2021 年的 8.50% 下降至 4.80%，但在全省一类县（市、区）排名却上升了 7 位；居民人均可支配收入 33 954 元，排在全省一类县（市、区）第 23 位。

综上所述，乐平市每十万人科普专职人员、高新技术产业增加值占规模以上工业增加值比重在全省一类县（市、区）排名靠前，但规模以上工业企业建立研发机构的比例、万人有效发明专利拥有量增量、规模以上工业企业中万人 R&D 人员全时当量、规模以上工业企业新产品销售收入占营业收入比重、每万家企业法人科技型中小企业数等指标排名落后。建议该市进一步夯实创新基础，加大科技创新投入力度，鼓励企业自主研发，同时提高科技成果转化和产业化水平，有效发挥科技创新促进经济发展的作用。

二、浮梁县

浮梁县，位于江西省东北部，隶属景德镇市。2022 年，浮梁县科技创新能力在全省三类县（市、区）排名第 1 位，较上一年上升了 10 位，排在景德镇市第 1 位，较上一年上升了 1 位（表 3-24）。

表 3-24　浮梁县（三类）科技创新能力评价指标得分与位次

指标名称	得分 /分	全省三类县（市、区）排名		本市排名	
	2022 年	2022 年	2021 年	2022 年	2021 年
科技创新能力	84.32	1	11	1	2
创新环境	3.81	6	1	2	1
创新基础	3.26	20	5	1	1
规模以上企业数（家）	3.66	3	3	1	1
规模以上工业企业建立研发机构的比例（%）	2.66	27	18	1	1
当年新增省级及以上研发平台 / 创新载体（个）	3.48	6	1	1	1
科技意识	4.64	4	2	2	2

续表

指标名称	得分/分 2022年	全省三类县（市、区）排名 2022年	全省三类县（市、区）排名 2021年	本市排名 2022年	本市排名 2021年
人均科普经费投入（元）	3.40	21	7	4	2
每十万人科普专职人员（人）	6.16	2	2	2	2
创新投入	4.45	2	20	2	2
人力投入	3.67	10	7	2	2
规模以上工业企业中万人 R&D 人员全时当量（人·年）	4.27	3	4	1	1
规模以上工业企业 R&D 人员占从业人员比重（%）	3.08	23	11	3	2
财力投入	5.09	1	31	2	4
规模以上工业企业 R&D 经费支出	6.32	1	31	1	4
规模以上工业企业 R&D 经费支出占营业收入比重（%）	4.08	3	31	2	4
创新成效	4.54	1	8	1	3
技术创新	4.28	3	2	1	2
万人有效发明专利拥有量增量（件）	3.82	4	1	2	3
每万家企业法人高新技术企业数（家）	4.33	5	6	2	2
每万家企业法人科技型中小企业数（家）	4.76	3	3	1	2
产业化水平	4.80	1	15	1	2
规模以上工业企业新产品销售收入占营业收入比重（%）	4.75	4	21	2	2
高新技术产业增加值占规模以上工业增加值比重（%）	3.70	15	12	3	1
技术合同成交额	6.18	1	19	1	3
农业产业化省级以上龙头企业数（个）	4.35	1	3	2	2
经济社会发展	3.07	23	20	4	4
经济增长	3.08	26	21	2	1
GDP 较上一年增长（%）	3.13	26	8	2	1
本级地方财政科技支出占公共财政支出比重（%）	3.03	21	30	1	2
社会生活	3.05	11	13	4	4
居民人均可支配收入（元）	3.24	9	9	4	4
万人社会消费品零售额（万元）	2.83	25	25	4	4

创新环境在全省三类县（市、区）排名第 6 位，较上一年下降了 5 位，排在景德镇市第 2 位，较上一年下降了 1 位。具体来看，人均科普经费投入从 2021 年的 1.13 元下降至 2022 年的 1.06 元，在全省三类县（市、区）排名较上一年下降 14 位；规模以上工业企业建立研发机构的比例从 2021 年的 36.47% 下降至 2022 年的 21.62%，在全省三类县（市、区）排名较上一年下降 9 位。

创新投入排在全省三类县（市、区）第 2 位，较上一年上升了 18 位，排在景德镇市第 2 位，与上一年位次相同。具体来看，规模以上工业企业 R&D 经费支出从 2021 年的 7988.90 万元上升至 2022 年的 39 970.10 万元，在全省三类县（市、区）排名较上一年上升 30 位；规模以上工业企业 R&D 经费支出占营业收入比重从 2021 年的 0.63% 上升至 2022 年的 1.84%，在全省三类县（市、区）排名较上一年上升 28 位。

创新成效排在全省三类县（市、区）第 1 位，较上一年上升了 7 位，排在景德镇市第 1 位，较上一年上升了 2 位。具体来看，技术合同成交额从 2021 年的 19 600 万元上升至 2022 年的 132 175.57 万元，在全省三类县（市、区）排名上升 18 位；规模以上工业企业新产品销售收入占营业收入比重从 2021 年的 17.81% 上升至 2022 年的 38.58%，在全省三类县（市、区）排名上升 17 位；农业产业化省级以上龙头企业数 17 个，在全省三类县（市、区）排名较上一年上升 2 位。

经济社会发展排在全省三类县（市、区）第 23 位，较上一年下降了 3 位，排在景德镇市第 4 位，与上一年位次相同。具体来看，GDP 增幅从 2021 年的 9.20% 下降至 2022 年的 4.70%，在全省三类县（市、区）排名下降 18 位。

综上所述，浮梁县科技创新能力排名较上一年进步较大，其中规模以上工业企业 R&D 经费支出、技术合同成交额、农业产业化省级以上龙头企业数均排在全省三类县（市、区）首位，科技创新优势明显。但规模以上工业企业建立研发机构的比例、规模以上工业企业 R&D 人员占从业人员比重排名等指标相对靠后。建议该县夯实创新基础，鼓励有条件的企业设立研发机构，更大力度参与科技创新，推动产业向价值链高端攀升。

三、昌江区

昌江区，景德镇市市辖区。2022 年，昌江区科技创新能力在全省一类县（市、区）排名第 19 位，较上一年上升了 3 位，排在景德镇市第 3 位，与上一年位次相同（表 3-25）。

表 3-25　昌江区（一类）科技创新能力评价指标得分与位次

指标名称	得分/分	全省一类县（市、区）排名		本市排名	
	2022 年	2022 年	2021 年	2022 年	2021 年
科技创新能力	73.17	19	22	3	3
创新环境	4.30	6	11	1	2
创新基础	3.11	27	31	2	2
规模以上企业数（家）	3.46	22	24	2	3
规模以上工业企业建立研发机构的比例（%）	2.45	25	30	2	4
当年新增省级及以上研发平台/创新载体（个）	3.48	18	15	1	1
科技意识	6.09	2	3	1	1
人均科普经费投入（元）	3.48	16	18	3	3
每十万人科普专职人员（人）	9.29	1	1	1	1
创新投入	3.02	28	30	4	4
人力投入	3.07	27	27	3	3
规模以上工业企业中万人 R&D 人员全时当量（人·年）	3.59	16	17	2	3
规模以上工业企业 R&D 人员占从业人员比重（%）	2.56	30	33	4	4
财力投入	2.98	30	32	4	4
规模以上工业企业 R&D 经费支出	2.85	30	32	4	3
规模以上工业企业 R&D 经费支出占营业收入比重（%）	3.09	33	32	4	3
创新成效	3.88	11	12	2	1
技术创新	4.26	9	3	2	1
万人有效发明专利拥有量增量（件）	3.20	27	3	3	2
每万家企业法人高新技术企业数（家）	4.93	5	6	1	1

续表

指标名称	得分/分 2022年	全省一类县（市、区）排名 2022年	全省一类县（市、区）排名 2021年	本市排名 2022年	本市排名 2021年
每万家企业法人科技型中小企业数（家）	4.72	4	6	2	1
产业化水平	3.50	18	23	2	3
规模以上工业企业新产品销售收入占营业收入比重（%）	2.43	31	31	3	4
高新技术产业增加值占规模以上工业增加值比重（%）	3.84	13	20	2	3
技术合同成交额	4.51	6	6	2	1
农业产业化省级以上龙头企业数（个）	2.63	30	30	3	3
经济社会发展	3.80	17	13	1	1
经济增长	2.66	31	31	3	3
GDP较上一年增长（%）	3.13	23	21	2	2
本级地方财政科技支出占公共财政支出比重（%）	2.19	34	34	3	3
社会生活	5.52	6	7	1	1
居民人均可支配收入（元）	5.21	10	10	2	2
万人社会消费品零售额（万元）	5.90	5	5	1	1

创新环境在全省一类县（市、区）排名第 6 位，较上一年上升了 5 位，排在景德镇市第 1 位，较上一年上升了 1 位。具体来看，规模以上工业企业建立研发机构的比例从 2021 年的 12.34% 上升至 2022 年的 18.48%，在全省一类县（市、区）排名上升 5 位；规模以上企业数 228 家、人均科普经费投入 1.09 元，以上两项指标在全省一类县（市、区）排名均较上一年上升 2 位。

创新投入排在全省一类县（市、区）第 28 位，较上一年上升了 2 位，排在景德镇市第 4 位，与上一年位次相同。具体来看，规模以上工业企业 R&D 人员占从业人员比重 3.81%，在全省一类县（市、区）排名较上一年上升 3 位；规模以上工业企业 R&D 经费支出 21 835.40 万元，与 GDP 之比 0.73%，在全省一类县（市、区）排名上升 2 位。

创新成效排在全省一类县（市、区）第 11 位，较上一年上升了 1 位，排在景德镇市第 2 位，较上一年下降了 1 位。具体来看，高新技术产业增加值占规模以上工业增加值比重由 2021 年的 32.25% 上升至 2022 年的 40.41%，在全省一类县（市、区）排名上升 7 位；每万家企业法人科技型中小企业数 194.34 家，在全省一类县（市、区）排名较上一年上升 2 位。

经济社会发展排在全省一类县（市、区）第 17 位，较上一年下降了 4 位，排在景德镇市第 1 位，与上一年位次相同。具体来看，GDP 增幅从 2021 年的 8.70% 下降至 2022 年的 4.70%，在全省一类县（市、区）排名下降 2 位；本级地方财政科技支出占公共财政支出比重从 2021 年的 1.12% 下降至 2022 年的 0.96%，排在全省一类县（市、区）第 34 位。

综上所述，昌江区每十万人科普专职人员居全省一类县（市、区）首位，每万家企业法人高新技术企业数、每万家企业法人科技型中小企业数、技术合同成交额排名靠前，但规模以上工业企业 R&D 经费支出占营业收入比重、规模以上工业企业 R&D 人员占从业人员比重、规模以上工业企业 R&D 经费支出、规模以上工业企业新产品销售收入占营业收入比重等排名靠后。建议该区加大政府科技创新投入，同时引导企业加大研发投入、鼓励企业更大力度参与科技创新，推动产业向价值链高端攀升。

四、珠山区

珠山区，位于江西省东北部，景德镇市中心城区。2022 年，珠山区科技创新能力在全省一类县（市、区）排名第 6 位，较上一年上升了 1 位，排在景德镇市第 2 位，较上一年下降了 1 位（表 3-26）。

表 3-26 珠山区（一类）科技创新能力评价指标得分与位次

指标名称	得分 /分	全省一类县（市、区）排名		本市排名	
	2022 年	2022 年	2021 年	2022 年	2021 年
科技创新能力	82.81	6	7	2	1
创新环境	2.97	31	35	4	4
创新基础	2.77	33	34	4	4
规模以上企业数（家）	2.74	35	35	4	4
规模以上工业企业建立研发机构的比例（%）	2.48	24	23	2	3

续表

指标名称	得分/分	全省一类县（市、区）排名		本市排名	
	2022 年	2022 年	2021 年	2022 年	2021 年
当年新增省级及以上研发平台/创新载体（个）	3.13	26	29	4	3
科技意识	3.26	20	33	4	4
人均科普经费投入（元）	3.56	12	33	1	4
每十万人科普专职人员（人）	2.91	27	26	4	4
创新投入	5.57	1	3	1	1
人力投入	3.81	12	4	1	1
规模以上工业企业中万人 R&D 人员全时当量（人·年）	2.91	29	10	3	2
规模以上工业企业 R&D 人员占从业人员比重（%）	4.72	5	1	1	1
财力投入	7.01	2	3	1	1
规模以上工业企业 R&D 经费支出	3.67	16	6	2	1
规模以上工业企业 R&D 经费支出占营业收入比重（%）	9.74	2	3	1	1
创新成效	3.53	19	13	3	2
技术创新	3.65	16	19	3	3
万人有效发明专利拥有量增量（件）	5.57	5	2	1	1
每万家企业法人高新技术企业数（家）	2.62	35	33	4	4
每万家企业法人科技型中小企业数（家）	2.61	32	32	4	4
产业化水平	3.42	22	7	4	1
规模以上工业企业新产品销售收入占营业收入比重（%）	6.14	2	1	1	1
高新技术产业增加值占规模以上工业增加值比重（%）	1.65	32	31	4	4
技术合同成交额	3.57	18	18	3	2
农业产业化省级以上龙头企业数（个）	2.11	34	33	4	4
经济社会发展	3.61	24	18	2	2
经济增长	2.38	33	34	4	4
GDP 较上一年增长（%）	2.99	28	21	4	2
本级地方财政科技支出占公共财政支出比重（%）	1.77	35	35	4	4
社会生活	5.46	9	9	2	2
居民人均可支配收入（元）	5.76	6	6	1	1
万人社会消费品零售额（万元）	5.10	8	9	2	2

创新环境在全省一类县（市、区）排名第 31 位，较上一年上升了 4 位，排在景德镇市第 4 位，与上一年位次相同。具体来看，人均科普经费投入从 2021 年的 0.44 元上升至 2022 年的 1.12 元，在全省一类县（市、区）排名较上一年上升 21 位；当年新增省级及以上研发平台／创新载体数 2 个，在全省一类县（市、区）排名较上一年上升 3 位。

创新投入排在全省一类县（市、区）第 1 位，较上一年上升了 2 位，排在景德镇市第 1 位，与上一年位次相同。具体来看，规模以上工业企业 R&D 经费支出占营业收入比重由 2021 年的 3.54% 上升至 2022 年的 11.27%，排在全省一类县（市、区）第 2 位；规模以上工业企业 R&D 人员占从业人员比重 10.08%，排在全省一类县（市、区）第 5 位。

创新成效排在全省一类县（市、区）第 19 位，较上一年下降了 6 位，排在景德镇市第 3 位，较上一年下降了 1 位。具体来看，万人有效发明专利拥有量增量 6.23 件，在全省一类县（市、区）排名较上一年下降 3 位；每万家企业法人高新技术企业数 15.50 家，在全省一类县（市、区）排名较上一年下降 2 位；高新技术产业增加值占规模以上工业增加值比重从 2021 年的 12.01% 下降至 2022 年的 0.14%，在全省一类县（市、区）排名下降 1 位。

经济社会发展排在全省一类县（市、区）第 24 位，较上一年下降了 6 位，排在景德镇市第 2 位，与上一年位次相同。具体来看，GDP 增幅从 2021 年的 8.70% 下降至 2022 年的 4.60%，在全省一类县（市、区）排名下降 7 位；本级地方财政科技支出占公共财政支出比重 0.28%，排在全省一类县（市、区）第 35 位。

综上所述，珠山区规模以上工业企业新产品销售收入占营业收入比重、规模以上工业企业 R&D 人员占从业人员比重、万人有效发明专利拥有量增量等指标排名靠前，但规模以上企业数、每万家企业法人高新技术企业数、每万家企业法人科技型中小企业数、高新技术产业增加值占规模以上工业增加值比重等排名靠后。建议该区完善高新技术企业和科技型中小企业成长加速机制，鼓励企业做大做强，进一步提高科技创新成果转化和产业化水平，促进经济社会发展。

第四节　萍 乡 市

一、安源区

安源区，位于江西省西部，萍乡市市辖区。2022 年，安源区科技创新能力在全省一类县（市、区）排名第 25 位，较上一年上升了 6 位，排在萍乡市第 4 位，与上一年位次相同（表 3-27）。

表 3-27　安源区（一类）科技创新能力评价指标得分与位次

指标名称	得分/分	全省一类县（市、区）排名		本市排名	
	2022 年	2022 年	2021 年	2022 年	2021 年
科技创新能力	68.10	25	31	4	4
创新环境	3.27	24	30	3	2
创新基础	3.28	22	23	2	2
规模以上企业数（家）	3.21	28	28	2	2
规模以上工业企业建立研发机构的比例（%）	2.59	22	26	2	4
当年新增省级及以上研发平台/创新载体（个）	4.18	13	8	1	1
科技意识	3.25	22	26	4	4
人均科普经费投入（元）	3.35	19	22	4	5
每十万人科普专职人员（人）	3.12	17	22	3	3
创新投入	3.61	17	28	3	5
人力投入	3.63	17	22	3	5
规模以上工业企业中万人 R&D 人员全时当量（人·年）	3.52	21	22	2	4
规模以上工业企业 R&D 人员占从业人员比重（%）	3.74	14	23	3	4
财力投入	3.60	14	29	4	4
规模以上工业企业 R&D 经费支出	3.61	19	27	4	3
规模以上工业企业 R&D 经费支出占营业收入比重（%）	3.59	8	31	3	5
创新成效	3.13	30	24	4	4
技术创新	3.10	29	24	3	3
万人有效发明专利拥有量增量（件）	3.31	21	10	4	1

续表

指标名称	得分/分 2022年	全省一类县（市、区）排名 2022年	全省一类县（市、区）排名 2021年	本市排名 2022年	本市排名 2021年
每万家企业法人高新技术企业数（家）	3.15	25	27	3	3
每万家企业法人科技型中小企业数（家）	2.81	29	31	4	4
产业化水平	3.16	26	26	5	5
规模以上工业企业新产品销售收入占营业收入比重（%）	2.89	26	23	4	4
高新技术产业增加值占规模以上工业增加值比重（%）	2.78	30	27	4	5
技术合同成交额	3.43	21	12	5	5
农业产业化省级以上龙头企业数（个）	3.82	14	17	3	4
经济社会发展	3.91	12	24	1	1
经济增长	3.37	18	30	5	5
GDP较上一年增长（%）	3.41	19	33	5	5
本级地方财政科技支出占公共财政支出比重（%）	3.32	17	15	2	3
社会生活	4.73	12	11	1	1
居民人均可支配收入（元）	4.89	12	12	1	1
万人社会消费品零售额（万元）	4.54	11	11	1	1

创新环境在全省一类县（市、区）排名第 24 位，较上一年上升了 6 位，排在萍乡市第 3 位，较上一年下降了 1 位。具体来看，每十万人科普专职人员从 2021 年的 8.49 人上升至 2022 年的 11.54 人，在全省一类县（市、区）排名上升 5 位；规模以上工业企业建立研发机构的比例 20.59%，在全省一类县（市、区）排名较上一年上升 4 位。

创新投入排在全省一类县（市、区）第 17 位，较上一年上升了 11 位，排在萍乡市第 3 位，较上一年上升了 2 位。具体来看，规模以上工业企业 R&D 经费支出占营业收入比重由 2021 年的 0.62% 上升至 2022 年的 1.14%，在全省一类县（市、区）排名上升 23 位；规模以上工业企业 R&D 人员占从业人员比重从 2021 年的 5.49% 上升至 2022 年的 7.24%，在全省一类县（市、区）排名上升 9 位；规模以上工业企业 R&D 经费支出从 2021 年的 31 605.80 万元上升至 2022 年的 43 100 万元，在全省一类县（市、区）排名上升 8 位。

创新成效排在全省一类县（市、区）第 30 位，较上一年下降了 6 位，排在萍乡市第 4 位，较上一年上升了 1 位。具体来看，万人有效发明专利拥有量增量 1.09 件，在全省一类县（市、区）排名较上一年下降 11 位；技术合同成交额 65 183.10 万元，与 GDP 之比为 2.34%，在全省一类县（市、区）排名较上一年下降 9 位。

经济社会发展排在全省一类县（市、区）第 12 位，较上一年上升了 12 位，排在萍乡市第 1 位，与上一年位次相同。具体来看，GDP 较上一年增长 4.90%，在全省一类县（市、区）排名较上一年上升 14 位。

综上所述，安源区科技创新能力排名较上一年略有提升，但规模以上企业数、高新技术产业增加值占规模以上工业增加值比重、每万家企业法人科技型中小企业数等指标在全省一类县（市、区）排名靠后。建议该区进一步优化创新环境，支持企业做大做强，完善高新技术企业和科技型中小企业成长加速机制，营造科技创新创业的良好氛围。

二、湘东区

湘东区，位于江西省西部，萍乡市市辖区。2022 年，湘东区科技创新能力在全省一类县（市、区）排名第 13 位，较上一年下降了 5 位，排在萍乡市第 1 位，与上一年位次相同（表 3-28）。

表 3-28　湘东区（一类）科技创新能力评价指标得分与位次

指标名称	得分/分	全省一类县（市、区）排名		本市排名	
	2022 年	2022 年	2021 年	2022 年	2021 年
科技创新能力	77.32	13	8	1	1
创新环境	2.80	34	31	5	4
创新基础	2.62	34	27	5	3
规模以上企业数（家）	3.08	32	32	3	3
规模以上工业企业建立研发机构的比例（%）	1.88	32	12	5	2
当年新增省级及以上研发平台/创新载体（个）	2.96	32	24	5	3
科技意识	3.08	30	28	5	5

续表

指标名称	得分/分	全省一类县（市、区）排名		本市排名	
	2022年	2022年	2021年	2022年	2021年
人均科普经费投入（元）	3.25	23	20	5	4
每十万人科普专职人员（人）	2.87	29	29	5	5
创新投入	4.40	8	6	1	1
人力投入	5.03	5	5	1	1
规模以上工业企业中万人R&D人员全时当量（人·年）	4.81	6	7	1	1
规模以上工业企业R&D人员占从业人员比重（%）	5.25	3	3	1	1
财力投入	3.89	9	14	2	1
规模以上工业企业R&D经费支出	3.84	11	19	1	2
规模以上工业企业R&D经费支出占营业收入比重（%）	3.93	3	6	2	1
创新成效	4.00	9	6	1	1
技术创新	3.50	18	18	2	2
万人有效发明专利拥有量增量（件）	3.58	17	14	2	3
每万家企业法人高新技术企业数（家）	3.47	15	20	2	2
每万家企业法人科技型中小企业数（家）	3.45	15	16	2	2
产业化水平	4.49	4	2	1	1
规模以上工业企业新产品销售收入占营业收入比重（%）	5.07	3	5	1	1
高新技术产业增加值占规模以上工业增加值比重（%）	4.15	11	11	3	4
技术合同成交额	4.82	2	2	2	1
农业产业化省级以上龙头企业数（个）	3.56	17	16	4	3
经济社会发展	3.65	21	28	2	2
经济增长	3.83	12	19	1	1
GDP较上一年增长（%）	3.97	9	27	3	3
本级地方财政科技支出占公共财政支出比重（%）	3.68	15	9	1	1
社会生活	3.39	27	27	2	2
居民人均可支配收入（元）	4.17	19	19	2	2
万人社会消费品零售额（万元）	2.43	35	35	5	5

创新环境在全省一类县（市、区）排名第 34 位，较上一年下降了 3 位，排在萍乡市第 5 位，较上一年下降了 1 位。具体来看，规模以上工业企业建立研发机构的比例从 2021 年的 31.62% 下降至 2022 年的 9.86%，在全省一类县（市、区）排名较上一年下降 20 位；当年新增省级及以上研发平台/创新载体 1 个，在全省一类县（市、区）排名较上一年下降 8 位；人均科普经费投入 1 元，在全省一类县（市、区）排名较上一年下降 3 位。

创新投入排在全省一类县（市、区）第 8 位，较上一年下降了 2 位，排在萍乡市第 1 位，与上一年位次相同。具体来看，规模以上工业企业 R&D 人员占从业人员比重从 2021 年的 12.73% 下降至 2022 年的 11.64%，排在全省一类县（市、区）第 3 位。

创新成效排在全省一类县（市、区）第 9 位，较上一年下降了 3 位，排在萍乡市第 1 位，与上一年位次相同。具体来看，万人有效发明专利拥有量增量 1.70 件，在全省一类县（市、区）排名较上一年下降 3 位；农业产业化省级以上龙头企业数 11 个，在全省一类县（市、区）排名较上一年下降 1 位。

经济社会发展排在全省一类县（市、区）第 21 位，较上一年上升了 7 位，排在萍乡市第 2 位，与上一年位次相同。具体来看，GDP 增幅从 2021 年的 8.60% 下降至 2022 年的 5.30%，但在全省一类县（市、区）排名却上升了 18 位；万人社会消费品零售额从 2021 年的 8932.22 万元上升为 2022 年的 9467.20 万元。

综上所述，湘东区技术合同成交额、规模以上工业企业 R&D 人员占从业人员比重、规模以上工业企业 R&D 经费支出占营业收入比重、规模以上工业企业新产品销售收入占营业收入比重等指标在全省一类县（市、区）排名前三，但规模以上企业数、规模以上工业企业建立研发机构的比例、当年新增省级及以上研发平台/创新载体、每十万人科普专职人员等排名落后。建议该区夯实创新基础，鼓励有条件的企业积极建设创新平台、更大力度参与科技创新，推动产业向价值链高端攀升。

三、芦溪县

芦溪县，位于江西省西部萍乡市东部，萍乡市下辖县。2022年，芦溪县科技创新能力在全省三类县（市、区）排名第10位，较上一年上升了4位，排在萍乡市第3位，较上一年下降了1位（表3-29）。

表 3-29 芦溪县（三类）科技创新能力评价指标得分与位次

指标名称	得分 /分	全省三类县（市、区）排名		本市排名	
	2022年	2022年	2021年	2022年	2021年
科技创新能力	71.15	10	14	3	2
创新环境	3.47	15	22	2	3
创新基础	3.06	28	29	3	4
规模以上企业数（家）	3.01	10	9	4	4
规模以上工业企业建立研发机构的比例（%）	2.44	31	30	3	5
当年新增省级及以上研发平台/创新载体（个）	3.83	2	21	2	5
科技意识	4.09	7	6	2	1
人均科普经费投入（元）	3.94	7	8	3	1
每十万人科普专职人员（人）	4.27	8	8	1	1
创新投入	3.22	22	19	4	3
人力投入	2.95	25	12	5	3
规模以上工业企业中万人 R&D 人员全时当量（人·年）	3.22	15	10	5	3
规模以上工业企业 R&D 人员占从业人员比重（%）	2.68	29	13	4	3
财力投入	3.45	13	26	4	5
规模以上工业企业 R&D 经费支出	3.80	7	25	3	5
规模以上工业企业 R&D 经费支出占营业收入比重（%）	3.16	31	27	5	4
创新成效	3.96	4	1	2	2
技术创新	3.93	7	5	1	1
万人有效发明专利拥有量增量（件）	4.02	3	12	1	4
每万家企业法人高新技术企业数（家）	4.18	6	5	1	1
每万家企业法人科技型中小企业数（家）	3.55	18	7	1	1

续表

指标名称	得分/分	全省三类县（市、区）排名		本市排名	
	2022 年	2022 年	2021 年	2022 年	2021 年
产业化水平	3.98	3	4	2	2
规模以上工业企业新产品销售收入占营业收入比重（%）	3.97	14	5	2	2
高新技术产业增加值占规模以上工业增加值比重（%）	4.26	5	11	1	2
技术合同成交额	3.66	9	3	4	3
农业产业化省级以上龙头企业数（个）	4.09	3	1	1	1
经济社会发展	3.50	14	13	3	3
经济增长	3.61	17	17	2	2
GDP 较上一年增长（%）	3.97	10	21	3	3
本级地方财政科技支出占公共财政支出比重（%）	3.25	15	8	3	2
社会生活	3.33	7	9	3	3
居民人均可支配收入（元）	3.70	4	4	3	3
万人社会消费品零售额（万元）	2.88	23	23	2	2

创新环境在全省三类县（市、区）排名第 15 位，较上一年上升了 7 位，排在萍乡市第 2 位，较上一年上升了 1 位。具体来看，当年新增省级及以上研发平台 / 创新载体从 2021 年的 0 个上升至 2022 年的 6 个，在全省三类县（市、区）排名较上一年上升 19 位；人均科普经费投入从 2021 年的 1.11 元上升为 2022 年的 1.27 元，在全省三类县（市、区）排名较上一年上升 1 位。

创新投入排在全省三类县（市、区）第 22 位，较上一年下降了 3 位，排在萍乡市第 4 位，较上一年下降了 1 位。具体来看，规模以上工业企业 R&D 人员占从业人员比重从 2021 年的 6.17% 下降至 4.17%，在全省三类县（市、区）排名较上一年下降 16 位；规模以上工业企业中万人 R&D 人员全时当量从 2021 年的 26.16 人·年下降至 2022 年的 18.52 人·年，在全省三类县（市、区）排名较上一年下降 5 位；规模以上工业企业 R&D 经费支出占营业收入比重从 2021 年的 0.69% 下降至 2022 年的 0.55%，在全省三类县（市、区）排名下降 4 位。

创新成效排在全省三类县（市、区）第4位，较上一年下降了3位，排在萍乡市第2位，与上一年位次相同。具体来看，每万家企业法人科技型中小企业数113.39家，在全省三类县（市、区）排名较上一年下降11位；规模以上工业企业新产品销售收入占营业收入比重29.13%，在全省三类县（市、区）排名较上一年下降9位；技术合同成交额49 084万元，在全省三类县（市、区）排名较上一年下降6位。

经济社会发展排在全省三类县（市、区）第14位，较上一年下降了1位，排在萍乡市第3位，与上一年位次相同。具体来看，本级地方财政科技支出占公共财政支出比重从2021年的2.91%下降至2022年的2.68%，在全省三类县（市、区）排名较上一年下降7位。

综上所述，芦溪县万人有效发明专利拥有量增量、当年新增省级及以上研发平台/创新载体、高新技术产业增加值占规模以上工业增加值比重等指标排在全省三类县（市、区）前列，但规模以上工业企业建立研发机构的比例、规模以上工业企业R&D经费支出占营业收入比重、规模以上工业企业R&D人员占从业人员比重排名靠后。建议该县鼓励有条件的企业建立研发平台，引导企业加大研发投入，打通从科技强到企业强、产业强、经济强的通道。

四、上栗县

上栗县，位于江西省西部萍乡市北部，萍乡市下辖县。2022年，上栗县科技创新能力在全省二类县（市、区）总排名第21位，较上一年下降了4位，排在萍乡市第5位，较上一年下降了2位（表3-30）。

表3-30　上栗县（二类）科技创新能力评价指标得分与位次

指标名称	得分/分	全省二类县（市、区）排名		本市排名	
	2022年	2022年	2021年	2022年	2021年
科技创新能力	64.59	21	17	5	3
创新环境	3.59	7	13	1	1
创新基础	3.42	18	12	1	1
规模以上企业数（家）	3.40	13	14	1	1

续表

指标名称	得分/分	全省二类县（市、区）排名		本市排名	
	2022年	2022年	2021年	2022年	2021年
规模以上工业企业建立研发机构的比例（%）	3.24	23	17	1	1
当年新增省级及以上研发平台/创新载体（个）	3.66	3	1	3	2
科技意识	3.85	2	16	3	3
人均科普经费投入（元）	4.58	1	3	2	1
每十万人科普专职人员（人）	2.96	26	25	4	4
创新投入	3.11	26	10	5	2
人力投入	3.03	24	11	4	2
规模以上工业企业中万人R&D人员全时当量（人·年）	3.43	14	3	3	2
规模以上工业企业R&D人员占从业人员比重（%）	2.63	29	22	5	5
财力投入	3.17	24	17	5	2
规模以上工业企业R&D经费支出	2.94	28	10	5	1
规模以上工业企业R&D经费支出占营业收入比重（%）	3.35	13	22	4	2
创新成效	3.10	27	18	5	4
技术创新	2.97	24	29	5	5
万人有效发明专利拥有量增量（件）	3.21	9	16	5	5
每万家企业法人高新技术企业数（家）	2.78	30	31	4	5
每万家企业法人科技型中小企业数（家）	2.91	27	27	3	3
产业化水平	3.23	25	9	4	4
规模以上工业企业新产品销售收入占营业收入比重（%）	2.29	29	32	5	5
高新技术产业增加值占规模以上工业增加值比重（%）	2.41	31	1	5	1
技术合同成交额	4.86	3	4	1	4
农业产业化省级以上龙头企业数（个）	3.16	21	13	5	4
经济社会发展	3.39	16	21	4	4
经济增长	3.58	17	21	4	4
GDP较上一年增长（%）	4.26	4	17	2	2
本级地方财政科技支出占公共财政支出比重（%）	2.90	27	23	4	4
社会生活	3.11	17	18	4	4
居民人均可支配收入（元）	3.53	9	9	4	4
万人社会消费品零售额（万元）	2.60	32	32	4	4

创新环境在全省二类县（市、区）排名第7位，较上一年上升了6位，排在萍乡市第1位，与上一年位次相同。具体来看，人均科普经费投入由2021年的1.11元上升为2022年的1.52元，在全省二类县（市、区）排名上升2位；规模以上企业数由2021年的197家上升为2022年的218家，在全省二类县（市、区）排名上升1位。

创新投入排在全省二类县（市、区）第26位，较上一年下降了16位，排在萍乡市第5位，较上一年下降了3位。具体来看，规模以上工业企业R&D经费支出从2021年的43 707.30万元下降至2022年的26 000万元，在全省二类县（市、区）排名下降18位；规模以上工业企业中万人R&D人员全时当量从2021年的37.50人·年下降至2022年的21.98人·年，在全省二类县（市、区）排名较上一年下降11位；规模以上工业企业R&D人员占从业人员比重4.02%，在全省二类县（市、区）排名较上一年下降7位。

创新成效排在全省二类县（市、区）第27位，较上一年下降了9位，排在萍乡市第5位，较上一年下降了1位。具体来看，高新技术产业增加值占规模以上工业增加值比重从2021年的48.03%下降至2022年的30.23%，在全省二类县（市、区）排名下降30位；农业产业化省级以上龙头企业数8个，在全省二类县（市、区）排名较上一年下降8位。

经济社会发展排在全省二类县（市、区）第16位，较上一年上升了5位，排在萍乡市第4位，与上一年位次相同。具体来看，GDP较上一年增长5.50%，在全省二类县（市、区）排名较上一年上升13位。

综上所述，上栗县人均科普经费投入居全省二类县（市、区）首位，技术合同成交额、当年新增省级及以上研发平台/创新载体排名靠前，但高新技术产业增加值占规模以上工业增加值比重、规模以上工业企业R&D人员占从业人员比重、规模以上工业企业新产品销售收入占营业收入比重、每万家企业法人高新技术企业数等指标排名靠后。建议该县加速培育高新技术企业和科技型中小企业，加大科技创新投入力度，推动产业向价值链高端攀升。

五、莲花县

莲花县，位于江西省西部萍乡市南部，萍乡市下辖县。2022 年，莲花县科技创新能力在全省三类县（市、区）排名第 9 位，较上一年上升了 13 位，排在萍乡市第 2 位，较上一年上升了 3 位（表 3-31）。

表 3-31　莲花县（三类）科技创新能力评价指标得分与位次

指标名称	得分/分	全省三类县（市、区）排名		本市排名	
	2022 年	2022 年	2021 年	2022 年	2021 年
科技创新能力	71.68	9	22	2	5
创新环境	3.24	23	25	4	5
创新基础	2.65	31	30	4	5
规模以上企业数（家）	2.54	25	26	5	5
规模以上工业企业建立研发机构的比例（%）	2.34	32	28	4	3
当年新增省级及以上研发平台 / 创新载体（个）	3.13	11	13	4	4
科技意识	4.13	5	13	1	2
人均科普经费投入（元）	4.60	3	12	1	3
每十万人科普专职人员（人）	3.55	11	12	2	2
创新投入	4.07	3	22	2	4
人力投入	3.99	6	17	2	4
规模以上工业企业中万人 R&D 人员全时当量（人·年）	3.34	13	25	4	5
规模以上工业企业 R&D 人员占从业人员比重（%）	4.63	3	9	2	2
财力投入	4.14	2	24	1	4
规模以上工业企业 R&D 经费支出	3.82	6	24	2	4
规模以上工业企业 R&D 经费支出占营业收入比重（%）	4.40	1	20	1	3
创新成效	3.41	16	14	3	3
技术创新	2.99	25	27	4	4
万人有效发明专利拥有量增量（件）	3.45	8	2	3	2
每万家企业法人高新技术企业数（家）	2.70	30	30	5	4
每万家企业法人科技型中小企业数（家）	2.77	29	31	5	5
产业化水平	3.84	5	9	3	3

续表

指标名称	得分/分	全省三类县（市、区）排名		本市排名	
	2022年	2022年	2021年	2022年	2021年
规模以上工业企业新产品销售收入占营业收入比重（%）	2.98	25	23	3	3
高新技术产业增加值占规模以上工业增加值比重（%）	4.16	6	14	2	3
技术合同成交额	4.17	3	1	2	2
农业产业化省级以上龙头企业数（个）	3.95	4	4	2	2
经济社会发展	3.17	21	27	5	5
经济增长	3.61	18	20	3	3
GDP较上一年增长（%）	4.40	5	15	1	1
本级地方财政科技支出占公共财政支出比重（%）	2.82	26	25	5	5
社会生活	2.51	31	30	5	5
居民人均可支配收入（元）	2.39	30	29	5	5
万人社会消费品零售额（万元）	2.66	31	31	3	3

创新环境在全省三类县（市、区）排名第23位，较上一年上升了2位，排在萍乡市第4位，较上一年上升了1位。具体来看，人均科普经费投入从2021年的1.06元上升为2022年的1.53元，在全省三类县（市、区）排名上升9位；规模以上企业数87家、每十万人科普专职人员23.45人，以上两项指标在全省三类县（市、区）排名均较上一年上升1位。

创新投入排在全省三类县（市、区）第3位，较上一年上升了19位，排在萍乡市第2位，较上一年上升了2位。具体来看，规模以上工业企业R&D经费支出占营业收入比重由2021年的1.56%上升至2022年的2.73%，在全省三类县（市、区）排名上升19位；规模以上工业企业R&D经费支出从2021年的7526.30万元上升至2022年的12 553.60万元，在全省三类县（市、区）排名上升18位；规模以上工业企业中万人R&D人员全时当量20.60人·年，在全省三类县（市、区）排名较上一年上升12位；规模以上工业企业R&D人员占从业人员比重9.83%，在全省三类县（市、区）排名较上一年上升6位。

创新成效排在全省三类县（市、区）第16位，较上一年下降了2位，排在萍乡市第3位，与上一年位次相同。具体来看，万人有效发明专利拥有量增量

1.41 件，在全省三类县（市、区）排名较上一年下降 6 位；技术合同成交额 40 249 万元，与 GDP 之比 5.07%，在全省三类县（市、区）排名较上一年下降 2 位。

经济社会发展排在全省三类县（市、区）第 21 位，较上一年上升了 6 位，排在萍乡市第 5 位，与上一年位次相同。具体来看，GDP 较上一年增长 5.60%，在全省三类县（市、区）排名较上一年上升 10 位。

综上所述，莲花县科技创新能力排名较上一年进步较大，其中规模以上工业企业 R&D 经费支出占营业收入比重居全省三类县（市、区）首位，技术合同成交额、规模以上工业企业 R&D 人员占从业人员比重、人均科普经费投入、农业产业化省级以上龙头企业数等指标排名靠前。但规模以上工业企业建立研发机构的比例、每万家企业法人高新技术企业数、每万家企业法人科技型中小企业数等排名靠后。建议该县夯实创新基础，鼓励有条件的企业建立研发平台，完善高新技术企业和科技型中小企业成长加速机制，不断塑造发展新动能新优势。

第五节　新　余　市

一、分宜县

分宜县，位于江西省西中部，新余市下辖县。2022 年，分宜县科技创新能力在全省二类县（市、区）排名第 29 位，较上一年下降了 13 位，排在新余市第 2 位，与上一年位次相同（表 3-32）。

表 3-32　分宜县（二类）科技创新能力评价指标得分与位次

指标名称	得分/分	全省二类县（市、区）排名		本市排名	
	2022 年	2022 年	2021 年	2022 年	2021 年
科技创新能力	61.63	29	16	2	2
创新环境	3.06	29	26	2	2
创新基础	2.79	32	29	2	2

续表

指标名称	得分/分	全省二类县（市、区）排名		本市排名	
	2022 年	2022 年	2021 年	2022 年	2021 年
规模以上企业数（家）	2.95	26	26	2	2
规模以上工业企业建立研发机构的比例（%）	2.35	30	32	1	1
当年新增省级及以上研发平台/创新载体（个）	3.13	13	1	2	2
科技意识	3.48	14	13	1	2
人均科普经费投入（元）	3.66	9	8	1	1
每十万人科普专职人员（人）	3.25	14	11	1	2
创新投入	2.69	32	21	2	1
人力投入	2.87	26	14	2	1
规模以上工业企业中万人 R&D 人员全时当量（人·年）	2.94	22	12	2	1
规模以上工业企业 R&D 人员占从业人员比重（%）	2.81	25	12	2	1
财力投入	2.53	33	29	2	1
规模以上工业企业 R&D 经费支出	2.28	33	29	2	1
规模以上工业企业 R&D 经费支出占营业收入比重（%）	2.74	33	26	2	1
创新成效	3.27	20	9	2	2
技术创新	2.77	32	32	2	2
万人有效发明专利拥有量增量（件）	3.05	18	32	2	2
每万家企业法人高新技术企业数（家）	2.57	32	32	2	2
每万家企业法人科技型中小企业数（家）	2.66	29	26	2	2
产业化水平	3.77	9	1	2	2
规模以上工业企业新产品销售收入占营业收入比重（%）	2.45	28	22	2	2
高新技术产业增加值占规模以上工业增加值比重（%）	4.99	1	19	1	1
技术合同成交额	3.76	10	1	2	1
农业产业化省级以上龙头企业数（个）	3.56	8	4	2	2
经济社会发展	3.84	7	3	2	2
经济增长	3.95	9	3	1	1
GDP 较上一年增长（%）	4.40	3	1	1	1
本级地方财政科技支出占公共财政支出比重（%）	3.50	14	11	2	2

指标名称	得分/分	全省二类县（市、区）排名		本市排名	
	2022 年	2022 年	2021 年	2022 年	2021 年
社会生活	3.68	3	3	2	2
居民人均可支配收入（元）	3.57	8	7	2	2
万人社会消费品零售额（万元）	3.82	2	1	2	2

创新环境在全省二类县（市、区）排名第 29 位，较上一年下降了 3 位，排在新余市第 2 位，与上一年位次相同。具体来看，当年新增省级及以上研发平台／创新载体指标从 2021 年的 3 个下降至 2022 年的 2 个，在全省二类县（市、区）排名下降 12 位；每十万人科普专职人员数从 2021 年的 17.13 人下降至 2022 年的 15.24 人，在全省二类县（市、区）排名下降了 3 位。

创新投入在全省二类县（市、区）排名第 32 位，较上一年下降了 11 位，排在新余市第 2 位，较上一年下降了 1 位。具体来看，规模以上工业企业中万人 R&D 人员全时当量在全省二类县（市、区）排名较上一年下降了 10 位；规模以上工业企业 R&D 经费支出占营业收入比重从 2021 年的 1.65% 下降至 2022 年的 0.40%，在全省二类县（市、区）排名下降 7 位；规模以上工业企业 R&D 经费支出从 2021 年的 34 204.80 万元下降至 2022 年的 10 500 万元，在全省二类县（市、区）排名下降 4 位。

创新成效在全省二类县（市、区）排名第 20 位，较上一年下降了 11 位，排在新余市第 2 位，与上一年位次相同。具体来看，每万家企业法人科技型中小企业数、规模以上工业企业新产品销售收入占营业收入比重、技术合同成交额、农业产业化省级以上龙头企业数在全省二类县（市、区）排名均较上一年下降。

经济社会发展排在全省二类县（市、区）第 7 位，较上一年下降了 4 位，排在新余市第 2 位，与上一年位次相同。具体来看，GDP 增幅从 2021 年的 9.90% 下降至 2022 年的 5.60%，在全省二类县（市、区）排名下降 2 位；本级地方财政科技支出占公共财政支出比重在全省二类县（市、区）排名下降 3 位。

综上所述，分宜县高新技术产业增加值占规模以上工业增加值比重排全省二类县（市、区）首位，一级指标中创新投入与创新成效下滑较明显。建议该县引导企业加大研发投入、更大力度参与科技创新，完善高新技术企业和科技型中小企业成长加速机制，不断塑造发展新动能新优势。

二、渝水区

渝水区，位于江西省中部偏西、新余市东部。2022年，渝水区科技创新能力在全省一类县（市、区）排名第12位，较上一年上升了9位，排在新余市第1位，与上一年位次相同（表3-33）。

表 3-33　渝水区（一类）科技创新能力评价指标得分与位次

指标名称	得分/分	全省一类县（市、区）排名		本市排名	
	2022年	2022年	2021年	2022年	2021年
科技创新能力	77.70	12	21	1	1
创新环境	3.97	10	12	1	1
创新基础	4.37	8	11	1	1
规模以上企业数（家）	5.80	7	5	1	1
规模以上工业企业建立研发机构的比例（%）	2.19	28	29	2	2
当年新增省级及以上研发平台/创新载体（个）	5.23	5	8	1	1
科技意识	3.39	16	13	2	1
人均科普经费投入（元）	3.61	11	12	2	1
每十万人科普专职人员（人）	3.12	18	11	2	1
创新投入	3.56	18	31	1	2
人力投入	3.57	20	30	1	2
规模以上工业企业中万人R&D人员全时当量（人·年）	3.57	19	25	1	2
规模以上工业企业R&D人员占从业人员比重（%）	3.56	20	31	1	2
财力投入	3.56	15	30	1	2
规模以上工业企业R&D经费支出	3.73	14	29	1	2
规模以上工业企业R&D经费支出占营业收入比重（%）	3.42	11	30	1	2

续表

指标名称	得分/分	全省一类县（市、区）排名		本市排名	
	2022 年	2022 年	2021 年	2022 年	2021 年
创新成效	4.14	7	11	1	1
技术创新	3.47	21	14	1	1
万人有效发明专利拥有量增量（件）	3.29	22	21	1	1
每万家企业法人高新技术企业数（家）	3.55	13	12	1	1
每万家企业法人科技型中小企业数（家）	3.58	14	12	1	1
产业化水平	4.81	3	6	1	1
规模以上工业企业新产品销售收入占营业收入比重（%）	4.72	5	18	1	1
高新技术产业增加值占规模以上工业增加值比重（%）	4.35	6	21	2	2
技术合同成交额	3.78	14	11	1	2
农业产业化省级以上龙头企业数（个）	7.91	2	2	1	1
经济社会发展	3.95	9	11	1	1
经济增长	3.63	15	13	2	2
GDP 较上一年增长（%）	3.13	23	29	2	2
本级地方财政科技支出占公共财政支出比重（%）	4.13	8	4	1	1
社会生活	4.43	15	15	1	1
居民人均可支配收入（元）	4.79	14	14	1	1
万人社会消费品零售额（万元）	3.99	15	15	1	1

创新环境在全省一类县（市、区）排名第 10 位，较上一年上升了 2 位，排在新余市第 1 位，与上一年位次相同。具体来看，规模以上工业企业建立研发机构的比例从 2021 年的 13.23% 上升至 14.61%，在全省一类县（市、区）排名上升了 1 位；当年新增省级及以上研发平台／创新载体数从 2021 年的 6 个上升至 2022 年的 14 个，在全省一类县（市、区）排名上升了 3 位。

创新投入在全省一类县（市、区）排名第 18 位，较上一年上升了 13 位，排在新余市第 1 位，较上一年上升了 1 位。具体来看，规模以上工业企业中万人 R&D 人员占从业人员比重在全省一类县（市、区）排名上升了 11 位；规模以上工业企业 R&D 经费支出占营业收入比重从 2021 年的 0.52% 上升至

0.85%，在全省一类县（市、区）排名上升了 19 位；规模以上工业企业 R&D 经费支出从 91 935 万元上升至 150 300 万元，在全省一类县（市、区）排名上升 15 位。

创新成效在全省一类县（市、区）排名第 7 位，较上一年上升了 4 位，排在新余市第 1 位，与上一年位次相同。具体来看，规模以上工业企业新产品销售收入占营业收入比重从 2021 年的 18.57% 上升至 2022 年的 38.23%，在全省一类县（市、区）排名上升 13 位；高新技术产业增加值占规模以上工业增加值比重从 2021 年的 23.39% 上升至 2022 年的 42.31%，在全省一类县（市、区）排名上升了 15 位。

经济社会发展排在全省一类县（市、区）第 9 位，较上一年上升了 2 位，排在新余市第 1 位，与上一年位次相同。具体来看，GDP 增幅从 2021 年的 8.50% 下降至 2022 年的 4.70%，但在全省一类县（市、区）排名却上升了 6 位。

综上所述，渝水区当年新增省级及以上研发平台／创新载体、规模以上工业企业新产品销售收入占营业收入比重、农业产业化省级以上龙头企业数、高新技术产业增加值占规模以上工业增加值比重等指标排在全省一类县（市、区）前列，但规模以上工业企业建立研发机构的比例、工业企业 R&D 人员占从业人员比重等排名靠后。建议该区夯实创新基础，鼓励有条件的企业建立研发机构，同时坚持人才培养与引进并举、持续激发人才创新活力，助推区域经济高质量发展。

第六节 鹰 潭 市

一、贵溪市

贵溪市，位于江西省东北部，鹰潭市下辖县级市。2022 年，贵溪市科技创新能力在全省一类县（市、区）排名第 8 位，较上一年上升了 5 位，排在鹰潭市第 2 位，与上一年位次相同（表 3-34）。

表 3-34　贵溪市（一类）科技创新能力评价指标得分与位次

指标名称	得分/分	全省一类县（市、区）排名		本市排名	
	2022 年	2022 年	2021 年	2022 年	2021 年
科技创新能力	81.14	8	13	2	2
创新环境	3.61	17	26	3	2
创新基础	3.84	17	21	2	2
规模以上企业数（家）	3.91	17	16	1	1
规模以上工业企业建立研发机构的比例（%）	3.34	13	28	3	3
当年新增省级及以上研发平台/创新载体（个）	4.36	11	8	1	1
科技意识	3.25	21	20	3	3
人均科普经费投入（元）	3.66	9	10	1	1
每十万人科普专职人员（人）	2.76	34	33	3	3
创新投入	4.90	4	7	1	1
人力投入	6.77	1	2	1	1
规模以上工业企业中万人 R&D 人员全时当量（人·年）	6.34	4	4	1	1
规模以上工业企业 R&D 人员占从业人员比重（%）	7.20	1	2	1	1
财力投入	3.38	21	27	3	3
规模以上工业企业 R&D 经费支出	3.61	18	25	3	3
规模以上工业企业 R&D 经费支出占营业收入比重（%）	3.18	28	33	3	3
创新成效	3.67	17	18	2	2
技术创新	3.89	12	12	2	2
万人有效发明专利拥有量增量（件）	3.64	16	18	2	1
每万家企业法人高新技术企业数（家）	4.18	7	10	2	2
每万家企业法人科技型中小企业数（家）	3.84	11	14	2	2
产业化水平	3.46	21	21	3	3
规模以上工业企业新产品销售收入占营业收入比重（%）	3.87	12	9	3	2
高新技术产业增加值占规模以上工业增加值比重（%）	2.86	29	28	3	3
技术合同成交额	3.27	22	21	3	3
农业产业化省级以上龙头企业数（个）	4.35	10	12	1	1
经济社会发展	3.34	31	21	3	3

指标名称	得分/分	全省一类县（市、区）排名		本市排名	
	2022 年	2022 年	2021 年	2022 年	2021 年
经济增长	3.26	20	10	2	2
GDP 较上一年增长（%）	3.41	19	5	2	1
本级地方财政科技支出占公共财政支出比重（%）	3.10	19	18	2	2
社会生活	3.47	26	26	3	3
居民人均可支配收入（元）	3.54	25	25	2	2
万人社会消费品零售额（万元）	3.38	24	23	3	3

　　创新环境在全省一类县（市、区）排名第 17 位，较上一年上升了 9 位，排在鹰潭市第 3 位，较上一年下降了 1 位。具体来看，规模以上工业企业建立研发机构的比例从 2021 年的 15.08% 上升至 2022 年的 32.02%，在全省一类县（市、区）排名上升 15 位。

　　创新投入在全省一类县（市、区）排名第 4 位，较上一年上升了 3 位，排在鹰潭市第 1 位，与上一年位次相同。具体来看，规模以上工业企业 R&D 经费支出从 2021 年的 97 519.60 万元上升至 112 700.70 万元，在全省一类县（市、区）排名上升 7 位；规模以上工业企业 R&D 经费支出占营业收入比重从 2021 年的 0.40% 上升至 0.45%，在全省一类县（市、区）排名上升 5 位。

　　创新成效在全省一类县（市、区）排名第 17 位，排在鹰潭市第 2 位，均较上一年上升了 1 位。具体来看，每万家企业法人高新技术企业数、每万家企业法人科技型中小企业数在全省一类县（市、区）排名均较上一年上升了 3 位；万人有效发明专利拥有量增量、农业产业化省级及以上龙头企业数在全省一类县（市、区）排名均较上一年上升了 2 位。

　　经济社会发展排在全省一类县（市、区）第 31 位，较上一年下降了 10 位，排在鹰潭市第 3 位，与上一年位次相同。具体来看，GDP 增幅从 2021 年的 9.50% 下降至 2022 年的 4.90%，在全省一类县（市、区）排名下降了 14 位。

　　综上所述，贵溪市规模以上工业企业 R&D 人员占从业人员比重排在全省一类县（市、区）首位，但每十万人科普专职人员、高新技术产业增加值占规模以上工业增加值比重、规模以上工业企业 R&D 经费支出占营业收入比重等指标排名相对靠后。建议该市引导企业加大科研投入、更大力度参与科技创新，提高科技成果转化和产业化水平，进一步提升区域科技竞争力。

二、余江区

余江区，原名余江县，位于江西省东北部，隶属于鹰潭市。2022 年，余江区科技创新能力在全省二类县（市、区）排名第 3 位，排在鹰潭市第 3 位，均与上一年位次相同（表 3-35）。

表 3-35　余江区（二类）科技创新能力评价指标得分与位次

指标名称	得分 /分	全省二类县（市、区）排名		本市排名	
	2022 年	2022 年	2021 年	2022 年	2021 年
科技创新能力	74.30	3	3	3	3
创新环境	3.61	6	31	2	3
创新基础	3.59	8	32	3	3
规模以上企业数（家）	3.23	22	23	3	3
规模以上工业企业建立研发机构的比例（%）	4.05	11	29	2	2
当年新增省级及以上研发平台 / 创新载体（个）	3.48	4	24	3	3
科技意识	3.64	9	15	2	2
人均科普经费投入（元）	3.53	11	14	2	3
每十万人科普专职人员（人）	3.77	6	13	2	2
创新投入	3.60	9	11	2	2
人力投入	3.76	6	7	2	2
规模以上工业企业中万人 R&D 人员全时当量（人·年）	3.60	11	11	3	3
规模以上工业企业 R&D 人员占从业人员比重（%）	3.93	5	8	3	3
财力投入	3.47	10	22	2	2
规模以上工业企业 R&D 经费支出	3.80	6	19	2	2
规模以上工业企业 R&D 经费支出占营业收入比重（%）	3.20	24	20	2	1

续表

指标名称	得分/分	全省二类县（市、区）排名		本市排名	
	2022 年	2022 年	2021 年	2022 年	2021 年
创新成效	3.49	10	7	3	2
技术创新	3.17	17	22	3	3
万人有效发明专利拥有量增量（件）	3.23	6	17	3	2
每万家企业法人高新技术企业数（家）	3.20	16	21	3	3
每万家企业法人科技型中小企业数（家）	3.06	23	25	3	3
产业化水平	3.81	6	3	2	1
规模以上工业企业新产品销售收入占营业收入比重（%）	4.73	4	1	1	1
高新技术产业增加值占规模以上工业增加值比重（%）	3.39	19	14	2	2
技术合同成交额	3.73	11	6	2	1
农业产业化省级以上龙头企业数（个）	3.29	18	20	2	2
经济社会发展	5.11	1	1	1	1
经济增长	6.13	1	1	1	1
GDP 较上一年增长（%）	4.26	4	3	1	1
本级地方财政科技支出占公共财政支出比重（%）	8.00	1	1	1	1
社会生活	3.59	5	5	2	2
居民人均可支配收入（元）	3.49	10	11	3	3
万人社会消费品零售额（万元）	3.71	4	4	2	2

创新环境在全省二类县（市、区）排名第 6 位，较上一年上升了 25 位，排在鹰潭市第 2 位，较上一年上升了 1 位。具体来看，规模以上工业企业建立研发机构的比例从 2021 年的 19.83% 上升至 2022 年的 42.76%，在全省二类县（市、区）排名上升了 18 位；每十万人科普专职人员数从 2021 年的 16.27 人上升至 2022 年的 29.67 人，在全省二类县（市、区）排名上升了 7 位。

创新投入在全省二类县（市、区）排名第 6 位，较上一年上升了 5 位，排在鹰潭市第 3 位，与上一年位次相同。具体来看，规模以上工业企业 R&D 人员占从业人员比重从 2021 年的 7.71% 上升至 2022 年的 7.79%，全省二类县（市、区）排名较上一年上升 3 位；规模以上工业企业 R&D 经费支出从 2021 年的 40 838.90 万元上升至 2022 年的 44 545.90 万元、较上一年增长 9.08%，在全省二类县（市、区）排名上升 13 位。

创新成效在全省二类县（市、区）排名第 10 位，较上一年下降了 3 位，排在鹰潭市第 3 位，较上一年下降了 1 位。具体来看，高新技术产业增加值占规模以上工业增加值比重从 2021 年的 33.51% 上升至 2022 年的 35.16%，技术合同成交额从 2021 年的 40 377 万元上升至 2022 年的 65 453 万元，但以上两项指标在全省二类县（市、区）排名却都下降了 5 位。

经济社会发展排在全省二类县（市、区）第 1 位，排在鹰潭市第 1 位，均与上一年位次相同。具体来看，本级地方财政科技支出占公共财政支出比重为 10.39% 在全省二类县（市、区）排首位；万人社会消费品零售额 31 091.23 万元，在全省二类县（市、区）排第 4 位。

综上所述，余江区规模以上工业企业新产品销售收入占营业收入比重、规模以上工业企业 R&D 经费支出、规模以上工业企业 R&D 人员占从业人员比重、当年新增省级及以上研发平台 / 创新载体均排在全省二类县（市、区）前列，但规模以上工业企业 R&D 经费支出占营业收入比重、每万家企业法人科技型中小企业数等指标排名相对靠后。建议该区引导企业加大研发投入，完善高新技术企业和科技型中小企业成长加速机制，不断塑造发展新动能新优势。

三、月湖区

月湖区，位于江西省东部偏北、鹰潭市中部，鹰潭市市辖区。2022 年，月湖区科技创新能力在全省二类县（市、区）排名第 1 位，较上一年上升了 1 位，排在鹰潭市第 1 位，与上一年位次相同（表 3-36）。

表 3-36　月湖区（一类）科技创新能力评价指标得分与位次

指标名称	得分 /分	全省一类县（市、区）排名		本市排名	
	2022 年	2022 年	2021 年	2022 年	2021 年
科技创新能力	94.81	1	2	1	1
创新环境	4.02	7	8	1	1

续表

指标名称	得分/分	全省一类县（市、区）排名		本市排名	
	2022年	2022年	2021年	2022年	2021年
创新基础	4.00	14	16	1	1
规模以上企业数（家）	3.87	18	18	2	2
规模以上工业企业建立研发机构的比例（%）	4.28	5	5	1	1
当年新增省级及以上研发平台/创新载体（个）	3.83	16	22	2	2
科技意识	4.04	5	6	1	1
人均科普经费投入（元）	3.25	23	20	3	2
每十万人科普专职人员（人）	5.00	3	2	1	1
创新投入	4.07	11	10	2	2
人力投入	4.72	6	7	2	2
规模以上工业企业中万人R&D人员全时当量（人·年）	4.41	8	9	2	2
规模以上工业企业R&D人员占从业人员比重（%）	5.02	4	5	2	2
财力投入	3.54	16	11	1	1
规模以上工业企业R&D经费支出	3.87	10	10	1	1
规模以上工业企业R&D经费支出占营业收入比重（%）	3.27	21	15	1	2
创新成效	6.04	1	1	1	1
技术创新	8.04	1	1	1	1
万人有效发明专利拥有量增量（件）	4.08	14	28	1	3
每万家企业法人高新技术企业数（家）	10.02	1	1	1	1
每万家企业法人科技型中小企业数（家）	10.34	1	1	1	1
产业化水平	4.04	8	16	1	2
规模以上工业企业新产品销售收入占营业收入比重（%）	4.34	9	12	2	3
高新技术产业增加值占规模以上工业增加值比重（%）	4.33	7	7	1	1
技术合同成交额	3.95	12	32	1	3
农业产业化省级以上龙头企业数（个）	3.16	19	19	3	2
经济社会发展	3.98	7	8	2	2
经济增长	2.99	28	21	3	3
GDP较上一年增长（%）	3.13	23	14	3	3

续表

指标名称	得分/分	全省一类县（市、区）排名		本市排名	
	2022 年	2022 年	2021 年	2022 年	2021 年
本级地方财政科技支出占公共财政支出比重（%）	2.85	26	26	3	3
社会生活	5.47	8	8	1	1
居民人均可支配收入（元）	5.35	8	8	1	1
万人社会消费品零售额（万元）	5.62	7	7	1	1

创新环境在全省二类县（市、区）排名第 7 位，较上一年上升了 1 位，排在鹰潭市第 1 位，与上一年位次相同。具体来看，当年新增省级及以上研发平台/创新载体数从 2021 年的 3 个上升至 2022 年的 4 个，在全省二类县（市、区）排名上升了 6 位。

创新投入在全省二类县（市、区）排名第 11 位，较上一年下降了 1 位，排在鹰潭市第 2 位，与上一年位次相同。具体来看，规模以上工业企业 R&D 经费支出占营业收入比重从 2021 年的 0.91% 下降至 2022 年的 0.82%，在全省二类县（市、区）排名较上一年下降了 6 位。

创新成效在全省二类县（市、区）排名第 1 位，排在鹰潭市第 1 位，均与上一年位次相同。具体来看，每万家企业法人高新技术企业数 394.79 家、每万家企业法人科技型中小企业数 585.68 家，以上两项指标连续两年在全省二类县（市、区）排名首位；规模以上工业企业新产品销售收入占营业收入比重从 2021 年的 23.30% 上升至 2022 年的 33.56%，在全省二类县（市、区）排名上升 3 位；技术合同成交额从 2021 年的 22 706.60 万元上升至 2022 年的 100 679.61 万元，在全省二类县（市、区）排名上升 20 位。

经济社会发展排在全省二类县（市、区）第 7 位，较上一年上升了 1 位，排在鹰潭市第 2 位，与上一年位次相同。具体来看，居民人均可支配收入从 2021 年的 44 749 元上升为 2022 年的 46 747 元；万人社会消费品零售额从 2021 年的 61 217.44 万元上升为 2022 年的 63 332.80 万元。

综上所述，月湖区每万家企业法人高新技术企业数、每万家企业法人科技型中小企业数居全省一类县（市、区）、每十万人科普专职人员、规模以上工业企业 R&D 人员占从业人员比重、规模以上工业企业建立研发机构的比例、高新技术产业增加值占规模以上工业增加值比重等多项指标排名靠前，具有一定优势。建议该区加大科普经费投入，巩固科技创新成果，完善高新技术企业和科技型中小企业成长加速机制，推动产业向价值链高端攀升。

第七节　赣　州　市

一、章贡区

章贡区，位于江西省南部、赣州市中偏西北部，赣州市市辖区。2022 年，章贡区科技创新能力在全省一类县（市、区）排名第 9 位，较上一年上升了 9 位，排在赣州市第 1 位，较上一年上升了 5 位（表 3-37）。

表 3-37　章贡区（一类）科技创新能力评价指标得分与位次

指标名称	得分/分	全省一类县（市、区）排名		本市排名	
	2022 年	2022 年	2021 年	2022 年	2021 年
科技创新能力	81.07	9	18	1	6
创新环境	4.66	3	6	1	1
创新基础	5.48	2	2	1	1
规模以上企业数（家）	6.18	5	4	2	2
规模以上工业企业建立研发机构的比例（%）	2.75	20	15	16	13
当年新增省级及以上研发平台/创新载体（个）	7.85	2	2	1	1
科技意识	3.43	14	14	11	7
人均科普经费投入（元）	3.33	20	22	17	3
每十万人科普专职人员（人）	3.56	9	9	4	7
创新投入	3.41	24	26	8	10
人力投入	3.14	25	25	7	9
规模以上工业企业中万人 R&D 人员全时当量（人·年）	3.36	24	20	3	3
规模以上工业企业 R&D 人员占从业人员比重（%）	2.91	27	30	10	14

续表

指标名称	得分/分	全省一类县（市、区）排名		本市排名	
	2022 年	2022 年	2021 年	2022 年	2021 年
财力投入	3.62	13	21	6	12
规模以上工业企业 R&D 经费支出	3.93	9	17	5	8
规模以上工业企业 R&D 经费支出占营业收入比重（%）	3.38	14	21	10	15
创新成效	4.17	6	25	2	15
技术创新	4.63	5	31	1	15
万人有效发明专利拥有量增量（件）	5.75	4	33	1	18
每万家企业法人高新技术企业数（家）	4.08	8	11	3	7
每万家企业法人科技型中小企业数（家）	3.98	8	8	5	2
产业化水平	3.71	15	19	6	14
规模以上工业企业新产品销售收入占营业收入比重（%）	3.58	16	11	12	5
高新技术产业增加值占规模以上工业增加值比重（%）	3.88	12	30	7	18
技术合同成交额	3.66	16	16	6	12
农业产业化省级以上龙头企业数（个）	3.69	16	14	1	1
经济社会发展	4.69	1	3	1	1
经济增长	4.15	5	4	3	1
GDP 较上一年增长（%）	4.68	1	4	3	1
本级地方财政科技支出占公共财政支出比重（%）	3.63	16	11	4	4
社会生活	5.49	7	10	1	1
居民人均可支配收入（元）	5.30	9	9	1	1
万人社会消费品零售额（万元）	5.72	6	6	1	1

创新环境在全省一类县（市、区）排名第 3 位，较上一年上升了 3 位，排在赣州市第 1 位，与上一年位次相同。具体来看，人均科普经费投入从 2021 年的 1.00 元上升至 2022 年的 1.03 元，在全省一类县（市、区）排名上升 2 位；当年新增省级及以上研发平台 / 创新载体 25 家，在全省一类县（市、区）排第 2 位。

创新投入在全省一类县（市、区）排名第 24 位，排在赣州市第 8 位，均较上一年上升了2位。具体来看，规模以上工业企业R&D人员占从业人员比重从2021年的4.57%上升至2022年的4.84%，在全省一类县（市、区）排名上升3位；规模以上工业企业R&D经费支出从2021年的112 084.90万元上升至2022年的142 266.40万元，在全省一类县（市、区）排名上升8位；规模以上工业企业R&D经费支出占营业收入比重在全省一类县（市、区）排名上升7位。

创新成效在全省一类县（市、区）排名第6位，较上一年上升了19位，排在赣州市第2位，较上一年上升了13位。具体来看，万人有效发明专利拥有量增量从2021年的4.23件上升至2022年的6.63件，在全省一类县（市、区）排名上升29位；高新技术产业增加值占规模以上工业增加值比重从2021年的48.70%上升至2022年的50.19%，在全省一类县（市、区）排名上升18位。

经济社会发展排在全省一类县（市、区）第1位，较上一年上升了2位，排在赣州市第1位，与上一年位次相同。具体来看，GDP增幅从2021年的9.90%下降至2022年的5.80%，但在全省一类县（市、区）排名却上升了3位。

综上所述，章贡区当年新增省级及以上研发平台/创新载体、万人有效发明专利拥有量增量、每万家企业法人高新技术企业数、每万家企业法人科技型中小企业数、GDP较上一年增长在全省一类县（市、区）排名靠前，但规模以上工业企业R&D人员占从业人员比重、规模以上工业企业中万人R&D人员全时当量、规模以上工业企业建立研发机构的比例等排名靠后。建议该区坚持人才培养与引进并举，持续激发人才创新活力，鼓励企业更大力度参与科技创新，加快实现高水平科技自立自强。

二、南康区

南康区，位于江西省南部、赣州市西部，赣州市市辖区。2022年，南康区科技创新能力在全省一类县（市、区）排名第34位，较上一年下降了1位，排在赣州市第18位，较上一年下降了2位（表3-38）。

表 3-38　南康区（一类）科技创新能力评价指标得分与位次

指标名称	得分/分	全省一类县（市、区）排名		本市排名	
	2022 年	2022 年	2021 年	2022 年	2021 年
科技创新能力	60.92	34	33	18	16
创新环境	3.58	18	22	9	8
创新基础	3.85	16	14	5	4
规模以上企业数（家）	6.47	4	2	1	1
规模以上工业企业建立研发机构的比例（%）	1.85	33	32	18	18
当年新增省级及以上研发平台 / 创新载体（个）	3.13	26	33	8	11
科技意识	3.18	24	31	17	18
人均科普经费投入（元）	3.50	15	22	14	3
每十万人科普专职人员（人）	2.79	33	31	18	18
创新投入	2.72	32	32	17	16
人力投入	2.43	33	34	15	16
规模以上工业企业中万人 R&D 人员全时当量（人·年）	2.61	31	29	11	8
规模以上工业企业 R&D 人员占从业人员比重（%）	2.24	32	34	16	17
财力投入	2.97	31	28	17	16
规模以上工业企业 R&D 经费支出	2.69	31	28	18	15
规模以上工业企业 R&D 经费支出占营业收入比重（%）	3.19	27	27	16	16
创新成效	2.91	34	33	18	18
技术创新	2.76	35	32	18	16
万人有效发明专利拥有量增量（件）	2.90	35	25	14	11
每万家企业法人高新技术企业数（家）	2.90	30	30	18	15
每万家企业法人科技型中小企业数（家）	2.45	34	30	18	16
产业化水平	3.06	28	33	17	18
规模以上工业企业新产品销售收入占营业收入比重（%）	3.21	19	32	15	18
高新技术产业增加值占规模以上工业增加值比重（%）	2.88	27	29	17	17
技术合同成交额	3.19	25	19	17	17
农业产业化省级以上龙头企业数（个）	2.90	25	24	9	8
经济社会发展	3.57	26	29	6	5

续表

指标名称	得分/分	全省一类县（市、区）排名		本市排名	
	2022年	2022年	2021年	2022年	2021年
经济增长	3.85	10	16	8	6
GDP较上一年增长（%）	4.54	2	7	4	2
本级地方财政科技支出占公共财政支出比重（%）	3.17	18	20	10	12
社会生活	3.15	33	33	2	2
居民人均可支配收入（元）	3.03	33	33	3	4
万人社会消费品零售额（万元）	3.29	25	26	3	3

创新环境在全省一类县（市、区）排名第 18 位，较上一年上升了 4 位，排在赣州市第 9 位，较上一年下降了 1 位。具体来看，人均科普经费投入从 2021 年的 1.00 元上升至 2022 年的 1.10 元，当年新增省级及以上研发平台 / 创新载体 2 家，在全省一类县（市、区）排名均较上一年上升了 7 位。

创新投入在全省一类县（市、区）排名第 32 位，与上一年位次相同，排在赣州市第 17 位，较上一年下降了 1 位。具体来看，规模以上工业企业 R&D 人员占从业人员的 2.89%，在全省一类县（市、区）排名较上一年上升了 2 位；规模以上工业企业 R&D 经费支出占营业收入比重 0.60%，在全省一类县（市、区）排名第 27 位。

创新成效在全省一类县（市、区）排名第 34 位，较上一年下降了 1 位，排在赣州市第 18 位，与上一年位次相同。具体来看，万人有效发明专利拥有量增量从 2021 年的 0.40 件下降至 2022 年的 0.16 件，在全省一类县（市、区）排名下降 10 位；每万家企业法人科技型中小企业数从 2021 年的 44.20 家下降至 2022 年的 36.41 家，在全省一类县（市、区）排名下降 4 位；技术合同成交额从 2021 年的 37 477.32 万元上升至 2022 年的 69 761 万元，但在全省一类县（市、区）排名却下降了 6 位。

经济社会发展排在全省一类县（市、区）第 26 位，较上一年上升了 3 位，排在赣州市第 6 位，较上一年下降了 1 位。具体来看，GDP 增幅从 2021 年的 9.40% 下降至 2022 年的 5.70%，但在全省一类县（市、区）排名却上升了

5 位。

综上所述，南康区规模以上企业数、GDP 较上一年增长在全省一类县（市、区）排名靠前，但当年新增省级及以上研发平台 / 创新载体、每十万人科普专职人员、规模以上工业企业 R&D 人员占从业人员比重、每万家企业法人科技型中小企业数、高新技术产业增加值占规模以上工业增加值比重等指标排名靠后。建议该区优化科技创新环境，进一步加大科技创新投入，完善高新技术企业和科技型中小企业成长加速机制，提高科技成果转化和产业化水平，助推区域经济高质量发展。

三、赣县区

赣县区，原赣县，2017 年 10 月撤销赣县设立赣县区。其位于江西省南部、赣州市中部，赣州市市辖区。2022 年，赣县区科技创新能力在全省一类县（市、区）排名第 22 位，较上一年下降了 7 位，排在赣州市第 6 位，较上一年下降了 2 位（表 3-39）。

表 3-39　赣县区（一类）科技创新能力评价指标得分与位次

指标名称	得分 / 分	全省一类县（市、区）排名		本市排名	
	2022 年	2022 年	2021 年	2022 年	2021 年
科技创新能力	70.90	22	15	6	4
创新环境	3.73	15	27	5	11
创新基础	3.76	19	24	6	10
规模以上企业数（家）	3.18	30	30	6	6
规模以上工业企业建立研发机构的比例（%）	4.57	2	22	11	15
当年新增省级及以上研发平台 / 创新载体（个）	3.48	18	15	4	2
科技意识	3.69	9	17	6	10
人均科普经费投入（元）	3.81	8	22	6	3
每十万人科普专职人员（人）	3.54	10	10	5	8
创新投入	3.42	23	15	7	6
人力投入	3.42	22	16	4	4

续表

指标名称	得分/分	全省一类县（市、区）排名		本市排名	
	2022年	2022年	2021年	2022年	2021年
规模以上工业企业中万人R&D人员全时当量（人·年）	2.94	28	30	7	10
规模以上工业企业R&D人员占从业人员比重（%）	3.89	12	7	2	2
财力投入	3.42	19	12	10	10
规模以上工业企业R&D经费支出	3.45	22	12	8	5
规模以上工业企业R&D经费支出占营业收入比重（%）	3.40	12	10	9	10
创新成效	3.52	20	9	10	2
技术创新	3.47	20	6	8	1
万人有效发明专利拥有量增量（件）	3.10	30	16	10	8
每万家企业法人高新技术企业数（家）	3.63	11	3	8	2
每万家企业法人科技型中小企业数（家）	3.72	12	18	10	9
产业化水平	3.58	17	13	11	4
规模以上工业企业新产品销售收入占营业收入比重（%）	4.60	6	22	5	12
高新技术产业增加值占规模以上工业增加值比重（%）	3.23	22	2	15	2
技术合同成交额	3.49	20	9	11	5
农业产业化省级以上龙头企业数（个）	2.77	27	26	14	12
经济社会发展	3.68	20	23	4	2
经济增长	4.19	4	6	2	2
GDP较上一年增长（%）	4.12	7	10	7	4
本级地方财政科技支出占公共财政支出比重（%）	4.26	7	6	3	3
社会生活	2.93	35	35	6	6
居民人均可支配收入（元）	2.91	34	34	5	5
万人社会消费品零售额（万元）	2.95	33	32	8	8

创新环境在全省一类县（市、区）排名第15位，较上一年上升了12位，排在赣州市第5位，较上一年上升了6位。具体来看，规模以上工业企业建立研发机构的比例从2021年的25.00%上升至2022年的50.68%，在全省一类县（市、区）排名上升20位；人均科普经费投入在全省一类县（市、区）

排名较上一年上升 14 位。

创新投入在全省一类县（市、区）排名第 23 位，较上一年下降了 8 位，排在赣州市第 7 位，较上一年下降了 1 位。具体来看，规模以上工业企业 R&D 人员占从业人员比重在全省一类县（市、区）排名较上一年下降 5 位；规模以上工业企业 R&D 经费支出为 38 842.90 万元、较上一年增长 17.65%，但在全省一类县（市、区）排名却下降了 10 位；规模以上工业企业 R&D 经费支出占营业收入比重在全省一类县（市、区）排名下降 2 位。

创新成效在全省一类县（市、区）排名第 20 位，较上一年下降了 11 位，排在赣州市第 10 位，较上一年下降了 8 位。具体来看，万人有效发明专利拥有量增量从 2021 年的 0.92 件下降至 2022 年的 0.60 件，在全省一类县（市、区）排名下降 14 位；高新技术产业增加值占规模以上工业增加值比重从 2021 年的 58.02% 下降至 2022 年的 46.66%，在全省一类县（市、区）排名下降 20 位；技术合同成交额从 49 725.67 万元上升至 65 589.34 万元，但在全省一类县（市、区）排名却下降了 11 位。

经济社会发展排在全省一类县（市、区）第 20 位，较上一年上升了 3 位，排在赣州市第 4 位，较上一年下降了 2 位。具体来看，GDP 增幅从 2021 年的 9.20% 下降至 2022 年的 5.40%，但在全省一类县（市、区）排名上升了 3 位。

综上所述，赣县区规模以上工业企业建立研发机构的比例、人均科普经费投入、规模以上工业企业新产品销售收入占营业收入比重、本级地方财政科技支出占公共财政支出比重排名靠前，但居民人均可支配收入、万人社会消费品零售额、规模以上企业数、规模以上工业企业中万人 R&D 人员全时当量、万人有效发明专利拥有量增量等排名相对靠后。建议该区加大研发投入，坚持人才培养与引进并举，持续激发人才创新活力，鼓励企业做大做强，提高科技成果转化和产业化水平，助推区域经济高质量发展。

四、信丰县

信丰县，位于江西省南部、赣州市中部，赣州市下辖县。2022 年，信丰县科技创新能力在全省二类县（市、区）排名第 2 位，排在赣州市第 5 位，均与上一年位次相同（表 3-40）。

表 3-40 信丰县（二类）科技创新能力评价指标得分与位次

指标名称	得分/分	全省二类县（市、区）排名		本市排名	
	2022 年	2022 年	2021 年	2022 年	2021 年
科技创新能力	74.74	2	2	5	5
创新环境	3.84	2	9	3	9
创新基础	4.13	1	6	2	7
规模以上企业数（家）	3.54	9	10	3	4
规模以上工业企业建立研发机构的比例（%）	4.68	5	11	9	8
当年新增省级及以上研发平台/创新载体（个）	4.18	1	1	2	3
科技意识	3.41	16	20	12	13
人均科普经费投入（元）	3.50	13	15	14	3
每十万人科普专职人员（人）	3.30	12	21	9	13
创新投入	3.79	5	2	2	3
人力投入	3.67	7	5	3	3
规模以上工业企业中万人 R&D 人员全时当量（人·年）	3.65	8	10	2	2
规模以上工业企业 R&D 人员占从业人员比重（%）	3.69	9	7	4	4
财力投入	3.89	1	2	4	4
规模以上工业企业 R&D 经费支出	4.01	2	5	3	3
规模以上工业企业 R&D 经费支出占营业收入比重（%）	3.79	2	3	4	6
创新成效	3.72	2	5	5	6
技术创新	3.50	4	6	7	7
万人有效发明专利拥有量增量（件）	3.12	14	12	8	6
每万家企业法人高新技术企业数（家）	3.90	2	3	4	4
每万家企业法人科技型中小企业数（家）	3.47	11	18	13	13
产业化水平	3.95	3	8	3	5
规模以上工业企业新产品销售收入占营业收入比重（%）	4.97	3	3	2	1
高新技术产业增加值占规模以上工业增加值比重（%）	3.79	14	6	10	7

续表

指标名称	得分/分	全省二类县（市、区）排名		本市排名	
	2022 年	2022 年	2021 年	2022 年	2021 年
技术合同成交额	3.51	14	11	10	15
农业产业化省级以上龙头企业数（个）	3.43	15	13	4	3
经济社会发展	3.40	15	16	9	7
经济增长	3.80	10	12	9	7
GDP 较上一年增长（%）	4.26	4	8	6	4
本级地方财政科技支出占公共财政支出比重（%）	3.34	16	16	9	8
社会生活	2.80	25	25	11	11
居民人均可支配收入（元）	3.08	20	20	2	2
万人社会消费品零售额（万元）	2.45	33	33	18	18

创新环境在全省二类县（市、区）排名第 2 位，较上一年上升了 7 位，排在赣州市第 3 位，较上一年上升了 6 位。具体来看，规模以上工业企业建立研发机构的比例从 2021 年的 43.55% 上升至 2022 年的 52.31%，在全省二类县（市、区）排名上升 6 位；每十万人科普专职人员数从 2021 年的 11.42 人上升至 2022 年的 16.61 人，在全省二类县（市、区）排名上升 9 位。

创新投入在全省二类县（市、区）排名第 5 位，较上一年下降了 3 位，排在赣州市第 2 位，较上一年上升了 1 位。具体来看，规模以上工业企业 R&D 人员占从业人员比重从 2021 年的 7.81% 下降至 2022 年的 7.08%，在全省二类县（市、区）排名下降 2 位。

创新成效在全省二类县（市、区）排名第 2 位，较上一年上升了 3 位，排在赣州市第 5 位，较上一年上升了 1 位。具体来看，每万家企业法人科技型中小企业数从 2021 年的 73.39 家上升至 2022 年的 107.52 家，在全省二类县（市、区）排名上升 7 位；每万家企业法人高新技术企业数从 2021 年的 98.88 家下降至 2022 年的 81.32 家，但在全省二类县（市、区）排名却上升了 1 位；规模以上工业企业新产品销售收入占营业收入比重从 2021 年的 28.69% 上升至 2022 年的 41.23%，在全省二类县（市、区）排名第 3 位。

经济社会发展排在全省二类县（市、区）第15位，较上一年上升了1位，排在赣州市第9位，较上一年下降了2位。具体来看，GDP增幅从2021年的9.20%下降至2022年的5.50%，但在全省二类县（市、区）排名却上升了4位。

综上所述，信丰县当年新增省级及以上研发平台/创新载体在全省二类县（市、区）排名首位，规模以上工业企业R&D经费支出占营业收入比重、规模以上工业企业R&D经费支出、每万家企业法人高新技术企业数、规模以上工业企业新产品销售收入占营业收入比重排名靠前。但人均科普经费投入、高新技术产业增加值占规模以上工业增加值比重等有待提升。建议该县增加科普投入力度，积极培育高技术产业，为新质生产力发展提供良好环境和有力保障。

五、大余县

大余县，位于江西省西南部、赣州市西南端，赣州市下辖县。2022年，大余县科技创新能力在全省三类县（市、区）排名第25位，排在赣州市第13位，均较上一年上升了1位（表3-41）。

表3-41　大余县（三类）科技创新能力评价指标得分与位次

指标名称	得分/分	全省三类县（市、区）排名		本市排名	
	2022年	2022年	2021年	2022年	2021年
科技创新能力	64.61	25	26	13	14
创新环境	2.94	31	31	18	18
创新基础	2.63	32	31	18	17
规模以上企业数（家）	2.66	20	21	10	11
规模以上工业企业建立研发机构的比例（%）	2.46	30	31	17	16
当年新增省级及以上研发平台/创新载体（个）	2.78	28	21	17	11
科技意识	3.40	21	27	13	16
人均科普经费投入（元）	3.68	18	15	11	3
每十万人科普专职人员（人）	3.06	22	26	14	16

续表

指标名称	得分/分	全省三类县（市、区）排名		本市排名	
	2022 年	2022 年	2021 年	2022 年	2021 年
创新投入	3.05	29	27	13	15
人力投入	2.67	29	30	12	15
规模以上工业企业中万人 R&D 人员全时当量（人·年）	2.60	29	29	12	13
规模以上工业企业 R&D 人员占从业人员比重（%）	2.73	26	27	12	13
财力投入	3.36	18	19	12	14
规模以上工业企业 R&D 经费支出	3.43	14	20	9	13
规模以上工业企业 R&D 经费支出占营业收入比重（%）	3.29	23	16	13	14
创新成效	3.45	14	21	12	12
技术创新	3.35	18	18	11	11
万人有效发明专利拥有量增量（件）	3.10	14	14	9	9
每万家企业法人高新技术企业数（家）	3.18	21	21	13	12
每万家企业法人科技型中小企业数（家）	3.83	10	14	7	6
产业化水平	3.55	13	18	12	11
规模以上工业企业新产品销售收入占营业收入比重（%）	4.76	3	29	3	17
高新技术产业增加值占规模以上工业增加值比重（%）	3.31	21	7	12	4
技术合同成交额	3.18	18	15	18	14
农业产业化省级以上龙头企业数（个）	2.77	24	26	14	15
经济社会发展	3.69	8	5	3	3
经济增长	4.15	6	6	4	4
GDP 较上一年增长（%）	3.97	10	12	9	7
本级地方财政科技支出占公共财政支出比重（%）	4.33	5	5	2	2
社会生活	2.99	15	14	4	3
居民人均可支配收入（元）	2.81	15	15	8	7
万人社会消费品零售额（万元）	3.21	11	12	4	4

创新环境在全省三类县（市、区）排名第 31 位，排在赣州市第 18 位，均与上一年位次相同。具体来看，人均科普经费投入从 2021 年的 1.00 元上

升至 2022 年的 1.17 元，但在全省三类县（市、区）排名却下降了 3 位；每十万人科普专职人员从 2021 年的 5.66 人上升至 2022 年的 9.83 人，在全省三类县（市、区）排名上升 4 位。

创新投入在全省三类县（市、区）排名第 29 位，较上一年下降了 2 位，排在赣州市第 13 位，较上一年上升了 2 位。具体来看，规模以上工业企业 R&D 经费支出占营业收入比重从 2021 年的 0.86% 下降至 2022 年的 0.82%，在全省三类县（市、区）排名下降 7 位；规模以上工业企业 R&D 人员占从业人员比重从 2021 年的 4.62% 下降至 2022 年的 4.30%，但在全省三类县（市、区）排名却上升了 1 位。

创新成效在全省三类县（市、区）排名第 14 位，较上一年上升了 7 位，排在赣州市第 12 位，与上一年位次相同。具体来看，每万家企业法人科技型中小企业数从 2021 年的 94.70 家上升至 2022 年的 132.94 家，在全省三类县（市、区）排名上升 4 位；规模以上工业企业新产品销售收入占营业收入比重从 2021 年的 7.41% 上升至 2022 年的 38.77%，在全省三类县（市、区）排名上升 26 位；农业产业化省级以上龙头企业数 5 个，在全省三类县（市、区）排名较上一年上升 2 位。

经济社会发展排在全省三类县（市、区）第 8 位，较上一年下降了 3 位，排在赣州市第 3 位，与上一年位次相同。具体来看，GDP 增幅从 2021 年的 9% 下降至 2022 年的 5.30%，但在全省三类县（市、区）排名却上升了 2 位。

综上所述，大余县规模以上工业企业新产品销售收入占营业收入比重、本级地方财政科技支出占公共财政支出比重在全省三类县（市、区）排名靠前，但规模以上工业企业建立研发机构的比例、规模以上工业企业中万人 R&D 人员全时当量、规模以上工业企业 R&D 人员占从业人员比重等排名相对靠后。建议该县优化创新环境，夯实创新基础，引导企业加大研发投入，鼓励企业更大力度参与科技创新，推动产业向价值链高端攀升，助推经济高质量发展。

六、上犹县

上犹县，位于江西省西南、赣州市西部，赣州市下辖县。2022 年，上犹县科技创新能力在全省三类县（市、区）排名第 3 位，较上一年上升了 10 位，排在赣州市第 3 位，较上一年上升了 4 位（表 3-42）。

表 3-42　上犹县（三类）科技创新能力评价指标得分与位次

指标名称	得分/分	全省三类县（市、区）排名		本市排名	
	2022 年	2022 年	2021 年	2022 年	2021 年
科技创新能力	76.40	3	13	3	7
创新环境	3.73	7	24	6	15
创新基础	3.71	4	26	8	16
规模以上企业数（家）	2.52	26	24	15	14
规模以上工业企业建立研发机构的比例（%）	5.25	4	24	3	12
当年新增省级及以上研发平台/创新载体（个）	3.31	8	21	6	11
科技意识	3.75	12	12	5	4
人均科普经费投入（元）	3.73	15	15	8	3
每十万人科普专职人员（人）	3.76	10	10	3	4
创新投入	3.71	7	14	3	8
人力投入	3.37	18	22	5	8
规模以上工业企业中万人 R&D 人员全时当量（人·年）	3.20	16	23	4	7
规模以上工业企业 R&D 人员占从业人员比重（%）	3.54	12	14	6	7
财力投入	3.99	4	7	2	6
规模以上工业企业 R&D 经费支出	3.84	5	3	6	2
规模以上工业企业 R&D 经费支出占营业收入比重（%）	4.10	2	15	1	12
创新成效	4.19	2	2	1	1
技术创新	4.28	2	3	3	2
万人有效发明专利拥有量增量（件）	3.65	5	16	4	10
每万家企业法人高新技术企业数（家）	4.48	4	3	2	3
每万家企业法人科技型中小企业数（家）	4.80	2	5	1	1
产业化水平	4.10	2	7	2	2

指标名称	得分/分	全省三类县（市、区）排名		本市排名	
	2022年	2022年	2021年	2022年	2021年
规模以上工业企业新产品销售收入占营业收入比重（%）	4.73	5	17	4	7
高新技术产业增加值占规模以上工业增加值比重（%）	3.99	9	4	4	1
技术合同成交额	4.07	4	6	3	6
农业产业化省级以上龙头企业数（个）	3.29	9	10	6	5
经济社会发展	3.10	22	28	13	15
经济增长	3.38	20	28	14	15
GDP 较上一年增长（%）	3.27	23	26	16	14
本级地方财政科技支出占公共财政支出比重（%）	3.49	10	18	6	13
社会生活	2.68	27	27	12	12
居民人均可支配收入（元）	2.47	26	28	14	14
万人社会消费品零售额（万元）	2.93	20	21	9	9

创新环境在全省三类县（市、区）排名第 7 位，较上一年上升了 17 位，排在赣州市第 6 位，较上一年上升了 9 位。具体来看，规模以上工业企业建立研发机构的比例从 2021 年的 31.51% 上升至 2022 年的 61.04%，在全省三类县（市、区）排名上升 20 位；当年新增省级及以上研发平台/创新载体 3 个，在全省三类县（市、区）排名较上一年上升 13 位。

创新投入在全省三类县（市、区）排名第 7 位，较上一年上升了 7 位，排在赣州市第 3 位，较上一年上升了 5 位。具体来看，规模以上工业企业中万人 R&D 人员全时当量在全省三类县（市、区）排名较上一年上升 7 位；规模以上工业企业 R&D 人员占从业人员比重从 2021 年的 6.14% 上升至 2022 年的 6.66%，在全省三类县（市、区）排名上升 2 位；规模以上工业企业 R&D 经费支出占营业收入比重从 2021 年的 0.78% 上升至 2022 年的 1.94%，在全省三类县（市、区）排名上升 13 位。

创新成效在全省三类县（市、区）排名第 2 位，排在赣州市第 1 位，均与上一年位次相同。具体来看，每万家企业法人科技型中小企业数从 2021 年的 173.91 家上升至 2022 年的 199.83 家，在全省三类县（市、区）排名上升 3 位；规模以上工业企业新产品销售收入占营业收入比重从 2021 年的 20.92% 上升至 2022 年的 38.38%；技术合同成交额从 2021 年的 28 698 万元上升至 2022 年的 50 459 万元，在全省三类县（市、区）排名上升 2 位。

经济社会发展排在全省三类县（市、区）第 22 位，较上一年上升了 6 位，排在赣州市第 13 位，较上一年上升了 2 位。具体来看，本级地方财政科技支出占公共财政支出比重从 2021 年的 2.32% 上升至 2022 年的 3.08%，在全省三类县（市、区）排名上升 8 位。

综上所述，上犹县规模以上工业企业建立研发机构的比例、规模以上工业企业 R&D 经费支出占营业收入比重、每万家企业法人高新技术企业数、每万家企业法人科技型中小企业数、技术合同成交额在全省三类县（市、区）排名靠前，但规模以上企业数、规模以上工业企业中万人 R&D 人员全时当量等指标有待提高。建议该县进一步优化创新环境，鼓励企业做大做强，坚持人才培养与引进并举，助力区域经济高质量发展。

七、崇义县

崇义县，位于江西省西南边缘，赣州市下辖县。2022 年，崇义县科技创新能力在全省三类县（市、区）排名第 12 位，较上一年上升了 18 位，排在赣州市第 7 位，较上一年上升了 11 位（表 3-43）。

表 3-43　崇义县（三类）科技创新能力评价指标得分与位次

指标名称	得分/分	全省三类县（市、区）排名		本市排名	
	2022 年	2022 年	2021 年	2022 年	2021 年
科技创新能力	70.90	12	30	7	18
创新环境	3.41	18	30	14	17
创新基础	3.10	26	32	16	18
规模以上企业数（家）	2.39	31	31	18	18
规模以上工业企业建立研发机构的比例（%）	3.94	17	32	13	17
当年新增省级及以上研发平台/创新载体（个）	2.96	16	13	12	8

续表

指标名称	得分/分	全省三类县（市、区）排名		本市排名	
	2022年	2022年	2021年	2022年	2021年
科技意识	3.87	10	11	2	3
人均科普经费投入（元）	3.79	13	15	7	3
每十万人科普专职人员（人）	3.98	9	9	2	3
创新投入	3.60	11	32	5	18
人力投入	2.98	24	28	9	14
规模以上工业企业中万人R&D人员全时当量（人·年）	2.91	25	26	8	9
规模以上工业企业R&D人员占从业人员比重（%）	3.04	24	29	8	15
财力投入	4.10	3	32	1	18
规模以上工业企业R&D经费支出	4.88	2	32	1	18
规模以上工业企业R&D经费支出占营业收入比重（%）	3.47	11	32	7	18
创新成效	3.72	7	17	6	8
技术创新	4.17	5	9	4	4
万人有效发明专利拥有量增量（件）	4.47	1	6	2	3
每万家企业法人高新技术企业数（家）	3.73	9	9	6	8
每万家企业法人科技型中小企业数（家）	4.33	4	10	2	4
产业化水平	3.27	23	21	16	15
规模以上工业企业新产品销售收入占营业收入比重（%）	3.46	22	20	13	10
高新技术产业增加值占规模以上工业增加值比重（%）	3.28	22	23	13	14
技术合同成交额	3.27	15	9	15	8
农业产业化省级以上龙头企业数（个）	2.90	20	15	9	8
经济社会发展	3.03	24	22	15	11
经济增长	3.19	22	22	16	12
GDP较上一年增长（%）	3.41	22	17	14	10
本级地方财政科技支出占公共财政支出比重（%）	2.96	23	24	15	18
社会生活	2.81	22	21	10	9
居民人均可支配收入（元）	2.52	22	20	12	12
万人社会消费品零售额（万元）	3.15	13	15	5	5

创新环境在全省三类县（市、区）排名第 18 位，较上一年上升了 12 位，排在赣州市第 14 位，较上一年上升了 3 位。具体来看，规模以上工业企业建立研发机构的比例从 2021 年的 12.24% 上升至 2022 年的 41.07%，在全省三类县（市、区）排名上升 15 位；人均科普经费投入从 2021 年的 1.00 元上升至 2022 年的 1.21 元，在全省三类县（市、区）排名上升 2 位。

创新投入在全省三类县（市、区）排名第 11 位，较上一年上升了 21 位，排在赣州市第 5 位，较上一年上升了 13 位。具体来看，规模以上工业企业 R&D 人员占从业人员比重从 2021 年的 4.46% 上升至 2022 年的 5.22%，在全省三类县（市、区）排名上升 5 位；规模以上工业企业 R&D 经费支出从 2021 年的 2377.90 万元上升至 2022 年的 9683.40 万元，在全省三类县（市、区）排名上升 30 位。

创新成效在全省三类县（市、区）排名第 7 位，较上一年上升了 10 位，排在赣州市第 6 位，较上一年上升 2 位。具体来看，万人有效发明专利拥有量增量从 2021 年的 1.28 件上升至 2022 年的 3.72 件，在全省三类县（市、区）排名较上一年上升 5 位；每万家企业法人科技型中小企业数从 2021 年的 107.53 家上升至 2022 年的 167.14 家，在全省三类县（市、区）排名上升 6 位。

经济社会发展排在全省三类县（市、区）第 24 位，较上一年下降了 2 位，排在赣州市第 15 位，较上一年下降了 4 位。具体来看，GDP 增幅从 2021 年的 8.80% 下降至 2022 年的 4.90%，在全省三类县（市、区）排名下降 5 位；居民人均可支配收入 23 669 元，在全省三类县（市、区）排名较上一年下降 2 位。

综上所述，崇义县规模以上工业企业 R&D 经费支出、万人有效发明专利拥有量增量、每万家企业法人科技型中小企业数在全省三类县（市、区）排名相对靠前，但规模以上企业数、规模以上工业企业中万人 R&D 人员全时当量、规模以上工业企业 R&D 人员占从业人员比重等排名靠后。建议该县继续夯实创新基础，鼓励企业做大做强，坚持人才培养与引进并举，提高科技成果转化和产业化水平，不断塑造发展新动能新优势。

八、安远县

安远县，位于江西省南部，赣州市下辖县。2022年，安远县科技创新能力在全省三类县（市、区）排名第16位，较上一年下降了12位，排在赣州市第9位，较上一年下降了6位（表3-44）。

表3-44　安远县（三类）科技创新能力评价指标得分与位次

指标名称	得分/分	全省三类县（市、区）排名		本市排名	
	2022年	2022年	2021年	2022年	2021年
科技创新能力	69.41	16	4	9	3
创新环境	3.99	2	7	2	4
创新基础	3.50	8	23	12	14
规模以上企业数（家）	2.42	30	29	17	17
规模以上工业企业建立研发机构的比例（%）	5.06	5	17	4	10
当年新增省级及以上研发平台/创新载体（个）	2.96	16	21	12	11
科技意识	4.72	3	3	1	1
人均科普经费投入（元）	3.94	7	15	4	3
每十万人科普专职人员（人）	5.67	3	3	1	1
创新投入	3.19	23	6	10	4
人力投入	2.85	26	13	10	5
规模以上工业企业中万人R&D人员全时当量（人·年）	2.69	28	19	9	5
规模以上工业企业R&D人员占从业人员比重（%）	3.01	25	7	9	3
财力投入	3.47	12	3	9	3
规模以上工业企业R&D经费支出	3.28	20	8	11	6
规模以上工业企业R&D经费支出占营业收入比重（%）	3.62	7	1	6	3
创新成效	3.63	9	4	8	3
技术创新	3.31	19	13	12	8
万人有效发明专利拥有量增量（件）	2.89	25	3	15	2
每万家企业法人高新技术企业数（家）	3.29	19	11	11	9
每万家企业法人科技型中小企业数（家）	3.83	11	19	8	12
产业化水平	3.94	4	1	4	1

续表

指标名称	得分/分	全省三类县（市、区）排名		本市排名	
	2022年	2022年	2021年	2022年	2021年
规模以上工业企业新产品销售收入占营业收入比重（%）	4.39	7	6	6	2
高新技术产业增加值占规模以上工业增加值比重（%）	3.97	11	6	6	3
技术合同成交额	3.74	8	2	5	1
农业产业化省级以上龙头企业数（个）	3.56	6	5	3	2
经济社会发展	2.86	27	30	17	17
经济增长	3.09	25	29	17	17
GDP较上一年增长（%）	3.27	23	26	16	14
本级地方财政科技支出占公共财政支出比重（%）	2.91	25	23	18	17
社会生活	2.52	30	31	17	17
居民人均可支配收入（元）	2.29	31	31	17	17
万人社会消费品零售额（万元）	2.81	26	27	12	12

创新环境在全省三类县（市、区）排名第2位，较上一年上升了5位，排在赣州市第2位，较上一年上升了2位。具体来看，规模以上工业企业建立研发机构的比例为58.06%，在全省三类县（市、区）排名均较上一年上升了12位；人均科普经费投入从2021年的1.00元上升至2022年的1.27元，在全省三类县（市、区）排名均较上一年上升了8位。

创新投入在全省三类县（市、区）排名第23位，较上一年下降了17位，排在赣州市第10位，较上一年下降了6位。具体来看，规模以上工业企业R&D人员占从业人员比重从2021年的8%下降至2022年的5.11%，在全省三类县（市、区）排名下降了18位；规模以上工业企业R&D经费支出14 295.30万元、较上一年增长8.16%，但在全省三类县（市、区）排名却下降了12位。

创新成效在全省三类县（市、区）排名第9位，较上一年下降了5位，排在赣州市第8位，较上一年下降5位。具体来看，万人有效发明专利拥有量增量从2021年的1.42件下降至2022年的0.14件，在全省三类县（市、区）

排名下降了 22 位；每万家企业法人高新技术企业数从 2021 年的 73.98 家下降至 2022 年的 49.93 家，在全省三类县（市、区）排名下降了 8 位。

经济社会发展排在全省三类县（市、区）第 27 位，较上一年上升了 3 位，排在赣州市第 17 位，与上一年位次相同。具体来看，GDP 增幅从 2021 年的 8.40% 下降至 2022 年的 4.80%，但在全省三类县（市、区）排名却上升了 3 位；万人社会消费品零售额 15 896.30 万元，在全省三类县（市、区）排名较上一年上升了 1 位。

综上所述，安远县规模以上工业企业建立研发机构的比例、每十万人科普专职人员、农业产业化省级以上龙头企业数额等排名靠前，但规模以上企业数、规模以上工业企业中万人 R&D 人员全时当量、规模以上工业企业 R&D 人员占从业人员比重、本级地方财政科技支出占公共财政支出比重、居民人均可支配收入等排名相对靠后。建议该县进一步加大政府科技投入力度，支持企业做大做强，坚持人才培养与引进并举，持续激发人才创新活力，助力区域经济高质量发展，提高人民生活水平。

九、龙南市

龙南市，原龙南县，位于江西省最南端，赣州市下辖县级市。2022 年，龙南市科技创新能力在全省三类县（市、区）排名第 4 位，较上一年下降了 1 位，排在赣州市第 4 位，较上一年下降了 2 位（表 3-45）。

表 3-45 龙南市（三类）科技创新能力评价指标得分与位次

指标名称	得分/分	全省三类县（市、区）排名		本市排名	
	2022 年	2022 年	2021 年	2022 年	2021 年
科技创新能力	74.91	4	3	4	2
创新环境	3.52	13	16	12	12
创新基础	3.68	6	9	9	8
规模以上企业数（家）	3.41	4	4	4	5
规模以上工业企业建立研发机构的比例（%）	3.50	22	19	14	11
当年新增省级及以上研发平台/创新载体（个）	4.18	1	3	2	3

续表

指标名称	得分/分	全省三类县（市、区）排名		本市排名	
	2022 年	2022 年	2021 年	2022 年	2021 年
科技意识	3.29	24	23	15	12
人均科普经费投入（元）	3.40	21	15	16	3
每十万人科普专职人员（人）	3.15	18	19	12	12
创新投入	3.67	10	3	4	2
人力投入	3.87	7	4	2	2
规模以上工业企业中万人 R&D 人员全时当量（人·年）	4.55	1	1	1	1
规模以上工业企业 R&D 人员占从业人员比重（%）	3.20	19	16	7	8
财力投入	3.51	11	1	8	1
规模以上工业企业 R&D 经费支出	3.80	8	1	7	1
规模以上工业企业 R&D 经费支出占营业收入比重（%）	3.28	24	5	14	5
创新成效	4.00	3	10	3	5
技术创新	4.38	1	6	2	3
万人有效发明专利拥有量增量（件）	3.53	6	29	5	15
每万家企业法人高新技术企业数（家）	5.35	1	1	1	2
每万家企业法人科技型中小企业数（家）	4.24	6	18	3	11
产业化水平	3.61	12	11	10	6
规模以上工业企业新产品销售收入占营业收入比重（%）	3.67	16	9	8	3
高新技术产业增加值占规模以上工业增加值比重（%）	3.99	10	16	5	9
技术合同成交额	3.55	12	11	9	10
农业产业化省级以上龙头企业数（个）	2.90	20	22	9	12
经济社会发展	3.56	11	12	7	6
经济增长	3.92	11	8	7	5
GDP 较上一年增长（%）	4.40	5	6	5	3
本级地方财政科技支出占公共财政支出比重（%）	3.45	11	10	7	6
社会生活	3.01	14	15	3	4
居民人均可支配收入（元）	3.01	12	12	4	3
万人社会消费品零售额（万元）	3.01	15	17	6	6

创新环境在全省三类县（市、区）排名第 13 位，较上一年上升了 3 位，排在赣州市第 12 位，与上一年位次相同。具体来看，当年新增省级及以上研发平台 / 创新载体 6 个，在全省三类县（市、区）排名上升了 2 位；每十万人科普专职人员 12.51 人，在全省三类县（市、区）排名较上一年上升了 1 位。

创新投入在全省三类县（市、区）排名第 10 位，较上一年下降了 7 位，排在赣州市第 4 位，较上一年下降了 2 位。具体来看，规模以上工业企业 R&D 经费支出占营业收入比重从 2021 年的 1.91% 下降至 2022 年的 1.28%，在全省三类县（市、区）排名下降了 19 位；规模以上工业企业 R&D 经费支出 53 360.50 万元，较上一年下降了 15.86%，在全省三类县（市、区）排名下降 7 位。

创新成效在全省三类县（市、区）排名第 3 位，较上一年上升了 7 位，排在赣州市第 3 位，较上一年上升了 2 位。具体来看，万人有效发明专利拥有量增量从 2021 年的 0.19 件上升至 2022 年的 1.59 件，在全省三类县（市、区）排名上升了 23 位；每万家企业法人科技型中小企业数从 2021 年的 75.02 家上升至 2022 年的 161.17 家，在全省三类县（市、区）排名上升了 12 位。

经济社会发展排在全省三类县（市、区）第 11 位，较上一年上升了 1 位，排在赣州市第 7 位，较上一年下降了 1 位。具体来看，GDP 较上一年增长从 2021 年的 9.30% 下降至 2022 年的 5.60%，但在全省三类县（市、区）排名却上升了 1 位；万人社会消费品零售额 19 235.34 万元，在全省三类县（市、区）排名较上一年上升了 2 位。

综上所述，龙南市当年新增省级及以上研发平台 / 创新载体、每万家企业法人高新技术企业数居全省三类县（市、区）首位，规模以上企业数、万人有效发明专利拥有量增量、GDP 较上一年增长排名靠前。但规模以上工业企业建立研发机构的比例、规模以上工业企业 R&D 经费支出占营业收入比重、人均科普经费投入排名相对靠后。建议该市优化创新环境，鼓励有条件的企业建立研发机构、更大力度参与科技创新，推动产业向价值链高端攀升。

十、全南县

全南县，位于江西省最南端，赣州市下辖县。2022 年，全南县科技创新能力在全省三类县（市、区）排名第 17 位，较上一年上升了 3 位，排在赣州市第 10 位，较上一年上升了 1 位（表 3-46）。

表 3-46　全南县（三类）科技创新能力评价指标得分与位次

指标名称	得分/分	全省三类县（市、区）排名		本市排名	
	2022 年	2022 年	2021 年	2022 年	2021 年
科技创新能力	69.40	17	20	10	11
创新环境	3.38	19	12	15	10
创新基础	3.22	21	14	15	9
规模以上企业数（家）	2.63	22	22	11	13
规模以上工业企业建立研发机构的比例（%）	4.04	15	10	12	7
当年新增省级及以上研发平台 / 创新载体（个）	2.96	16	6	12	6
科技意识	3.63	14	15	9	5
人均科普经费投入（元）	3.71	16	15	9	3
每十万人科普专职人员（人）	3.53	12	11	6	5
创新投入	3.12	26	25	11	14
人力投入	2.82	27	20	11	7
规模以上工业企业中万人 R&D 人员全时当量（人·年）	2.97	23	15	6	4
规模以上工业企业 R&D 人员占从业人员比重（%）	2.66	30	20	13	10
财力投入	3.36	17	28	11	17
规模以上工业企业 R&D 经费支出	3.30	18	27	10	16
规模以上工业企业 R&D 经费支出占营业收入比重（%）	3.41	16	25	8	17
创新成效	3.82	6	7	4	4
技术创新	3.95	6	10	5	5
万人有效发明专利拥有量增量（件）	4.02	2	27	3	13
每万家企业法人高新技术企业数（家）	3.65	10	8	7	6
每万家企业法人科技型中小企业数（家）	4.23	7	6	4	3
产业化水平	3.69	9	8	7	3

续表

指标名称	得分/分	全省三类县（市、区）排名		本市排名	
	2022年	2022年	2021年	2022年	2021年
规模以上工业企业新产品销售收入占营业收入比重（%）	3.67	17	10	9	4
高新技术产业增加值占规模以上工业增加值比重（%）	4.57	1	8	2	5
技术合同成交额	3.37	13	10	13	9
农业产业化省级以上龙头企业数（个）	2.63	28	29	16	16
经济社会发展	3.65	9	21	5	10
经济增长	4.09	7	24	5	13
GDP 较上一年增长（%）	4.82	3	21	2	12
本级地方财政科技支出占公共财政支出比重（%）	3.37	12	19	8	14
社会生活	2.98	16	16	5	5
居民人均可支配收入（元）	2.41	29	30	15	16
万人社会消费品零售额（万元）	3.66	5	6	2	2

创新环境在全省三类县（市、区）排名第 19 位，较上一年下降了 7 位，排在赣州市第 15 位，较上一年下降了 5 位。具体来看，当年新增省级及以上研发平台/创新载体从 2021 年的 2 个下降至 2022 年的 1 个，在全省三类县（市、区）排名下降 10 位；规模以上工业企业建立研发机构的比例从 2021 年的 46.58% 下降至 2022 年的 42.70%，在全省三类县（市、区）排名下降 5 位。

创新投入在全省三类县（市、区）排名第 26 位，较上一年下降了 1 位，排在赣州市第 11 位，较上一年上升了 3 位。具体来看，规模以上工业企业中万人 R&D 人员全时当量从 2021 年的 17.53 人·年下降至 2022 年的 14.58 人·年，在全省三类县（市、区）排名下降 8 位；规模以上工业企业 R&D 人员占从业人员比重从 2021 年的 5.28% 下降至 2022 年的 4.10%，在全省三类县（市、区）排名下降 10 位。

创新成效在全省三类县（市、区）排名第 6 位，较上一年上升了 1 位，排在赣州市第 4 位，与上一年位次相同。具体来看，万人有效发明专利拥有量增量从 2021 年的 0.28 件上升至 2022 年的 2.71 件，在全省三类县（市、区）

排名上升 25 位；高新技术产业增加值占规模以上工业增加值比重从 2021 年的 63.39% 上升至 2022 年的 67.50%，在全省三类县（市、区）排名上升 7 位。

经济社会发展排在全省三类县（市、区）第 9 位，较上一年上升了 12 位，排在赣州市第 5 位，较上一年上升了 5 位。具体来看，GDP 增幅从 2021 年的 8.60% 下降至 2022 年的 5.90%，但在全省三类县（市、区）排名却上升了 18 位；本级地方财政科技支出占公共财政支出比重从 2021 年的 2.29% 上升至 2022 年的 2.87%，在全省三类县（市、区）排名上升 7 位。

综上所述，全南县万人有效发明专利拥有量增量、每万家企业法人科技型中小企业数、高新技术产业增加值占规模以上工业增加值比重、GDP 较上一年增长、万人社会消费品零售额等排名靠前，但规模以上工业企业 R&D 人员占从业人员比重、规模以上工业企业中万人 R&D 人员全时当量、农业产业化省级以上龙头企业数、居民人均可支配收入等排名靠后。建议该县优化创新环境，坚持人才培养与引进并举，持续激发人才创新活力，引导企业加大研发投入，鼓励企业更大力度参与科技创新，助推区域经济高质量发展。

十一、定南县

定南县，位于江西省最南端，赣州市下辖县。2022 年，定南县科技创新能力在全省三类县（市、区）排名第 24 位，较上一年下降了 1 位，排在赣州市第 12 位，较上一年上升了 1 位（表 3-47）。

表 3-47　定南县（三类）科技创新能力评价指标得分与位次

指标名称	得分/分	全省三类县（市、区）排名		本市排名	
	2022 年	2022 年	2021 年	2022 年	2021 年
科技创新能力	65.19	24	23	12	13
创新环境	3.18	28	29	16	16
创新基础	2.79	29	24	17	15
规模以上企业数（家）	2.63	22	20	11	10
规模以上工业企业建立研发机构的比例（%）	2.80	26	26	15	14
当年新增省级及以上研发平台/创新载体（个）	2.96	16	13	12	8

续表

指标名称	得分/分	全省三类县（市、区）排名		本市排名	
	2022年	2022年	2021年	2022年	2021年
科技意识	3.76	11	26	4	15
人均科普经费投入（元）	4.35	4	15	1	3
每十万人科普专职人员（人）	3.05	23	23	15	15
创新投入	2.83	32	23	15	12
人力投入	2.43	32	27	16	12
规模以上工业企业中万人R&D人员全时当量（人·年）	2.55	31	28	14	11
规模以上工业企业R&D人员占从业人员比重（%）	2.30	32	26	15	11
财力投入	3.17	27	16	15	13
规模以上工业企业R&D经费支出	3.15	24	19	13	12
规模以上工业企业R&D经费支出占营业收入比重（%）	3.18	30	14	17	11
创新成效	3.65	8	12	7	7
技术创新	3.58	10	11	6	6
万人有效发明专利拥有量增量（件）	3.19	13	10	7	4
每万家企业法人高新技术企业数（家）	3.76	8	7	5	5
每万家企业法人科技型中小企业数（家）	3.82	12	12	9	5
产业化水平	3.73	7	16	5	9
规模以上工业企业新产品销售收入占营业收入比重（%）	3.62	18	22	11	11
高新技术产业增加值占规模以上工业增加值比重（%）	4.51	2	15	3	8
技术合同成交额	3.64	10	8	7	7
农业产业化省级以上龙头企业数（个）	2.50	31	29	17	16
经济社会发展	3.55	12	26	8	13
经济增长	4.03	9	26	6	14
GDP较上一年增长（%）	4.96	2	24	1	13
本级地方财政科技支出占公共财政支出比重（%）	3.10	19	17	13	11
社会生活	2.82	20	22	8	10
居民人均可支配收入（元）	2.68	16	17	9	9
万人社会消费品零售额（万元）	2.98	18	19	7	7

创新环境在全省三类县（市、区）排名第 28 位，较上一年上升了 1 位，排在赣州市第 16 位，与上一年位次相同。具体来看，人均科普经费投入从 2021 年的 1.00 元上升至 2022 年的 1.43 元，在全省三类县（市、区）排名上升了 11 位。

创新投入在全省三类县（市、区）排名第 32 位，较上一年下降了 9 位，排在赣州市第 15 位，较上一年下降了 3 位。具体来看，规模以上工业企业 R&D 人员占从业人员比重从 2021 年的 4.92% 下降至 2022 年的 3.07%，在全省三类县（市、区）排名下降了 6 位；规模以上工业企业 R&D 经费支出占营业收入比重从 2021 年的 1.06% 下降至 2022 年的 0.75%，在全省三类县（市、区）排名下降了 16 位。

创新成效在全省三类县（市、区）排名第 8 位，较上一年上升了 4 位，排在赣州市第 7 位，与上一年位次相同。具体来看，高新技术产业增加值占规模以上工业增加值比重从 2021 年的 59.33% 上升至 2022 年的 64.41%，在全省三类县（市、区）排名上升 13 位；规模以上工业企业新产品销售收入占营业收入比重从 2021 年的 17.45% 上升至 2022 年的 24.88%，在全省三类县（市、区）排名上升 4 位。

经济社会发展排在全省三类县（市、区）第 12 位，较上一年上升了 14 位，排在赣州市第 8 位，较上一年上升了 5 位。具体来看，GDP 增幅从 2021 年的 8.50% 下降至 2022 年的 6.00%，但在全省三类县（市、区）排名却上升了 22 位；居民人均可支配收入 24 979 元，在全省三类县（市、区）排名较上一年上升了 1 位。

综上所述，定南县人均科普经费投入、高新技术产业增加值占规模以上工业增加值比重、GDP 较上一年增长排名相对靠前，但规模以上工业企业中万人 R&D 人员全时当量、规模以上工业企业 R&D 人员占从业人员比重、规模以上工业企业建立研发机构的比例、农业产业化省级以上龙头企业数等排名相对靠后。建议该县夯实创新基础，坚持人才培养与引进并举、持续激发人才创新活力，引导企业加大研发投入、更大力度参与科技创新，推动产业向价值链高端攀升。

十二、兴国县

兴国县，位于江西省中南部、赣州市北部，赣州市下辖县。2022年，兴国县科技创新能力在全省二类县（市、区）排名第27位，排在赣州市第14位，均较上一年上升了3位（表3-48）。

表3-48　兴国县（二类）科技创新能力评价指标得分与位次

指标名称	得分/分	全省二类县（市、区）排名		本市排名	
	2022年	2022年	2021年	2022年	2021年
科技创新能力	64.12	27	30	14	17
创新环境	3.53	11	21	11	14
创新基础	3.46	13	23	14	13
规模以上企业数（家）	2.87	28	29	7	8
规模以上工业企业建立研发机构的比例（%）	4.62	6	14	10	9
当年新增省级及以上研发平台/创新载体（个）	2.78	25	24	17	11
科技意识	3.65	7	19	7	11
人均科普经费投入（元）	4.01	3	15	3	3
每十万人科普专职人员（人）	3.20	16	20	10	11
创新投入	3.11	25	30	12	13
人力投入	2.61	30	31	13	17
规模以上工业企业中万人R&D人员全时当量（人·年）	2.40	30	32	17	18
规模以上工业企业R&D人员占从业人员比重（%）	2.81	26	30	11	16
财力投入	3.52	8	10	7	8
规模以上工业企业R&D经费支出	3.17	22	33	12	17
规模以上工业企业R&D经费支出占营业收入比重（%）	3.81	1	2	3	2
创新成效	3.14	23	30	16	17
技术创新	2.90	26	27	16	18
万人有效发明专利拥有量增量（件）	2.91	23	11	13	5
每万家企业法人高新技术企业数（家）	2.88	27	28	17	17
每万家企业法人科技型中小企业数（家）	2.92	26	32	17	18
产业化水平	3.39	20	29	15	16

续表

指标名称	得分/分	全省二类县（市、区）排名		本市排名	
	2022 年	2022 年	2021 年	2022 年	2021 年
规模以上工业企业新产品销售收入占营业收入比重（%）	3.63	12	29	10	16
高新技术产业增加值占规模以上工业增加值比重（%）	3.45	17	30	11	15
技术合同成交额	3.36	18	12	14	16
农业产业化省级以上龙头企业数（个）	2.90	28	27	9	8
经济社会发展	3.11	25	27	12	16
经济增长	3.41	21	25	12	16
GDP 较上一年增长（%）	3.69	17	26	12	16
本级地方财政科技支出占公共财政支出比重（%）	3.12	22	18	12	9
社会生活	2.66	28	28	14	14
居民人均可支配收入（元）	2.55	28	28	11	11
万人社会消费品零售额（万元）	2.79	26	26	14	14

创新环境在全省二类县（市、区）排名第 11 位，较上一年上升了 10 位，排在赣州市第 11 位，较上一年上升了 3 位。具体来看，人均科普经费投入从 2021 年的 1.00 元上升至 2022 年的 1.30 元，在全省二类县（市、区）排名上升了 12 位；规模以上工业企业建立研发机构的比例从 2021 年的 40.45% 上升至 2022 年的 51.43%，在全省二类县（市、区）排名较上一年上升了 8 位。

创新投入在全省二类县（市、区）排名第 25 位，较上一年上升了 5 位，排在赣州市第 12 位，较上一年上升了 1 位。具体来看，规模以上工业企业 R&D 人员占从业人员比重从 2021 年的 3.62% 上升至 2022 年的 4.52%，在全省二类县（市、区）排名上升 4 位；规模以上工业企业 R&D 经费支出 19 855 万元、较上一年增长 37.21%，在全省二类县（市、区）排名上升 11 位。

创新成效在全省二类县（市、区）排名第 23 位，较上一年上升了 7 位，排在赣州市第 16 位，较上一年上升 1 位。具体来看，规模以上工业企业新产品销售收入占营业收入比重从 2021 年的 7.65% 上升至 2022 年的 25.01%，在全省二类县（市、区）排名上升 17 位；高新技术产业增加值占规模以上工业增加值比重从 2021 年的 22.60% 上升至 2022 年的 29.88%，在全省二类县（市、区）排名上升 13 位。

经济社会发展排在全省二类县（市、区）第 25 位，较上一年上升了 2 位，排在赣州市第 12 位，较上一年上升了 4 位。具体来看，GDP 增幅从 2021 年的 8.30% 下降至 2022 年的 5.10%，但在全省二类县（市、区）排名却上升了 9 位。

综上所述，兴国县人均科普经费投入、规模以上工业企业 R&D 经费支出占营业收入比重、规模以上工业企业建立研发机构的比例排名靠前，但规模以上工业企业中万人 R&D 人员全时当量、每万家企业法人高新技术企业数、每万家企业法人科技型中小企业数、农业产业化省级以上龙头企业数、规模以上企业数等排名靠后。建议该县进一步加大科技创新投入，鼓励企业更大力度参与科技创新，提高科技成果转化和产业化水平，不断塑造发展新动能新优势。

十三、宁都县

宁都县，位于江西省东南部，赣州市下辖县。2022 年，宁都县科技创新能力在全省二类县（市、区）排名第 30 位，较上一年下降了 20 位，排在赣州市第 17 位，较上一年下降了 9 位（表 3-49）。

表 3-49　宁都县（二类）科技创新能力评价指标得分与位次

指标名称	得分/分	全省二类县（市、区）排名		本市排名	
	2022 年	2022 年	2021 年	2022 年	2021 年
科技创新能力	60.98	30	10	17	8
创新环境	3.09	28	2	17	2
创新基础	3.56	9	1	10	2
规模以上企业数（家）	2.76	30	30	9	9
规模以上工业企业建立研发机构的比例（%）	4.73	3	1	6	1
当年新增省级及以上研发平台/创新载体（个）	3.13	13	24	8	11
科技意识	2.38	32	10	18	6
人均科普经费投入（元）	1.72	30	15	18	3

续表

指标名称	得分/分	全省二类县（市、区）排名		本市排名	
	2022 年	2022 年	2021 年	2022 年	2021 年
每十万人科普专职人员（人）	3.20	17	7	11	6
创新投入	2.57	33	7	18	5
人力投入	2.16	33	28	18	13
规模以上工业企业中万人 R&D 人员全时当量（人·年）	2.30	33	26	18	14
规模以上工业企业 R&D 人员占从业人员比重（%）	2.02	33	21	18	12
财力投入	2.90	32	1	18	2
规模以上工业企业 R&D 经费支出	2.95	27	14	16	7
规模以上工业企业 R&D 经费支出占营业收入比重（%）	2.87	32	1	18	1
创新成效	3.53	7	20	9	14
技术创新	2.86	28	26	17	17
万人有效发明专利拥有量增量（件）	2.83	33	13	18	7
每万家企业法人高新技术企业数（家）	2.62	31	30	18	18
每万家企业法人科技型中小企业数（家）	3.18	20	30	14	17
产业化水平	4.19	1	13	1	13
规模以上工业企业新产品销售收入占营业收入比重（%）	5.06	1	24	1	14
高新技术产业增加值占规模以上工业增加值比重（%）	4.69	3	13	1	11
技术合同成交额	3.22	22	8	16	11
农业产业化省级以上龙头企业数（个）	3.69	6	13	1	3
经济社会发展	2.98	29	24	16	14
经济增长	3.23	26	20	15	11
GDP 较上一年增长（%）	3.41	20	18	14	11
本级地方财政科技支出占公共财政支出比重（%）	3.04	24	19	14	10
社会生活	2.60	29	29	16	16
居民人均可支配收入（元）	2.40	30	30	16	15
万人社会消费品零售额（万元）	2.85	24	24	11	11

创新环境在全省二类县（市、区）排名第 28 位，较上一年下降了 26 位，排在赣州市第 17 位，较上一年下降了 15 位。具体来看，人均科普经费投入

从 2021 年的 1.00 元下降至 2022 年的 0.40 元，在全省二类县（市、区）排名下降 15 位；每十万人科普专职人员数从 2021 年的 26.80 人下降至 2022 年的 13.69 人，在全省二类县（市、区）排名较上一年下降 10 位。

创新投入在全省二类县（市、区）排名第 33 位，较上一年下降了 26 位，排在赣州市第 18 位，较上一年下降了 13 位。具体来看，规模以上工业企业 R&D 人员占从业人员比重从 2021 年的 4.86% 下降至 2022 年的 2.23%，在全省二类县（市、区）排名下降 12 位；规模以上工业企业 R&D 经费支出占营业收入比重从 2021 年的 3.25% 下降至 2022 年的 1.31%，在全省二类县（市、区）排名下降 31 位。

创新成效在全省二类县（市、区）排名第 7 位，较上一年上升了 13 位，排在赣州市第 9 位，较上一年上升 5 位。具体来看，每万家企业法人科技型中小企业数从 2021 年的 35.83 家上升至 2022 年的 87.38 家，在全省二类县（市、区）排名上升 10 位；规模以上工业企业新产品销售收入占营业收入比重从 2021 年的 13.92% 上升至 2022 年的 42.44%，在全省二类县（市、区）排名上升 23 位。

经济社会发展排在全省二类县（市、区）第 29 位，较上一年下降了 5 位，排在赣州市第 16 位，较上一年下降了 2 位。具体来看，本级地方财政科技支出占公共财政支出比重从 2021 年的 2.38% 下降至 2022 年的 2.35%，在全省二类县（市、区）排名下降了 5 位。

综上所述，宁都县规模以上工业企业建立研发机构的比例、高新技术产业增加值占规模以上工业增加值比重、规模以上工业企业新产品销售收入占营业收入比重排名靠前，但规模以上企业数、人均科普经费投入、规模以上工业企业中万人 R&D 人员全时当量、规模以上工业企业 R&D 人员占从业人员比重、规模以上工业企业 R&D 经费支出占营业收入比重、每万家企业法人高新技术企业数等排名靠后。建议该县优化创新环境，加大科技创新投入，鼓励企业更大力度参与科技创新，同时，完善高新技术企业和科技型中小企业成长加速机制，提升区域科技竞争力。

十四、于都县

于都县，位于江西省南部、赣州市东部，赣州市下辖县。2022 年，于都县科技创新能力在全省二类县（市、区）排名第 28 位，较上一年上升了 1 位，排在赣州市第 16 位，较上一年下降了 1 位（表 3-50）。

表 3-50　于都县（二类）科技创新能力评价指标得分与位次

指标名称	得分 / 分	全省二类县（市、区）排名		本市排名	
	2022 年	2022 年	2021 年	2022 年	2021 年
科技创新能力	62.21	28	29	16	15
创新环境	3.84	3	4	4	3
创新基础	3.89	4	4	4	6
规模以上企业数（家）	3.41	12	9	5	3
规模以上工业企业建立研发机构的比例（%）	4.71	4	5	8	5
当年新增省级及以上研发平台 / 创新载体（个）	3.48	4	1	4	3
科技意识	3.76	5	11	3	8
人均科普经费投入（元）	4.09	2	6	2	1
每十万人科普专职人员（人）	3.36	10	12	7	10
创新投入	2.75	31	32	16	17
人力投入	2.36	32	32	17	18
规模以上工业企业中万人 R&D 人员全时当量（人·年）	2.51	28	29	15	17
规模以上工业企业 R&D 人员占从业人员比重（%）	2.21	31	32	17	18
财力投入	3.07	28	28	16	15
规模以上工业企业 R&D 经费支出	2.86	30	30	17	14
规模以上工业企业 R&D 经费支出占营业收入比重（%）	3.25	21	21	15	13
创新成效	2.98	31	29	17	16
技术创新	3.05	23	24	14	14
万人有效发明专利拥有量增量（件）	3.06	17	23	11	12
每万家企业法人高新技术企业数（家）	3.01	22	23	14	16
每万家企业法人科技型中小企业数（家）	3.09	21	23	15	15
产业化水平	2.91	29	31	18	17

续表

指标名称	得分/分	全省二类县（市、区）排名		本市排名	
	2022年	2022年	2021年	2022年	2021年
规模以上工业企业新产品销售收入占营业收入比重（%）	2.47	26	26	18	15
高新技术产业增加值占规模以上工业增加值比重（%）	2.59	29	32	18	16
技术合同成交额	3.46	17	17	12	18
农业产业化省级以上龙头企业数（个）	3.16	21	23	7	6
经济社会发展	3.37	18	19	10	8
经济增长	3.74	13	14	10	9
GDP 较上一年增长（%）	3.97	11	11	9	6
本级地方财政科技支出占公共财政支出比重（%）	3.51	13	14	5	7
社会生活	2.81	24	24	9	8
居民人均可支配收入（元）	2.85	22	22	6	6
万人社会消费品零售额（万元）	2.77	28	28	16	16

创新环境在全省二类县（市、区）排名第 3 位，较上一年上升了 1 位，排在赣州市第 4 位，较上一年下降了 1 位。具体来看，人均科普经费投入从 2021 年的 1.08 元上升至 2022 年的 1.33 元，在全省二类县（市、区）排名上升 4 位；规模以上工业企业建立研发机构的比例从 2021 年的 47.28% 上升至 2022 年的 52.88%，在全省二类县（市、区）排名上升 1 位。

创新投入在全省二类县（市、区）排名第 31 位，排在赣州市第 16 位，均较上一年上升了 1 位。具体来看，规模以上工业企业中万人 R&D 人员全时当量在全省二类县（市、区）排名较上一年上升 1 位；规模以上工业企业 R&D 人员占从业人员比重从 2021 年的 3.07% 下降至 2022 年的 2.80%，但在全省二类县（市、区）排名却上升了 1 位。

创新成效在全省二类县（市、区）排名第 31 位，较上一年下降了 2 位，排在赣州市第 17 位，较上一年下降了 1 位。具体来看，高新技术产业增加值占规模以上工业增加值比重从 2021 年的 25.03% 下降至 2022 年的 19.90%；规模以上工业企业新产品销售收入占营业收入比重从 2021 年的 11.55% 下降至 2022 年的 10.86%，每万家企业法人高新技术企业数从 2021 年的 39.36 家下降至 2022 年的 35.36 家。

经济社会发展排在全省二类县（市、区）第 18 位，较上一年上升了 1 位，排在赣州市第 10 位，较上一年下降了 2 位。具体来看，本级地方财政科技支出占公共财政支出比重从 2021 年的 2.50% 上升至 2022 年的 3.10%，在全省二类县（市、区）排名上升 1 位。

综上所述，于都县当年新增省级及以上研发平台 / 创新载体、人均科普经费投入排名靠前，但规模以上工业企业 R&D 人员占从业人员比重、规模以上工业企业中万人 R&D 人员全时当量、规模以上工业企业 R&D 经费支出、高新技术产业增加值占规模以上工业增加值比重等排名靠后。建议该县加大科技创新投入，鼓励企业更大力度参与科技创新，提高科技成果转化和产业化水平，推动产业向价值链高端攀升。

十五、瑞金市

瑞金市，位于江西省东南部，赣州市东部，赣州市下辖县级市。2022 年，瑞金市科技创新能力在全省二类县（市、区）排名第 7 位，较上一年上升了 4 位，排在赣州市第 8 位，较上一年上升了 1 位（表 3-51）。

表 3-51　瑞金市（二类）科技创新能力评价指标得分与位次

指标名称	得分 / 分	全省二类县（市、区）排名		本市排名	
	2022 年	2022 年	2021 年	2022 年	2021 年
科技创新能力	70.52	7	11	8	9
创新环境	3.66	4	6	7	5
创新基础	3.91	3	2	3	3
规模以上企业数（家）	2.83	29	27	8	7
规模以上工业企业建立研发机构的比例（%）	5.52	1	2	2	3
当年新增省级及以上研发平台 / 创新载体（个）	3.31	9	7	6	6
科技意识	3.29	19	26	16	17
人均科普经费投入（元）	3.61	10	15	13	3

续表

指标名称	得分/分	全省二类县（市、区）排名		本市排名	
	2022年	2022年	2021年	2022年	2021年
每十万人科普专职人员（人）	2.90	27	28	17	17
创新投入	3.53	9	15	6	7
人力投入	3.14	21	20	8	6
规模以上工业企业中万人R&D人员全时当量（人·年）	2.68	26	25	10	12
规模以上工业企业R&D人员占从业人员比重（%）	3.59	12	10	5	5
财力投入	3.86	2	8	5	7
规模以上工业企业R&D经费支出	4.08	1	8	2	4
规模以上工业企业R&D经费支出占营业收入比重（%）	3.67	3	8	5	8
创新成效	3.32	18	17	15	13
技术创新	2.95	25	23	15	13
万人有效发明专利拥有量增量（件）	2.92	22	27	12	16
每万家企业法人高新技术企业数（家）	2.96	23	20	15	14
每万家企业法人科技型中小企业数（家）	2.96	25	22	16	14
产业化水平	3.69	13	10	8	10
规模以上工业企业新产品销售收入占营业收入比重（%）	2.87	24	20	17	13
高新技术产业增加值占规模以上工业增加值比重（%）	3.25	21	16	14	12
技术合同成交额	4.94	2	3	1	3
农业产业化省级以上龙头企业数（个）	3.43	15	23	4	6
经济社会发展	3.95	6	7	2	4
经济增长	4.69	3	4	1	3
GDP较上一年增长（%）	3.55	18	27	13	17
本级地方财政科技支出占公共财政支出比重（%）	5.82	2	3	1	1
社会生活	2.85	22	22	7	7
居民人均可支配收入（元）	2.83	23	23	7	8
万人社会消费品零售额（万元）	2.89	20	21	10	10

创新环境在全省二类县（市、区）排名第4位，较上一年上升了2位，排在赣州市第7位，较上一年下降了2位。具体来看，规模以上工业企业建

立研发机构的比例从 2021 年的 68.04% 下降至 2022 年的 65.14%，但在全省二类县（市、区）排名却上升了 1 位；人均科普经费投入从 2021 年的 1.00元上升至 2022 年的 1.14 元，在全省二类县（市、区）排名较上一年上升 5 位。

创新投入在全省二类县（市、区）排名第 9 位，较上一年上升了 6 位，排在赣州市第 6 位，较上一年上升了 1 位。具体来看，规模以上工业企业 R&D 经费支出 49 958.20 万元、较上一年增长 26.86%，在全省二类县（市、区）排首位，排名上升了 7 位；规模以上工业企业 R&D 经费支出占营业收入比重从 2021 年的 1.43% 上升至 2022 年的 1.63%，在全省二类县（市、区）排名上升 5 位。

创新成效在全省二类县（市、区）排名第 18 位，较上一年下降了 1 位，排在赣州市第 15 位，较上一年下降了 2 位。具体来看，高新技术产业增加值占规模以上工业增加值比重从 2021 年的 36.51% 下降至 2022 年的 34.99%，在全省二类县（市、区）排名下降 5 位；规模以上工业企业新产品销售收入占营业收入比重从 2021 年的 14.53% 上升至 2022 年的 15.70%，但在全省二类县（市、区）排名却下降了 4 位。

经济社会发展排在全省二类县（市、区）第 6 位，较上一年上升了 1 位，排在赣州市第 2 位，较上一年上升了 2 位。具体来看，GDP 增幅从 2021 年的 8.20% 下降至 2022 年的 5.00%，但在全省二类县（市、区）排名却上升了 9 位。

综上所述，瑞金市规模以上工业企业建立研发机构的比例、规模以上工业企业 R&D 经费支出、规模以上工业企业 R&D 经费支出占营业收入比重、技术合同成交额、本级地方财政科技支出占公共财政支出比重在全省二类县（市、区）排名靠前，但规模以上企业数、每十万人科普专职人员、规模以上工业企业中万人 R&D 人员全时当量、每万家企业法人科技型中小企业数等排名相对靠后。建议该市夯实创新基础，鼓励企业做大做强，坚持人才培养与引进并举、持续激发人才创新活力，同时提高科技成果转化和产业化水平，推动产业向价值链高端攀升。

十六、会昌县

会昌县,位于江西省东南部、赣州市东南部,赣州市下辖县。2022年,会昌县科技创新能力在全省二类县(市、区)排名第15位,较上一年上升了7位,排在赣州市第11位,较上一年上升了1位(表3-52)。

表3-52 会昌县(二类)科技创新能力评价指标得分与位次

指标名称	得分/分	全省二类县(市、区)排名		本市排名	
	2022年	2022年	2021年	2022年	2021年
科技创新能力	67.12	15	22	11	12
创新环境	3.58	8	17	10	13
创新基础	3.54	11	16	11	12
规模以上企业数(家)	2.59	32	32	14	12
规模以上工业企业建立研发机构的比例(%)	4.85	2	6	5	6
当年新增省级及以上研发平台/创新载体(个)	3.13	13	13	8	8
科技意识	3.63	10	12	8	9
人均科普经费投入(元)	3.86	6	11	5	2
每十万人科普专职人员(人)	3.35	11	10	8	9
创新投入	3.19	22	22	9	9
人力投入	3.21	18	25	6	10
规模以上工业企业中万人R&D人员全时当量(人·年)	2.58	27	27	13	16
规模以上工业企业R&D人员占从业人员比重(%)	3.83	6	14	3	6
财力投入	3.18	23	13	14	9
规模以上工业企业R&D经费支出	3.01	25	18	15	10
规模以上工业企业R&D经费支出占营业收入比重(%)	3.32	14	6	12	7
创新成效	3.47	11	10	11	11
技术创新	3.25	13	13	13	9
万人有效发明专利拥有量增量(件)	2.88	27	3	17	1
每万家企业法人高新技术企业数(家)	3.24	14	19	12	13
每万家企业法人科技型中小企业数(家)	3.68	6	13	11	10
产业化水平	3.69	14	12	9	12

续表

指标名称	得分/分	全省二类县（市、区）排名		本市排名	
	2022 年	2022 年	2021 年	2022 年	2021 年
规模以上工业企业新产品销售收入占营业收入比重（%）	3.29	16	17	14	8
高新技术产业增加值占规模以上工业增加值比重（%）	3.86	9	9	9	10
技术合同成交额	4.25	5	10	2	13
农业产业化省级以上龙头企业数（个）	2.90	28	30	9	12
经济社会发展	3.10	27	30	14	18
经济增长	3.39	22	28	13	18
GDP 较上一年增长（%）	3.83	14	28	11	18
本级地方财政科技支出占公共财政支出比重（%）	2.94	26	26	16	15
社会生活	2.67	27	27	13	13
居民人均可支配收入（元）	2.59	26	27	10	10
万人社会消费品零售额（万元）	2.77	27	27	15	15

创新环境在全省二类县（市、区）排名第 8 位，较上一年上升了 9 位，排在赣州市第 10 位，较上一年上升了 3 位。具体来看，规模以上工业企业建立研发机构的比例从 2021 年的 47.22% 上升至 2022 年的 55.00%，在全省二类县（市、区）排名上升 4 位；人均科普经费投入从 2021 年的 1.04 元上升至 2022 年的 1.24 元，在全省二类县（市、区）排名上升 5 位。

创新投入在全省二类县（市、区）排名第 22 位，排在赣州市第 9 位，均与上一年位次相同。具体来看，规模以上工业企业 R&D 人员占从业人员比重从 2021 年的 6.34% 上升至 2022 年的 7.49%，在全省二类县（市、区）排名上升 8 位；规模以上工业企业 R&D 经费支出 16 594.80 万元、较上一年下降 7.23%，在全省二类县（市、区）排名第 25 位。

创新成效在全省二类县（市、区）排名第 11 位，较上一年下降了 1 位，排在赣州市第 11 位，与上一年持平。具体来看，万人有效发明专利拥有量增量从 2021 年的 1.95 件下降至 2022 年的 0.11 件，在全省二类县（市、区）排名下降了 24 位；农业产业化省级以上龙头企业数 6 个，在全省二类县（市、区）排第 28 位。

经济社会发展排在全省二类县（市、区）第27位，较上一年上升了3位，排在赣州市第 14 位，较上一年上升了 4 位。具体来看，GDP 增幅从 2021 年的 8.10% 下降至 2022 年的 5.20%，但在全省二类县（市、区）排名却上升了 14 位。

综上所述，会昌县规模以上工业企业建立研发机构的比例、人均科普经费投入、规模以上工业企业 R&D 人员占从业人员比重、每万家企业法人科技型中小企业数、技术合同成交额排名相对靠前，但规模以上企业数、规模以上工业企业中万人 R&D 人员全时当量、规模以上工业企业 R&D 经费支出、农业产业化省级以上龙头企业数等排名靠后。建议该县夯实创新基础，鼓励企业做大做强，进一步加大科技创新投入，坚持人才引进与培育并举、持续激发人才创新活力，助推区域经济高质量发展。

十七、寻乌县

寻乌县，位于江西省东南端，赣州市下辖县。2022 年，寻乌县科技创新能力在全省三类县（市、区）排名第 2 位，与上一年位次相同，排在赣州市第 2 位，较上一年下降了 1 位（表 3-53）。

表 3-53　寻乌县（三类）科技创新能力评价指标得分与位次

指标名称	得分/分	全省三类县（市、区）排名		本市排名	
	2022 年	2022 年	2021 年	2022 年	2021 年
科技创新能力	77.65	2	2	2	1
创新环境	3.62	11	9	8	6
创新基础	3.74	3	3	7	5
规模以上企业数（家）	2.63	22	27	11	16
规模以上工业企业建立研发机构的比例（%）	5.52	2	1	1	2
当年新增省级及以上研发平台/创新载体（个）	2.96	16	21	12	11
科技意识	3.44	19	25	10	14
人均科普经费投入（元）	3.71	16	15	9	3

续表

指标名称	得分/分	全省三类县（市、区）排名		本市排名	
	2022年	2022年	2021年	2022年	2021年
每十万人科普专职人员（人）	3.10	19	20	13	14
创新投入	4.66	1	1	1	1
人力投入	5.53	1	1	1	1
规模以上工业企业中万人 R&D 人员全时当量（人·年）	3.06	18	20	5	6
规模以上工业企业 R&D 人员占从业人员比重（%）	8.00	1	1	1	1
财力投入	3.95	5	4	3	5
规模以上工业企业 R&D 经费支出	3.96	3	10	4	9
规模以上工业企业 R&D 经费支出占营业收入比重（%）	3.94	4	3	2	4
创新成效	3.44	15	20	13	10
技术创新	3.41	14	19	9	12
万人有效发明专利拥有量增量（件）	3.25	11	28	6	14
每万家企业法人高新技术企业数（家）	3.35	17	16	10	11
每万家企业法人科技型中小企业数（家）	3.67	16	17	12	8
产业化水平	3.47	14	13	13	7
规模以上工业企业新产品销售收入占营业收入比重（%）	4.30	9	16	7	6
高新技术产业增加值占规模以上工业增加值比重（%）	2.90	27	22	16	13
技术合同成交额	3.57	11	4	8	2
农业产业化省级以上龙头企业数（个）	3.03	17	15	8	8
经济社会发展	3.22	20	18	11	9
经济增长	3.63	16	11	11	8
GDP 较上一年增长（%）	4.12	9	12	7	7
本级地方财政科技支出占公共财政支出比重（%）	3.14	17	9	11	5
社会生活	2.62	29	29	15	15
居民人均可支配收入（元）	2.52	23	24	13	13
万人社会消费品零售额（万元）	2.74	29	30	17	17

创新环境在全省三类县（市、区）排名第 11 位，排在赣州市第 8 位，均较上一年下降了 2 位。具体来看，规模以上工业企业建立研发机构的比例从

2021 年的 75.76% 下降至 2022 年的 65.17%，在全省三类县（市、区）排名下降 1 位；人均科普经费投入从 2021 年的 1.00 元上升至 2022 年的 1.18 元，但在全省三类县（市、区）排名却下降了 1 位。

创新投入在全省三类县（市、区）排名第 1 位，排在赣州市第 1 位，均与上一年位次相同。具体来看，规模以上工业企业 R&D 人员占从业人员比重为 19.63%，在全省三类县（市、区）排首位；规模以上工业企业 R&D 经费支出 25 583.70 万元、较上一年增长 42.06%，在全省三类县（市、区）排第 3 位。

创新成效在全省三类县（市、区）排名第 15 位，较上一年上升了 5 位，排在赣州市第 13 位，较上一年下降了 3 位。具体来看，万人有效发明专利拥有量增量从 2021 年的 0.27 件上升至 2022 年的 0.96 件，在全省三类县（市、区）排名较上一年上升了 17 位；规模以上工业企业新产品销售收入占营业收入比重从 2021 年的 23.68% 上升至 2022 年的 33.17%，在全省三类县（市、区）排名较上一年上升 7 位。

经济社会发展排在全省三类县（市、区）第 20 位，排在赣州市第 11 位，均较上一年下降了 2 位。具体来看，本级地方财政科技支出占公共财政支出比重从 2021 年的 2.72% 下降至 2022 年的 2.50%，在全省三类县（市、区）排名较上一年下降了 8 位。

综上所述，寻乌县规模以上工业企业建立研发机构的比例、规模以上工业企业 R&D 人员占从业人员比重、规模以上工业企业 R&D 经费支出、规模以上工业企业 R&D 经费支出占营业收入比重等指标排名靠前。但规模以上企业数、高新技术产业增加值占规模以上工业增加值比重、万人社会消费品零售额等排名相对靠后。建议该县夯实创新基础，鼓励企业做大做强，提高科技成果转化和产业化水平，助推经济高质量发展。

十八、石城县

石城县，位于江西省东南端，赣州市下辖县。2022 年，石城县科技创新能力在全省三类县（市、区）排名第 28 位，较上一年下降了 9 位，排在赣州市第 15 位，较上一年下降了 5 位（表 3-54）。

表 3-54　石城县（三类）科技创新能力评价指标得分与位次

指标名称	得分/分	全省三类县（市、区）排名		本市排名	
	2022 年	2022 年	2021 年	2022 年	2021 年
科技创新能力	63.42	28	19	15	10
创新环境	3.43	17	10	13	7
创新基础	3.47	11	15	13	11
规模以上企业数（家）	2.50	27	25	16	15
规模以上工业企业建立研发机构的比例（%）	4.72	7	5	7	4
当年新增省级及以上研发平台/创新载体（个）	3.13	11	21	8	11
科技意识	3.38	22	8	14	2
人均科普经费投入（元）	3.68	18	15	11	3
每十万人科普专职人员（人）	3.01	24	7	16	2
创新投入	2.90	30	18	14	11
人力投入	2.46	31	25	14	11
规模以上工业企业中万人 R&D 人员全时当量（人·年）	2.50	32	30	16	15
规模以上工业企业 R&D 人员占从业人员比重（%）	2.42	31	17	14	9
财力投入	3.25	23	14	13	11
规模以上工业企业 R&D 经费支出	3.14	26	15	14	11
规模以上工业企业 R&D 经费支出占营业收入比重（%）	3.35	18	9	11	9
创新成效	3.40	17	19	14	9
技术创新	3.38	16	17	10	10
万人有效发明专利拥有量增量（件）	2.89	25	30	15	17
每万家企业法人高新技术企业数（家）	3.44	13	13	9	10
每万家企业法人科技型中小企业数（家）	3.89	9	15	6	7
产业化水平	3.41	16	14	14	8
规模以上工业企业新产品销售收入占营业收入比重（%）	2.95	26	19	16	9
高新技术产业增加值占规模以上工业增加值比重（%）	3.86	13	13	8	6
技术合同成交额	3.87	7	5	4	4
农业产业化省级以上龙头企业数（个）	2.37	32	31	18	18

续表

指标名称	得分/分	全省三类县（市、区）排名		本市排名	
	2022 年	2022 年	2021 年	2022 年	2021 年
经济社会发展	2.82	28	25	18	12
经济增长	3.02	27	19	18	10
GDP 较上一年增长（%）	3.13	26	15	18	9
本级地方财政科技支出占公共财政支出比重（%）	2.92	24	22	17	16
社会生活	2.51	32	32	18	18
居民人均可支配收入（元）	2.27	32	32	18	18
万人社会消费品零售额（万元）	2.80	27	28	13	13

创新环境在全省三类县（市、区）排名第 17 位，较上一年下降了 7 位，排在赣州市第 13 位，较上一年下降了 6 位。具体来看，人均科普经费投入从 2021 年的 1.00 元上升至 2022 年的 1.17 元，但在全省三类县（市、区）排名却下降了 3 位；每十万人科普专职人员数从 2021 年的 44.49 人下降至 2022 年的 8.47 人，在全省三类县（市、区）排名下降 17 位。

创新投入在全省三类县（市、区）排名第 30 位，较上一年下降了 12 位，排在赣州市第 14 位，较上一年下降了 3 位。具体来看，规模以上工业企业 R&D 人员占从业人员比重从 2021 年的 5.84% 下降至 2022 年的 3.39%，在全省三类县（市、区）排名下降 14 位；规模以上工业企业 R&D 经费支出 10 720.90 万元、较上一年增长 11.32%，但在全省三类县（市、区）排名却下降了 11 位。

创新成效在全省三类县（市、区）排名第 17 位，较上一年上升了 2 位，排在赣州市第 14 位，较上一年下降了 5 位。具体来看，每万家企业法人科技型中小企业数从 2021 年的 91 家上升至 2022 年的 136.87 家，在全省三类县（市、区）排名较上一年上升 6 位；万人有效发明专利拥有量增量从 2021 年的 0.12 件上升至 2022 年的 0.14 件，在全省三类县（市、区）排名上升 5 位。

经济社会发展排在全省三类县（市、区）第 28 位，较上一年下降了 3 位，排在赣州市第 18 位，较上一年下降了 6 位。具体来看，GDP 增幅从 2021 年的 8.90% 下降至 2022 年的 4.70%，在全省三类县（市、区）排名下降 11 位。

综上所述，石城县规模以上工业企业建立研发机构的比例、每万家企业法人科技型中小企业数、技术合同成交额在全省三类县（市、区）排名靠前，但规模以上工业企业中万人 R&D 人员全时当量、规模以上工业企业 R&D 人员占从业人员比重、规模以上工业企业新产品销售收入占营业收入比重、农业产业化省级以上龙头企业数等排名靠后。建议该县加大科技创新投入，夯实创新基础，优化创新环境，鼓励企业更大力度参与科技创新，不断塑造发展新动能新优势。

第八节　宜　春　市

一、袁州区

袁州区，位于江西省西部，宜春市市辖区。2022 年，袁州区科技创新能力在全省一类县（市、区）排名第 16 位，较上一年下降了 6 位，排在宜春市第 2 位，较上一年下降了 1 位（表 3-55）。

表 3-55　袁州区（一类）科技创新能力评价指标得分与位次

指标名称	得分/分	全省一类县（市、区）排名		本市排名	
	2022 年	2022 年	2021 年	2022 年	2021 年
科技创新能力	75.61	16	10	2	1
创新环境	4.02	8	13	1	3
创新基础	4.61	5	8	1	3
规模以上企业数（家）	5.82	6	6	1	1
规模以上工业企业建立研发机构的比例（%）	3.17	14	11	8	8
当年新增省级及以上研发平台/创新载体（个）	4.88	6	21	1	3
科技意识	3.12	26	24	3	3

续表

指标名称	得分/分	全省一类县（市、区）排名		本市排名	
	2022年	2022年	2021年	2022年	2021年
人均科普经费投入（元）	3.25	23	22	2	3
每十万人科普专职人员（人）	2.96	25	20	8	5
创新投入	3.68	15	12	5	3
人力投入	3.48	21	21	7	9
规模以上工业企业中万人R&D人员全时当量（人·年）	3.36	23	26	9	10
规模以上工业企业R&D人员占从业人员比重（%）	3.59	19	19	6	7
财力投入	3.84	10	4	1	1
规模以上工业企业R&D经费支出	4.11	8	7	1	2
规模以上工业企业R&D经费支出占营业收入比重（%）	3.62	6	4	2	1
创新成效	3.70	16	14	2	1
技术创新	3.46	22	17	2	3
万人有效发明专利拥有量增量（件）	3.32	20	24	2	8
每万家企业法人高新技术企业数（家）	3.43	16	14	1	1
每万家企业法人科技型中小企业数（家）	3.67	13	11	2	3
产业化水平	3.93	9	8	2	2
规模以上工业企业新产品销售收入占营业收入比重（%）	3.99	10	7	4	2
高新技术产业增加值占规模以上工业增加值比重（%）	4.39	5	5	3	1
技术合同成交额	3.21	23	24	7	7
农业产业化省级以上龙头企业数（个）	4.35	10	10	3	3
经济社会发展	3.97	8	17	6	4
经济增长	4.10	7	14	7	5
GDP较上一年增长（%）	4.40	4	10	2	2
本级地方财政科技支出占公共财政支出比重（%）	3.81	12	14	7	6
社会生活	3.77	20	19	1	1
居民人均可支配收入（元）	3.82	22	22	1	1
万人社会消费品零售额（万元）	3.71	18	17	1	1

创新环境在全省一类县（市、区）排名第 8 位，较上一年上升了 5 位，排在宜春市第 1 位，较上一年上升了 2 位。具体来看，当年新增省级及以上研发平台 / 创新载体从 2021 年的 4 个上升至 2022 年的 12 个，在全省一类县（市、区）排名上升 15 位；规模以上企业数从 2021 年的 512 家上升至 2022 年的 591 家，在全省一类县（市、区）排第 6 位。

创新投入在全省一类县（市、区）排名第 15 位，较上一年下降了 3 位，排在宜春市第 5 位，较上一年下降了 2 位。具体来看，规模以上工业企业 R&D 经费支出 121 809.50 万元、较上一年增长 53.90%，但在全省一类县（市、区）排名却下降了 1 位；规模以上工业企业 R&D 经费支出占营业收入比重从 2021 年的 1.83% 下降至 2022 年的 1.73%，在全省一类县（市、区）排名下降 2 位。

创新成效在全省一类县（市、区）排名第 16 位，较上一年下降了 2 位，排在宜春市第 2 位，较上一年下降了 1 位。具体来看，每万家企业法人科技型中小企业数和每万家企业法人高新技术企业数在全省一类县（市、区）排名均较上一年下降了 2 位；规模以上工业企业新产品销售收入占营业收入比重从 2021 年的 32.36% 下降至 2022 年的 29.29%，在全省一类县（市、区）排名下降 3 位。

经济社会发展排在全省一类县（市、区）第 8 位，较上一年上升了 9 位，排在宜春市第 6 位，较上一年下降了 2 位。具体来看，GDP 增幅从 2021 年的 9.20% 下降至 2022 年的 5.60%，但在全省一类县（市、区）排名却上升了 6 位。

综上所述，袁州区规模以上工业企业 R&D 经费支出占营业收入比重、规模以上企业数、GDP 较上一年增长、高新技术产业增加值占规模以上工业增加值比重在全省一类县（市、区）排名靠前，但人均科普经费投入、每十万人科普专职人员、规模以上工业企业中万人 R&D 人员全时当量、技术合同成交额等排名相对靠后。建议该区加大科普经费投入，积极营造创新氛围，坚持人才培养与引进并举、持续激发人才创新活力，提高科技成果转化和产业化水平，不断塑造发展新动能新优势。

二、樟树市

樟树市，位于江西省中部，宜春市下辖县级市。2022年，樟树市科技创新能力在全省一类县（市、区）排名第21位，较上一年下降了10位，排在宜春市第5位，较上一年下降了3位（表3-56）。

表 3-56　樟树市（一类）科技创新能力评价指标得分与位次

指标名称	得分/分	全省一类县（市、区）排名		本市排名	
	2022年	2022年	2021年	2022年	2021年
科技创新能力	71.82	21	11	5	2
创新环境	3.84	14	18	3	4
创新基础	4.24	10	5	3	1
规模以上企业数（家）	4.98	8	7	2	2
规模以上工业企业建立研发机构的比例（%）	2.96	17	4	10	3
当年新增省级及以上研发平台/创新载体（个）	4.88	6	8	1	1
科技意识	3.23	23	34	1	9
人均科普经费投入（元）	3.33	20	35	1	9
每十万人科普专职人员（人）	3.10	19	16	4	4
创新投入	3.02	29	11	9	1
人力投入	3.30	24	8	8	1
规模以上工业企业中万人R&D人员全时当量（人·年）	3.49	22	6	6	1
规模以上工业企业R&D人员占从业人员比重（%）	3.11	25	10	8	3
财力投入	2.79	33	15	10	6
规模以上工业企业R&D经费支出	2.28	33	15	10	6
规模以上工业企业R&D经费支出占营业收入比重（%）	3.21	24	8	8	5
创新成效	3.87	12	16	1	3
技术创新	3.85	13	13	1	2
万人有效发明专利拥有量增量（件）	4.86	8	9	1	1
每万家企业法人高新技术企业数（家）	3.34	20	17	5	3
每万家企业法人科技型中小企业数（家）	3.28	16	15	5	5
产业化水平	3.90	12	15	3	4

续表

指标名称	得分/分	全省一类县（市、区）排名		本市排名	
	2022 年	2022 年	2021 年	2022 年	2021 年
规模以上工业企业新产品销售收入占营业收入比重（%）	3.23	18	13	7	5
高新技术产业增加值占规模以上工业增加值比重（%）	3.69	16	13	7	3
技术合同成交额	4.16	10	17	2	3
农业产业化省级以上龙头企业数（个）	4.88	6	7	1	1
经济社会发展	4.11	5	15	3	3
经济增长	4.43	1	9	5	3
GDP 较上一年增长（%）	3.83	11	14	5	4
本级地方财政科技支出占公共财政支出比重（%）	5.02	3	5	4	4
社会生活	3.63	22	22	2	2
居民人均可支配收入（元）	3.66	24	24	2	3
万人社会消费品零售额（万元）	3.59	20	19	2	2

创新环境在全省一类县（市、区）排名第 14 位，较上一年上升了 4 位，排在宜春市第 3 位，较上一年上升了 1 位。具体来看，当年新增省级及以上研发平台 / 创新载体从 2021 年的 6 个上升至 2022 年的 8 个，其中新增 2 个国家级研发平台和创新载体，在全省一类县（市、区）排名上升了 2 位；人均科普经费投入从 2021 年的 0.35 元上升至 2022 年的 1.03 元，在全省一类县（市、区）排名上升 15 位。

创新投入在全省一类县（市、区）排名第 29 位，较上一年下降了 18 位，排在宜春市第 9 位，较上一年下降了 8 位。具体来看，规模以上工业企业 R&D 人员占从业人员比重从 2021 年的 8.24% 下降至 2022 年的 5.41%，在全省一类县（市、区）排名较上一年下降了 15 位；规模以上工业企业 R&D 经费支出占营业收入比重从 2021 年的 1.18% 下降至 2022 年的 0.85%，在全省一类县（市、区）排名较上一年下降了 16 位。

创新成效在全省一类县（市、区）排名第 12 位，较上一年上升了 4 位，排在宜春市第 1 位，较上一年上升了 2 位。具体来看，万人有效发明专利拥有量增量从 2021 年的 1.94 件上升至 2022 年的 4.61 件，在全省一类县（市、区）排名上升1位；技术合同成交额从2021年的53 476.35万元上升至2022年的126 446.60万元，在全省一类县（市、区）排名上升7位。

经济社会发展排在全省一类县（市、区）第5位，较上一年上升了10位，排在宜春市第3位，与上一年位次相同。具体来看，本级地方财政科技支出占公共财政支出比重从2021年的4.23%上升至2022年的5.55%，在全省一类县（市、区）排名较上一年上升2位。

综上所述，樟树市当年新增省级及以上研发平台/创新载体、规模以上企业数、农业产业化省级以上龙头企业数、本级地方财政科技支出占公共财政支出比重等在全省一类县（市、区）排名靠前，但规模以上工业企业 R&D 经费支出、每万家企业法人高新技术企业数、规模以上工业企业 R&D 人员占从业人员比重等排名落后。建议该市引导企业加大研发投入、鼓励企业更大力度参与科技创新，完善高新技术企业和科技型中小企业成长加速机制，打通从科技强到企业强、产业强、经济强的通道。

三、丰城市

丰城市，位于江西省中部，省试点直管市。2022年，丰城市科技创新能力在全省一类县（市、区）排名第23位，较上一年下降了6位，排在宜春市第7位，较上一年下降了3位（表3-57）。

表3-57　丰城市（一类）科技创新能力评价指标得分与位次

指标名称	得分/分	全省一类县（市、区）排名		本市排名	
	2022年	2022年	2021年	2022年	2021年
科技创新能力	68.81	23	17	7	4
创新环境	3.12	29	4	7	1
创新基础	4.02	13	17	4	4
规模以上企业数（家）	4.74	11	13	4	4
规模以上工业企业建立研发机构的比例（%）	3.91	6	9	4	7
当年新增省级及以上研发平台/创新载体（个）	3.31	22	29	4	7
科技意识	1.76	35	2	10	1

续表

指标名称	得分/分	全省一类县（市、区）排名		本市排名	
	2022年	2022年	2021年	2022年	2021年
人均科普经费投入（元）	0.96	35	2	10	1
每十万人科普专职人员（人）	2.75	35	34	10	10
创新投入	3.66	16	18	6	9
人力投入	3.95	11	15	5	5
规模以上工业企业中万人R&D人员全时当量（人·年）	3.58	17	21	5	9
规模以上工业企业R&D人员占从业人员比重（%）	4.32	7	9	1	2
财力投入	3.42	20	26	6	9
规模以上工业企业R&D经费支出	3.52	20	26	6	9
规模以上工业企业R&D经费支出占营业收入比重（%）	3.35	15	26	7	9
创新成效	3.37	23	19	8	6
技术创新	3.28	25	23	5	6
万人有效发明专利拥有量增量（件）	3.23	25	23	4	5
每万家企业法人高新技术企业数（家）	3.39	17	19	3	4
每万家企业法人科技型中小企业数（家）	3.21	18	21	7	7
产业化水平	3.47	20	17	8	5
规模以上工业企业新产品销售收入占营业收入比重（%）	3.07	23	15	9	7
高新技术产业增加值占规模以上工业增加值比重（%）	2.98	25	24	10	10
技术合同成交额	3.91	13	13	3	1
农业产业化省级以上龙头企业数（个）	4.22	12	11	4	4
经济社会发展	3.55	27	35	8	9
经济增长	3.79	14	25	8	8
GDP较上一年增长（%）	3.83	11	21	5	6
本级地方财政科技支出占公共财政支出比重（%）	3.75	13	21	8	8
社会生活	3.20	31	31	7	7
居民人均可支配收入（元）	3.49	30	30	6	6
万人社会消费品零售额（万元）	2.84	34	34	10	10

创新环境在全省一类县（市、区）排名第29位，较上一年下降了25位，

排在宜春市第 7 位，较上一年下降了 6 位。具体来看，人均科普经费投入从 2021 年的 2.90 元下降至 2022 年的 0.10 元，在全省一类县（市、区）排名较上一年下降 33 位；每十万人科普专职人员数从 2021 年的 1.05 人上升至 2022 年的 1.14 人，但在全省一类县（市、区）排名却下降了 1 位。

创新投入在全省一类县（市、区）排名第 16 位，较上一年上升了 2 位，排在宜春市第 6 位，较上一年上升了 3 位。具体来看，规模以上工业企业 R&D 经费支出 99 250.10 万元、较上一年增长 25.57%，在全省一类县（市、区）排名上升 6 位；规模以上工业企业 R&D 经费支出占营业收入比重从 2021 年的 0.78% 上升至 2022 年的 0.87%，在全省一类县（市、区）排名上升 11 位。

创新成效在全省一类县（市、区）排名第 23 位，较上一年下降了 4 位，排在宜春市第 8 位，较上一年下降了 2 位。具体来看，万人有效发明专利拥有量增量从 2021 年的 0.61 件上升至 2022 年的 0.91 件，但在全省一类县（市、区）排名却下降了 2 位；规模以上工业企业新产品销售收入占营业收入比重从 2021 年的 20.73% 下降至 2022 年的 18.11%，在全省一类县（市、区）排名下降 8 位。

经济社会发展排在全省一类县（市、区）第 27 位，较上一年上升了 8 位，排在宜春市第 8 位，较上一年上升了 1 位。具体来看，GDP 增幅从 2021 年的 8.70% 下降至 2022 年的 5.20%，但在全省一类县（市、区）排名却上升了 10 位；本级地方财政科技支出占公共财政支出比重从 2021 年的 2.28% 上升至 2022 年的 3.49%，在全省一类县（市、区）排名较上一年上升 8 位。

综上所述，丰城市人规模以上工业企业建立研发机构的比例、规模以上工业企业 R&D 人员占从业人员比重在全省一类县（市、区）排名靠前，但人均科普经费投入、每十万人科普专职人员、万人社会消费品零售额、万人有效发明专利拥有量增量、高新技术产业增加值占规模以上工业增加值比重等排名落后。建议该市加大科普经费投入，积极营造创新氛围，提高科技成果转化和产业化水平，不断塑造发展新动能新优势。

四、靖安县

靖安县，位于江西省西北部、宜春市北部，宜春市下辖县。2022年，靖安县科技创新能力在全省三类县（市、区）排名第7位，较上一年上升了14位，排在宜春市第4位，较上一年上升了4位（表3-58）。

表 3-58 靖安县（三类）科技创新能力评价指标得分与位次

指标名称	得分/分	全省三类县（市、区）排名		本市排名	
	2022年	2022年	2021年	2022年	2021年
科技创新能力	72.01	7	21	4	8
创新环境	3.16	29	32	6	10
创新基础	3.34	18	27	8	10
规模以上企业数（家）	2.69	18	18	9	9
规模以上工业企业建立研发机构的比例（%）	4.48	10	25	3	10
当年新增省级及以上研发平台/创新载体（个）	2.78	28	21	8	8
科技意识	2.87	30	31	6	6
人均科普经费投入（元）	2.69	30	31	6	6
每十万人科普专职人员（人）	3.09	20	21	5	7
创新投入	3.75	6	16	4	10
人力投入	4.19	3	16	3	7
规模以上工业企业中万人 R&D 人员全时当量（人·年）	4.16	4	11	4	7
规模以上工业企业 R&D 人员占从业人员比重（%）	4.22	5	15	3	6
财力投入	3.38	16	22	7	10
规模以上工业企业 R&D 经费支出	3.31	17	23	7	10
规模以上工业企业 R&D 经费支出占营业收入比重（%）	3.44	13	22	5	10
创新成效	3.55	12	16	4	5
技术创新	3.43	11	7	3	1
万人有效发明专利拥有量增量（件）	3.05	18	13	8	4
每万家企业法人高新技术企业数（家）	3.38	15	18	4	5
每万家企业法人科技型中小企业数（家）	3.95	8	2	1	1
产业化水平	3.66	10	19	7	7

指标名称	得分/分	全省三类县（市、区）排名		本市排名	
	2022年	2022年	2021年	2022年	2021年
规模以上工业企业新产品销售收入占营业收入比重（%）	4.32	8	14	3	4
高新技术产业增加值占规模以上工业增加值比重（%）	4.10	8	21	4	5
技术合同成交额	2.94	22	16	9	5
农业产业化省级以上龙头企业数（个）	3.16	13	15	8	8
经济社会发展	4.16	1	1	2	1
经济增长	4.83	1	2	1	1
GDP较上一年增长（%）	3.69	16	6	9	1
本级地方财政科技支出占公共财政支出比重（%）	5.96	1	1	1	2
社会生活	3.16	9	10	8	8
居民人均可支配收入（元）	3.15	10	10	8	8
万人社会消费品零售额（万元）	3.18	12	14	5	5

创新环境在全省三类县（市、区）排名第29位，较上一年上升了3位，排在宜春市第6位，较上一年上升了4位。具体来看，规模以上工业企业建立研发机构的比例从2021年的27.54%上升至2022年的49.33%，在全省三类县（市、区）排名较上一年上升15位；每十万人科普专职人员数从2021年的8.35人上升至2022年的10.84人，在全省三类县（市、区）排名较上一年上升1位。

创新投入在全省三类县（市、区）排名第6位，较上一年上升了10位，排在宜春市第4位，较上一年上升了6位。具体来看，规模以上工业企业R&D人员占从业人员比重从2021年的6.13%上升至2022年的8.65%，在全省三类县（市、区）排名较上一年上升10位；规模以上工业企业R&D经费支出占营业收入比重从2021年的1.06%上升至2022年的1.12%，在全省三类县（市、区）排名较上一年上升9位。

创新成效在全省三类县（市、区）排名第12位，较上一年上升了4位，排在宜春市第4位，较上一年上升了1位。具体来看，规模以上工业企业新产品销售收入占营业收入比重从 2021 年的 24.30% 上升至 2022 年的 33.34%，在全省三类县（市、区）排名较上一年上升 6 位；高新技术产业增加值占规模以上工业增加值比重从 2021 年的 32.21% 上升至 2022 年的 43.88%，在全省三类县（市、区）排名较上一年上升 13 位。

经济社会发展排在全省三类县（市、区）第 1 位，与上一年位次相同，排在宜春市第 2 位，较上一年下降了 1 位。具体来看，本级地方财政科技支出占公共财政支出比重从 2021 年的 6.73% 上升至 2022 年的 7.09%，该项指标连续两年在全省三类县（市、区）排首位。

综上所述，靖安县本级地方财政科技支出占公共财政支出比重、规模以上工业企业 R&D 人员占从业人员比重、规模以上工业企业中万人 R&D 人员全时当量排名靠前。但人均科普经费投入、当年新增省级及以上研发平台 / 创新载体、技术合同成交额等排名相对靠后。建议该县优化创新环境，夯实创新基础，加大科普经费投入，提高科技成果转化和产业化水平，打通从科技强到企业强、产业强、经济强的通道。

五、奉新县

奉新县，位于江西省西北部，宜春市下辖县。2022 年，奉新县科技创新能力在全省二类县（市、区）排名第 5 位，与上一年位次相同，排在宜春市第 3 位，较上一年上升了 2 位（表 3-59）。

表 3-59　奉新县（二类）科技创新能力评价指标得分与位次

指标名称	得分 /分	全省二类县（市、区）排名		本市排名	
	2022 年	2022 年	2021 年	2022 年	2021 年
科技创新能力	72.51	5	5	3	5
创新环境	2.97	32	30	9	8
创新基础	3.22	23	20	9	9
规模以上企业数（家）	3.49	11	11	7	7
规模以上工业企业建立研发机构的比例（%）	3.33	21	25	6	9
当年新增省级及以上研发平台 / 创新载体（个）	2.78	25	13	8	7

续表

指标名称	得分/分	全省二类县（市、区）排名		本市排名	
	2022 年	2022 年	2021 年	2022 年	2021 年
科技意识	2.59	29	31	7	5
人均科普经费投入（元）	2.23	29	30	7	5
每十万人科普专职人员（人）	3.03	24	24	6	6
创新投入	4.05	3	3	2	4
人力投入	4.55	3	2	2	3
规模以上工业企业中万人 R&D 人员全时当量（人·年）	5.12	1	2	1	2
规模以上工业企业 R&D 人员占从业人员比重（%）	3.97	4	9	4	5
财力投入	3.65	5	18	4	8
规模以上工业企业 R&D 经费支出	3.98	4	7	3	4
规模以上工业企业 R&D 经费支出占营业收入比重（%）	3.37	12	25	6	8
创新成效	3.38	16	11	7	7
技术创新	3.34	10	14	4	4
万人有效发明专利拥有量增量（件）	3.11	15	10	7	3
每万家企业法人高新技术企业数（家）	3.40	9	9	2	2
每万家企业法人科技型中小企业数（家）	3.52	8	17	3	8
产业化水平	3.43	18	14	9	9
规模以上工业企业新产品销售收入占营业收入比重（%）	2.92	23	19	10	9
高新技术产业增加值占规模以上工业增加值比重（%）	4.00	7	4	5	2
技术合同成交额	3.24	20	26	6	10
农业产业化省级以上龙头企业数（个）	3.56	8	7	5	5
经济社会发展	4.29	2	2	1	2
经济增长	4.80	2	2	2	2
GDP 较上一年增长（%）	4.26	4	16	3	5
本级地方财政科技支出占公共财政支出比重（%）	5.34	3	2	2	1
社会生活	3.53	7	7	3	3
居民人均可支配收入（元）	3.61	7	8	4	4
万人社会消费品零售额（万元）	3.44	7	7	3	3

创新环境在全省二类县（市、区）排名第 32 位，较上一年下降了 2 位，排在宜春市第 9 位，较上一年下降了 1 位。具体来看，当年新增省级及以上研发平台 / 创新载体从 2021 年的 1 个下降至 2022 年的 0 个，在全省二类县（市、区）排名较上一年下降 12 位；人均科普经费投入从 2021 年的 0.85 元下降至 2022 年的 0.60 元，但在全省二类县（市、区）排名却上升了 1 位。

创新投入在全省二类县（市、区）排名第 3 位，与上一年位次相同，排在宜春市第 2 位，较上一年上升了 2 位。具体来看，规模以上工业企业中万人 R&D 人员全时当量在全省二类县（市、区）排首位；规模以上工业企业 R&D 人员占从业人员比重为 7.90%，在全省二类县（市、区）排第 4 位。

创新成效在全省二类县（市、区）排名第 16 位，较上一年下降了 5 位，排在宜春市第 7 位，与上一年位次相同。具体来看，规模以上工业企业新产品销售收入占营业收入比重从 2021 年的 17.52% 下降至 2022 年的 16.26%，在全省二类县（市、区）排名较上一年下降 4 位；万人有效发明专利拥有量增量从 2021 年的 1 件下降至 2022 年的 0.63 件，在全省二类县（市、区）排名较上一年下降了 5 位。

经济社会发展排在全省二类县（市、区）第 2 位，与上一年位次相同，排在宜春市第 1 位，较上一年上升了 1 位。具体来看，GDP 较上一年增长 5.50%，在全省二类县（市、区）排第 4 位；本级地方财政科技支出占公共财政支出比重为 6.08%，在全省二类县（市、区）排第 3 位。

综上所述，奉新县规模以上工业企业中万人 R&D 人员全时当量、本级地方财政科技支出占公共财政支出比重、规模以上工业企业 R&D 人员占从业人员比重、规模以上工业企业 R&D 经费支出等排名在全省二类县（市、区）相对靠前。但人均科普经费投入、每十万人科普专职人员、当年新增省级及以上研发平台 / 创新载体、规模以上工业企业新产品销售收入占营业收入比、技术合同成交额等排名仍然靠后。建议该县优化创新环境，鼓励有条件的企业建立研发平台，提高科技成果转化和产业化水平，助推区域经济高质量发展。

六、高安市

高安市，位于江西省中部，宜春市代管县级市。2022年，高安市科技创新能力在全省一类县（市、区）排名第10位，较上一年上升了4位，排在宜春市第1位，较上一年上升了2位（表3-60）。

表3-60　高安市（一类）科技创新能力评价指标得分与位次

指标名称	得分/分	全省一类县（市、区）排名		本市排名	
	2022年	2022年	2021年	2022年	2021年
科技创新能力	78.53	10	14	1	3
创新环境	4.01	9	10	2	2
创新基础	4.58	6	7	2	2
规模以上企业数（家）	4.88	10	10	3	3
规模以上工业企业建立研发机构的比例（%）	4.78	1	2	1	2
当年新增省级及以上研发平台/创新载体（个）	4.01	14	15	1	2
科技意识	3.14	25	27	2	4
人均科普经费投入（元）	3.25	23	22	2	3
每十万人科普专职人员（人）	3.00	23	23	7	8
创新投入	4.16	10	13	1	6
人力投入	4.67	7	11	1	4
规模以上工业企业中万人R&D人员全时当量（人·年）	5.04	5	8	2	3
规模以上工业企业R&D人员占从业人员比重（%）	4.31	8	14	2	4
财力投入	3.74	11	16	2	7
规模以上工业企业R&D经费支出	3.82	12	22	4	7
规模以上工业企业R&D经费支出占营业收入比重（%）	3.68	4	5	1	3
创新成效	3.67	18	17	3	4
技术创新	3.18	27	21	6	5
万人有效发明专利拥有量增量（件）	3.27	23	15	3	2
每万家企业法人高新技术企业数（家）	3.20	23	22	6	6
每万家企业法人科技型中小企业数（家）	3.07	20	19	8	6
产业化水平	4.15	7	12	1	3

续表

指标名称	得分/分	全省一类县（市、区）排名		本市排名	
	2022 年	2022 年	2021 年	2022 年	2021 年
规模以上工业企业新产品销售收入占营业收入比重（%）	4.40	8	8	2	3
高新技术产业增加值占规模以上工业增加值比重（%）	3.31	21	18	9	6
技术合同成交额	4.64	5	15	1	2
农业产业化省级以上龙头企业数（个）	4.48	8	7	2	1
经济社会发展	3.85	14	27	7	6
经济增长	4.19	3	18	6	7
GDP 较上一年增长（%）	3.83	11	27	5	8
本级地方财政科技支出占公共财政支出比重（%）	4.54	4	8	5	5
社会生活	3.34	28	28	4	4
居民人均可支配收入（元）	3.51	28	29	5	5
万人社会消费品零售额（万元）	3.13	29	29	6	6

创新环境在全省一类县（市、区）排名第 9 位，较上一年上升了 1 位，排在宜春市第 2 位，与上一年位次相同。具体来看，当年新增省级及以上研发平台 / 创新载体数在全省一类县（市、区）排名较上一年上升 1 位；规模以上工业企业建立研发机构的比例从 2021 年的 51.85% 上升至 2022 年的 53.90%，在全省一类县（市、区）排首位，较上一年上升了 1 位。

创新投入在全省一类县（市、区）排名第 10 位，较上一年上升了 3 位，排在宜春市第 1 位，较上一年上升了 5 位。具体来看，规模以上工业企业 R&D 经费支出 106 105 万元、较上一年增长 41.03%，在全省一类县（市、区）排名上升 10 位；规模以上工业企业 R&D 人员占从业人员比重为 8.88%，在全省一类县（市、区）排名较上一年上升 6 位。

创新成效在全省一类县（市、区）排名第 18 位，较上一年下降了 1 位，排在宜春市第 3 位，较上一年上升了 1 位。具体来看，高新技术产业增加值占规模以上工业增加值比重从 2021 年的 30.30% 下降至 2022 年的 32.27%，在全省一类县（市、区）排名下降 3 位；万人有效发明专利拥有量增量从 2021 年的 1.08 件下降至 2022 年的 0.99 件，在全省一类县（市、区）排名下降 8 位。

经济社会发展排在全省一类县（市、区）第14位，较上一年上升了13位，排在宜春市第 7 位，较上一年下降了 1 位。具体来看，GDP 较上一年增长 5.20%，在全省一类县（市、区）排名较上一年上升 16 位；本级地方财政科技支出占公共财政支出比重从 2021 年的 3.70% 上升至 2022 年的 4.78%，在全省一类县（市、区）排名上升 4 位。

综上所述，高安市规模以上工业企业建立研发机构的比例、规模以上工业企业 R&D 经费支出占营业收入比重、规模以上工业企业中万人 R&D 人员全时当量、本级地方财政科技支出占公共财政支出比重等在全省一类县（市、区）排名靠前，但人均科普经费投入、每万家企业法人高新技术企业数、每万家企业法人科技型中小企业数、万人社会消费品零售额、居民人均可支配收入等排名相对靠后。建议该市加大科普经费投入，积极营造创新氛围，同时完善高新技术企业和科技型中小企业成长加速机制，不断塑造发展新动能新优势。

七、上高县

上高县，位于江西省西北部，宜春市下辖县。2022 年，上高县科技创新能力在全省二类县（市、区）排名第 8 位，较上一年上升了 18 位，排在宜春市第 6 位，较上一年上升了 4 位（表 3-61）。

表 3-61　上高县（二类）科技创新能力评价指标得分与位次

指标名称	得分/分	全省二类县（市、区）排名		本市排名	
	2022 年	2022 年	2021 年	2022 年	2021 年
科技创新能力	70.29	8	26	6	10
创新环境	3.35	16	29	4	7
创新基础	3.63	7	5	5	5
规模以上企业数（家）	3.84	3	5	5	5
规模以上工业企业建立研发机构的比例（%）	3.69	17	13	5	6
当年新增省级及以上研发平台/创新载体（个）	3.31	9	1	4	4

续表

指标名称	得分/分	全省二类县（市、区）排名		本市排名	
	2022 年	2022 年	2021 年	2022 年	2021 年
科技意识	2.94	28	33	5	10
人均科普经费投入（元）	2.74	27	33	5	10
每十万人科普专职人员（人）	3.18	19	16	3	3
创新投入	3.87	4	16	3	8
人力投入	4.18	4	18	4	8
规模以上工业企业中万人 R&D 人员全时当量（人·年）	4.97	2	8	3	5
规模以上工业企业 R&D 人员占从业人员比重（%）	3.38	16	29	7	10
财力投入	3.61	7	14	5	5
规模以上工业企业 R&D 经费支出	3.79	7	12	5	5
规模以上工业企业 R&D 经费支出占营业收入比重（%）	3.47	8	13	4	6
创新成效	3.10	29	26	10	9
技术创新	2.89	27	25	10	10
万人有效发明专利拥有量增量（件）	3.12	13	28	6	10
每万家企业法人高新技术企业数（家）	2.86	28	25	10	9
每万家企业法人科技型中小企业数（家）	2.66	28	21	10	10
产业化水平	3.30	23	24	10	9
规模以上工业企业新产品销售收入占营业收入比重（%）	3.21	18	15	8	8
高新技术产业增加值占规模以上工业增加值比重（%）	3.41	18	27	8	8
技术合同成交额	3.15	23	20	8	8
农业产业化省级以上龙头企业数（个）	3.56	8	9	5	6
经济社会发展	4.07	3	20	4	8
经济增长	4.56	5	23	3	9
GDP 较上一年增长（%）	3.83	14	18	5	6
本级地方财政科技支出占公共财政支出比重（%）	5.29	4	24	3	9
社会生活	3.33	11	12	5	5
居民人均可支配收入（元）	3.65	6	6	3	2
万人社会消费品零售额（万元）	2.94	16	19	8	8

创新环境在全省二类县（市、区）排名第 16 位，较上一年上升了 13 位，排在宜春市第 4 位，较上一年上升了 3 位。具体来看，当年规模以上企业数从 2021 年的 238 家上升至 2022 年的 286 家，在全省二类县（市、区）排名较上一年上升了 2 位；人均科普经费投入从 2021 年的 0.30 元上升至 2022 年的 0.80 元，在全省二类县（市、区）排首位，较上一年上升了 6 位。

创新投入在全省二类县（市、区）排名第 4 位，较上一年上升了 12 位，排在宜春市第 3 位，较上一年上升了 5 位。具体来看，规模以上工业企业 R&D 人员占从业人员比重从 2021 年的 4.08% 上升至 2022 年的 6.20%，在全省二类县（市、区）排名上升 13 位；规模以上工业企业 R&D 经费支出占营业收入比重从 2021 年的 1.11% 上升至 2022 年的 1.19%，在全省二类县（市、区）排名上升了 5 位。

创新成效在全省二类县（市、区）排名第 29 位，较上一年下降了 3 位，排在宜春市第 10 位，较上一年下降了 1 位。具体来看，每万家企业法人科技型中小企业数从 2021 年的 66.86 家下降至 2022 年的 51.51 家，在全省二类县（市、区）排名下降 7 位；技术合同成交额从 2021 年的 21 166 万元上升至 2022 年的 54 795 万元，但在全省二类县（市、区）排名却下降了 3 位。

经济社会发展排在全省二类县（市、区）第 3 位，较上一年上升了 17 位，排在宜春市第 4 位，较上一年上升了 4 位。具体来看，GDP 增幅从 2021 年的 8.70% 下降至 2022 年的 5.20%，但在全省二类县（市、区）排名却上升了 4 位；本级地方财政科技支出占公共财政支出比重从 2021 年的 2.10% 上升至 2022 年的 6.00%，在全省二类县（市、区）排名上升 20 位。

综上所述，上高县规模以上企业数、本级地方财政科技支出占公共财政支出比重、规模以上工业企业中万人 R&D 人员全时当量等排名靠前。但人均科普经费投入、每万家企业法人科技型中小企业数、每万家企业法人高新技术企业数、技术合同成交额等排名靠后。建议该县加大科普经费投入，积极营造创新氛围，完善高新技术企业和科技型中小企业成长加速机制，提高科技成果转化和产业化水平，推动产业向价值链高端攀升。

八、宜丰县

宜丰县，位于江西省西部，宜春市下辖县。2022年，宜丰县科技创新能力在全省二类县（市、区）排名第22位，较上一年下降了15位，排在宜春市第10位，较上一年下降了3位（表3-62）。

表 3-62　宜丰县（二类）科技创新能力评价指标得分与位次

指标名称	得分/分	全省二类县（市、区）排名		本市排名	
	2022年	2022年	2021年	2022年	2021年
科技创新能力	64.42	22	7	10	7
创新环境	2.83	33	5	10	5
创新基础	3.04	28	8	10	7
规模以上企业数（家）	3.30	19	21	8	8
规模以上工业企业建立研发机构的比例（%）	3.01	25	10	9	4
当年新增省级及以上研发平台/创新载体（个）	2.78	25	1	8	4
科技意识	2.52	30	9	8	2
人均科普经费投入（元）	1.59	33	12	9	2
每十万人科普专职人员（人）	3.66	7	8	1	1
创新投入	2.98	28	4	10	5
人力投入	2.81	28	13	10	6
规模以上工业企业中万人R&D人员全时当量（人·年）	3.44	13	5	7	4
规模以上工业企业R&D人员占从业人员比重（%）	2.18	32	23	10	8
财力投入	3.13	26	3	9	2
规模以上工业企业R&D经费支出	3.18	20	1	8	1
规模以上工业企业R&D经费支出占营业收入比重（%）	3.08	30	14	10	7
创新成效	3.45	12	28	5	10
技术创新	3.15	19	15	7	7
万人有效发明专利拥有量增量（件）	3.21	8	24	5	9
每万家企业法人高新技术企业数（家）	3.01	21	18	7	7
每万家企业法人科技型中小企业数（家）	3.23	19	6	6	4
产业化水平	3.75	10	30	4	10

续表

指标名称	得分/分	全省二类县（市、区）排名		本市排名	
	2022 年	2022 年	2021 年	2022 年	2021 年
规模以上工业企业新产品销售收入占营业收入比重（%）	3.71	11	28	5	10
高新技术产业增加值占规模以上工业增加值比重（%）	4.57	4	29	1	9
技术合同成交额	3.47	16	14	5	6
农业产业化省级以上龙头企业数（个）	2.77	32	30	9	9
经济社会发展	4.02	4	8	5	5
经济增长	4.54	6	6	4	4
GDP 较上一年增长（%）	4.54	1	21	1	8
本级地方财政科技支出占公共财政支出比重（%）	4.54	7	4	6	3
社会生活	3.24	13	15	6	6
居民人均可支配收入（元）	3.45	12	12	7	7
万人社会消费品零售额（万元）	2.97	15	18	7	7

创新环境在全省二类县（市、区）排名第 33 位，较上一年下降了 28 位，排在宜春市第 10 位，较上一年下降了 5 位。具体来看，当年新增省级及以上研发平台 / 创新载体数从 2021 年的 3 个下降至 2022 年的 0 个，在全省二类县（市、区）排名下降 24 位；人均科普经费投入从 2021 年的 1.03 元下降至 2022 年的 0.35 元，在全省二类县（市、区）排名下降 21 位。

创新投入在全省二类县（市、区）排名第 28 位，较上一年下降了 24 位，排在宜春市第 10 位，较上一年下降了 5 位。具体来看，规模以上工业企业 R&D 经费支出从 2021 年的 34 916.50 万元下降至 2022 年的 27 627.40 万元，在全省二类县（市、区）排名下降 19 位；规模以上工业企业 R&D 人员占从业人员比重从 2021 年的 4.83% 下降至 2022 年的 2.70%，在全省二类县（市、区）排名下降 9 位；规模以上工业企业 R&D 经费支出占营业收入比重从 2021 年的 0.87% 下降至 2022 年的 0.53%，在全省二类县（市、区）排名下降 16 位。

创新成效在全省二类县（市、区）排名第 12 位，较上一年上升了 16 位，排在宜市春第 5 位，较上一年上升了 5 位。具体来看，万人有效发明专利拥有量增量从 2021 年的 0.33 件上升至 2022 年的 0.87 件，在全省二类县（市、区）排名上升 16 位；高新技术产业增加值占规模以上工业增加值比重从 2021 年的 30.27% 上升至 2022 年的 49.09%，在全省二类县（市、区）排名上升 25 位。

经济社会发展排在全省二类县（市、区）第 4 位，较上一年上升了 4 位，排在宜春市第 5 位，与上一年位次相同。具体来看，GDP 增幅从 2021 年的 8.60% 下降至 5.70%，但在全省二类县（市、区）排名却上升了 20 位；万人社会消费品零售额从 2021 年的 17 557.37 万元上升至 2022 年的 18 546.75 万元，在全省二类县（市、区）排名上升 3 位。

综上所述，宜丰县当年 GDP 较上一年增长排名居全省二类县（市、区）首位，高新技术产业增加值占规模以上工业增加值比重、本级地方财政科技支出占公共财政支出比重、每十万人科普专职人员排名靠前。但人均科普经费投入、农业产业化省级以上龙头企业数、规模以上工业企业 R&D 人员占从业人员比重、规模以上工业企业 R&D 经费支出占营业收入比重排名靠后。建议该县优化创新环境，夯实创新基础，引导企业加大研发投入、更大力度参与科技创新，推动产业向价值链高端攀升。

九、铜鼓县

铜鼓县，位于江西省西北部，宜春市下辖县。2022 年，铜鼓县科技创新能力在全省三类县（市、区）排名第 23 位，较上一年下降了 14 位，排在宜春市第 9 位，较上一年下降了 3 位（表 3-63）。

表 3-63　铜鼓县（三类）科技创新能力评价指标得分与位次

指标名称	得分/分	全省三类县（市、区）排名		本市排名	
	2022 年	2022 年	2021 年	2022 年	2021 年
科技创新能力	65.37	23	9	9	6
创新环境	3.23	26	26	5	9
创新基础	3.35	17	8	7	8
规模以上企业数（家）	2.44	29	28	10	10

续表

指标名称	得分/分	全省三类县（市、区）排名		本市排名	
	2022年	2022年	2021年	2022年	2021年
规模以上工业企业建立研发机构的比例（%）	4.58	8	4	2	1
当年新增省级及以上研发平台/创新载体（个）	2.96	16	13	7	7
科技意识	3.05	27	32	4	7
人均科普经费投入（元）	3.18	29	32	4	7
每十万人科普专职人员（人）	2.89	26	27	9	9
创新投入	3.36	17	5	8	2
人力投入	3.63	11	3	6	2
规模以上工业企业中万人R&D人员全时当量（人·年）	3.36	12	8	8	6
规模以上工业企业R&D人员占从业人员比重（%）	3.90	8	4	5	1
财力投入	3.14	30	11	8	4
规模以上工业企业R&D经费支出	3.05	27	16	9	8
规模以上工业企业R&D经费支出占营业收入比重（%）	3.20	28	7	9	2
创新成效	3.31	21	11	9	2
技术创新	2.91	28	22	9	9
万人有效发明专利拥有量增量（件）	2.87	28	15	10	6
每万家企业法人高新技术企业数（家）	2.99	24	23	8	8
每万家企业法人科技型中小企业数（家）	2.86	26	21	9	9
产业化水平	3.70	8	5	6	1
规模以上工业企业新产品销售收入占营业收入比重（%）	5.49	1	1	1	1
高新技术产业增加值占规模以上工业增加值比重（%）	3.74	14	18	6	4
技术合同成交额	2.64	27	13	10	4
农业产业化省级以上龙头企业数（个）	2.77	24	22	9	9
经济社会发展	2.90	26	31	10	10
经济增长	2.96	28	31	10	10
GDP较上一年增长（%）	3.55	20	26	10	10
本级地方财政科技支出占公共财政支出比重（%）	2.36	30	29	10	10
社会生活	2.81	21	20	9	9

续表

指标名称	得分/分	全省三类县（市、区）排名		本市排名	
	2022年	2022年	2021年	2022年	2021年
居民人均可支配收入（元）	2.46	28	25	10	10
万人社会消费品零售额（万元）	3.24	9	10	4	4

创新环境在全省三类县（市、区）排名第26位，与上一年位次相同，排在宜春市第5位，较上一年上升了4位。具体来看，规模以上企业数从2021年的67家上升至2022年的72家，但在全省三类县（市、区）排名却下降了1位；规模以上工业企业建立研发机构的比例为50.91%，在全省三类县（市、区）排第8位。

创新投入在全省三类县（市、区）排名第17位，较上一年下降了12位，排在宜春市第8位，较上一年下降了6位。具体来看，规模以上工业企业R&D人员占从业人员比重从2021年的10.07%下降至2022年的7.72%，在全省三类县（市、区）排名较上一年下降了4位；规模以上工业企业R&D经费支出占营业收入比重从2021年的1.96%下降至2022年的1.20%，在全省三类县（市、区）排名下降21位。

创新成效在全省三类县（市、区）排名第21位，较上一年下降了10位，排在宜春市第9位，较上一年下降7位。具体来看，万人有效发明专利拥有量增量从2021年的0.60件下降至2022年的0.09件，在全省三类县（市、区）排名下降13位；技术合同成交额从2021年的14 240万元下降至2022年的13 296万元，在全省三类县（市、区）排名下降14位。

经济社会发展排在全省三类县（市、区）第26位，较上一年上升了5位，排在宜春市第10位，与上一年位次相同。具体来看，GDP较上一年增长5%，在全省三类县（市、区）排名较上一年上升6位；万人社会消费品零售额从2021年的21 907.75万元上升至2022年的23 045.02万元，在全省三类县（市、区）排名较上一年上升1位。

综上所述，铜鼓县规模以上工业企业新产品销售收入占营业收入比重居全省三类县（市、区）首位，但规模以上企业数、人均科普经费投入、本级地方财政科技支出占公共财政支出比重、万人有效发明专利拥有量增量、技术合同成交额等排名靠后。建议该县优化创新环境，夯实创新基础，引导企业加大研发投入、更大力度参与科技创新，同时完善高新技术企业和科技型中小企业成长加速机制，提高科技成果转化和产业化水平，助推经济高质量发展。

十、万载县

万载县，位于江西省西北部，宜春市下辖县。2022 年，铜鼓县科技创新能力在全省二类县（市、区）排名第 18 位，较上一年上升了 2 位，排在宜春市第 8 位，较上一年上升了 1 位（表 3-64）。

表 3-64 万载县（二类）科技创新能力评价指标得分与位次

指标名称	得分/分	全省二类县（市、区）排名		本市排名	
	2022 年	2022 年	2021 年	2022 年	2021 年
科技创新能力	66.11	18	20	8	9
创新环境	3.03	30	24	8	6
创新基础	3.45	14	7	6	6
规模以上企业数（家）	3.73	5	7	6	6
规模以上工业企业建立研发机构的比例（%）	3.31	22	12	7	5
当年新增省级及以上研发平台/创新载体（个）	3.31	9	7	4	6
科技意识	2.40	31	32	9	8
人均科普经费投入（元）	1.72	30	32	8	8
每十万人科普专职人员（人）	3.23	15	15	2	2
创新投入	3.40	11	13	7	7
人力投入	3.00	25	21	9	10
规模以上工业企业中万人 R&D 人员全时当量（人·年）	3.26	16	15	10	10
规模以上工业企业 R&D 人员占从业人员比重（%）	2.73	28	26	9	9
财力投入	3.73	3	5	3	3
规模以上工业企业 R&D 经费支出	4.00	3	3	2	3

续表

指标名称	得分/分	全省二类县（市、区）排名		本市排名	
	2022年	2022年	2021年	2022年	2021年
规模以上工业企业 R&D 经费支出占营业收入比重（%）	3.51	7	9	3	4
创新成效	3.39	15	22	6	8
技术创新	3.07	22	18	8	8
万人有效发明专利拥有量增量（件）	2.98	20	20	9	7
每万家企业法人高新技术企业数（家）	2.94	24	27	9	10
每万家企业法人科技型中小企业数（家）	3.35	15	3	4	2
产业化水平	3.70	11	23	5	8
规模以上工业企业新产品销售收入占营业收入比重（%）	3.35	15	12	6	6
高新技术产业增加值占规模以上工业增加值比重（%）	4.43	5	22	2	7
技术合同成交额	3.48	15	25	4	9
农业产业化省级以上龙头企业数（个）	3.29	18	13	7	7
经济社会发展	3.24	22	17	9	7
经济增长	3.60	16	11	9	6
GDP 较上一年增长（%）	3.97	11	11	4	3
本级地方财政科技支出占公共财政支出比重（%）	3.23	19	8	9	7
社会生活	2.70	26	26	10	10
居民人均可支配收入（元）	2.57	27	26	9	9
万人社会消费品零售额（万元）	2.85	23	23	9	9

创新环境在全省二类县（市、区）排名第 30 位，较上一年下降了 6 位，排在宜春市第 8 位，较上一年下降了 2 位。具体来看，规模以上工业企业建立研发机构的比例从 2021 年的 43.13% 下降至 2022 年的 31.56%，在全省二类县（市、区）排名下降 10 位；当年新增省级及以上研发平台/创新载体 3 个，在全省二类县（市、区）排名较上一年下降 2 位。

创新投入在全省二类县（市、区）排名第 11 位，较上一年上升了 2 位，排在宜春市第 7 位，与上一年位次相同。具体来看，规模以上工业企业 R&D 经费支出从 2021 年的 42 778.30 万元上升至 2022 年的 57 432.50 万元，在全省二类县（市、区）排第 3 位；规模以上工业企业 R&D 经费支出占营业收入比重从 2021 年的 1.10% 上升至 2022 年的 1.24%，在全省二类县（市、区）排名上升 2 位。

创新成效在全省二类县（市、区）排名第 15 位，较上一年上升了 7 位，排在宜春市第 6 位，较上一年上升了 2 位。具体来看，高新技术产业增加值占规模以上工业增加值比重从 2021 年的 30.89% 上升至 2022 年的 47.48%，在全省二类县（市、区）排名上升 17 位；技术合同成交额从 2021 年的 16 080 万元上升至 2022 年的 65 125 万元，在全省二类县（市、区）排名上升 10 位。

经济社会发展排在全省二类县（市、区）第 22 位，较上一年下降了 5 位，排在宜春市第 9 位，较上一年下降了 2 位。具体来看，本级地方财政科技支出占公共财政支出比重从 2021 年的 2.76% 下降至 2022 年的 2.64%，在全省二类县（市、区）排名下降 11 位；居民人均可支配收入 24 057 元，在全省二类县（市、区）排名较上一年下降 1 位。

综上所述，万载县高新技术产业增加值占规模以上工业增加值比重、规模以上工业企业 R&D 经费支出、规模以上企业数等排名靠前，但人均科普经费投入、规模以上工业企业 R&D 人员占从业人员比重、每万家企业法人高新技术企业数等排名相对靠后。建议该县优化创新环境，鼓励有条件的企业建立研发平台，增加科普经费投入，坚持人才培养与引进并举、持续激发人才创新活力，同时加快培育高新技术企业，推动产业向价值链高端攀升。

第九节 上 饶 市

一、信州区

信州区，位于江西省东北部、上饶市东南部，上饶市市辖区。2022 年信州区科技创新能力在全省一类县（市、区）排名第 29 位，较上一年上升了 5 位，排在上饶市第 6 位，较上一年上升了 6 位（表 3-65）。

表 3-65　信州区（一类）科技创新能力评价指标得分与位次

指标名称	得分/分	全省一类县（市、区）排名		本市排名	
	2022 年	2022 年	2021 年	2022 年	2021 年
科技创新能力	65.52	29	34	6	12
创新环境	3.18	28	33	8	12
创新基础	3.23	24	30	7	9
规模以上企业数（家）	3.41	24	21	7	8
规模以上工业企业建立研发机构的比例（%）	2.69	21	20	9	10
当年新增省级及以上研发平台／创新载体（个）	3.66	17	29	3	4
科技意识	3.09	29	32	7	11
人均科普经费投入（元）	3.25	23	32	4	10
每十万人科普专职人员（人）	2.90	28	25	9	9
创新投入	2.69	33	33	12	11
人力投入	2.55	32	32	12	10
规模以上工业企业中万人 R&D 人员全时当量（人·年）	2.28	32	32	12	12
规模以上工业企业 R&D 人员占从业人员比重（%）	2.81	28	28	10	7
财力投入	2.81	32	33	12	11
规模以上工业企业 R&D 经费支出	2.48	32	31	12	11
规模以上工业企业 R&D 经费支出占营业收入比重（%）	3.09	32	34	11	11
创新成效	3.82	14	32	2	10
技术创新	3.71	15	29	2	8
万人有效发明专利拥有量增量（件）	5.21	6	13	1	1
每万家企业法人高新技术企业数（家）	2.68	34	34	12	12
每万家企业法人科技型中小企业数（家）	3.17	19	24	5	6
产业化水平	3.92	10	32	3	11
规模以上工业企业新产品销售收入占营业收入比重（%）	3.81	13	33	3	11
高新技术产业增加值占规模以上工业增加值比重（%）	3.63	19	10	5	3
技术合同成交额	4.82	3	35	3	10
农业产业化省级以上龙头企业数（个）	2.90	25	29	9	11
经济社会发展	3.62	23	25	3	3
经济增长	3.02	27	28	10	10

指标名称	得分/分	全省一类县（市、区）排名		本市排名	
	2022 年	2022 年	2021 年	2022 年	2021 年
GDP 较上一年增长（%）	3.69	14	21	5	10
本级地方财政科技支出占公共财政支出比重（%）	2.34	31	30	10	9
社会生活	4.52	14	14	1	1
居民人均可支配收入（元）	4.60	15	15	1	1
万人社会消费品零售额（万元）	4.41	12	12	1	1

创新环境在全省一类县（市、区）排名第 28 位，较上一年上升了 5 位，排在上饶市第 8 位，较上一年上升了 4 位。具体来看，当年新增省级及以上研发平台载体 3 个，较上一年增加 2 个，在全省一类县（市、区）排名上升 12 位；人均科普经费投入从 2021 年的 0.80 元上升至 2022 年的 1.00 元，在全省一类县（市、区）排名上升 9 位。

创新投入在全省一类县（市、区）排名第 33 位，与上一年位次相同，排在上饶市第 12 位，较上一年下降了 1 位。具体来看，规模以上工业企业中万人 R&D 人员全时当量从 2021 年的 4.14 人·年下降至 2022 年的 3.30 人·年，但在全省一类县（市、区）排名却与上一年持平；规模以上工业企业 R&D 经费支出从 2021 年的 5836.20 万元下降至 2022 年的 5541.90 万元，在全省一类县（市、区）排名较上一年下降 1 位；规模以上工业企业 R&D 经费支出占营业收入比重从 2021 年的 0.43% 下降至 2022 年的 0.33%，但在全省一类县（市、区）排名却上升了 2 位。

创新成效在全省一类县（市、区）排名第 14 位，较上一年上升了 18 位，排在上饶市第 2 位，均较上一年上升了 8 位。具体来看，万人有效发明专利拥有量增量（件）、每万家企业法人科技型中小企业数（家）、规模以上工业企业新产品销售收入占营业收入比重、技术合同成交额等指标，在全省一类县（市、区）排名较上一年均有显著进步。

经济社会发展排在全省一类县（市、区）第 23 位，较上一年上升了 2 位，排在上饶市第 3 位，与上一年持平。具体来看，GDP 增幅从 2021 年的

8.70% 下降至 2022 年的 5.10%，但在全省一类县（市、区）排名却上升了 7 位。

综上所述，信州区技术合同成交额排名靠前，规模以上工业企业 R&D 经费支出、每万家企业法人高新技术企业数、本级地方财政科技支出占公共财政支出比重等排名较后。建议该区优化创新环境，加大创新投入，坚持人才培养与引进并举、持续激发人才创新活力，引导企业加大研发投入、更大力度参与科技创新。

二、广丰区

广丰区，位于江西省东北部，上饶市市辖区。广丰区科技创新能力在全省一类县（市、区）排名第 20 位，排在上饶市第 2 位，均与上一年位次相同（表 3-66）。

表 3-66　广丰区（一类）科技创新能力评价指标得分与位次

指标名称	得分/分	全省一类县（市、区）排名		本市排名	
	2022 年	2022 年	2021 年	2022 年	2021 年
科技创新能力	73.14	20	20	2	2
创新环境	3.52	21	9	4	1
创新基础	4.03	12	6	2	1
规模以上企业数（家）	4.89	9	8	1	1
规模以上工业企业建立研发机构的比例（%）	3.64	9	3	3	1
当年新增省级及以上研发平台/创新载体（个）	3.48	18	8	4	1
科技意识	2.75	32	22	9	7
人均科普经费投入（元）	2.35	32	22	9	5
每十万人科普专职人员（人）	3.24	14	14	7	7
创新投入	3.56	19	14	2	3
人力投入	4.09	9	13	1	2
规模以上工业企业中万人 R&D 人员全时当量（人·年）	3.54	20	19	3	3
规模以上工业企业 R&D 人员占从业人员比重（%）	4.65	6	8	1	1

续表

指标名称	得分/分	全省一类县（市、区）排名		本市排名	
	2022年	2022年	2021年	2022年	2021年
财力投入	3.13	27	18	9	6
规模以上工业企业 R&D 经费支出	3.03	27	20	9	7
规模以上工业企业 R&D 经费支出占营业收入比重（%）	3.21	25	14	7	5
创新成效	3.73	15	26	3	3
技术创新	2.98	31	28	8	6
万人有效发明专利拥有量增量（件）	2.91	34	27	5	6
每万家企业法人高新技术企业数（家）	3.15	24	24	6	6
每万家企业法人科技型中小企业数（家）	2.86	26	28	8	8
产业化水平	4.48	5	22	2	2
规模以上工业企业新产品销售收入占营业收入比重（%）	3.67	15	16	4	5
高新技术产业增加值占规模以上工业增加值比重（%）	5.99	1	23	1	9
技术合同成交额	3.98	11	20	6	2
农业产业化省级以上龙头企业数（个）	3.82	14	14	3	3
经济社会发展	4.01	6	16	1	1
经济增长	4.25	2	11	1	2
GDP 较上一年增长（%）	4.54	2	5	1	1
本级地方财政科技支出占公共财政支出比重（%）	3.96	10	19	2	4
社会生活	3.65	21	21	4	4
居民人均可支配收入（元）	4.10	20	20	2	2
万人社会消费品零售额（万元）	3.09	31	31	10	10

创新环境在全省一类县（市、区）排名第 21 位，较上一年下降了 12 位，排在上饶市第 4 位，较上一年下降了 3 位。具体来看，规模以上工业企业建立研发机构的比例从 2021 年的 51.41% 下降至 2022 年的 36.56%，在全省一类县（市、区）排名从第 3 位下降至第 9 位，人均科普经费投入从 2021 年的 1.00 元下降至 2022 年的 0.65 元，在全省一类县（市、区）排名从第 22 位下降至第 32 位。

创新投入在全省一类县（市、区）排名第 19 位，较上一年下降了 5 位，排在上饶市第 2 位，较上一年上升了 1 位。具体来看，规模以上工业企业 R&D 经费支出从 2021 年的 57 829.40 万元上升至 2022 年的 57 808.50 万元，但在全省一类县（市、区）排名却下降了 7 位；规模以上工业企业 R&D 经费支出占营业收入比重从 2021 年的 0.79% 下降至 0.67%，在全省一类县（市、区）排名下降了 11 位。

创新成效在全省一类县（市、区）排名第 15 位，较上一年上升了 11 位，排在上饶市第 3 位，与上一年持平。具体来看，高新技术产业增加值占规模以上工业增加值比重、技术合同成交额在全省一类县（市、区）排名较上一年均有显著上升，但万人有效发明专利拥有量增量在全省一类县（市、区）排名却下降明显。

经济社会发展排在全省一类县（市、区）第 6 位，较上一年上升了 10 位，排在上饶市第 1 位，与上一年持平。具体来看，GDP 增幅从 2021 年的 9.50% 下降至 2022 年的 5.70%，但在全省一类县（市、区）排名却从第 5 位上升至第 2 位；本级地方财政科技支出占公共财政支出比重从 2021 年的 2.50% 上升至 2022 年的 3.83%，在全省一类县（市、区）排名从第 19 位上升至第 10 位。

综上所述，广丰区科技创新成效排名较上一年进步较大，高新技术产业增加值占规模以上工业增加值比重排在全省一类县（市、区）首位，规模以上工业企业 R&D 人员占从业人员比重、GDP 较上一年增长等排名靠前，但万人有效发明专利拥有量增量、人均科普经费投入、万人社会消费品零售额等排名靠后。建议该区持续优化创新环境，增加科普经费投入，积极营造创新氛围，引导企业加大研发投入、更大力度参与科技创新，同时完善高新技术企业和科技型中小企业成长加速机制，助推区域经济高质量发展。

三、广信区

广信区，原上饶县，2019 年 7 月，撤销上饶县，设立上饶市广信区，位于江西省东北部。广信区科技创新能力在全省一类县（市、区）排名第 7 位，较上一年下降了 1 位，排在上饶市第 1 位，与上一年位次相同（表 3-67）。

表 3-67　广信区（一类）科技创新能力评价指标得分与位次

指标名称	得分 / 分	全省一类县（市、区）排名		本市排名	
	2022 年	2022 年	2021 年	2022 年	2021 年
科技创新能力	81.56	7	6	1	1
创新环境	3.23	25	32	7	9
创新基础	4.03	11	13	1	2
规模以上企业数（家）	4.60	12	11	2	3
规模以上工业企业建立研发机构的比例（%）	2.89	18	19	8	9
当年新增省级及以上研发平台 / 创新载体（个）	4.71	10	15	1	2
科技意识	2.02	34	35	12	12
人均科普经费投入（元）	1.34	34	34	11	12
每十万人科普专职人员（人）	2.85	30	32	10	10
创新投入	4.41	7	5	1	1
人力投入	3.74	15	12	2	1
规模以上工业企业中万人 R&D 人员全时当量（人·年）	3.83	12	13	1	1
规模以上工业企业 R&D 人员占从业人员比重（%）	3.66	15	13	3	3
财力投入	4.95	3	2	1	1
规模以上工业企业 R&D 经费支出	6.78	1	1	1	1
规模以上工业企业 R&D 经费支出占营业收入比重（%）	3.46	9	7	1	1
创新成效	4.34	5	5	1	1
技术创新	3.52	17	11	3	2
万人有效发明专利拥有量增量（件）	2.96	32	29	3	7
每万家企业法人高新技术企业数（家）	4.51	6	7	2	2
每万家企业法人科技型中小企业数（家）	3.03	21	20	6	2
产业化水平	5.16	1	4	1	1
规模以上工业企业新产品销售收入占营业收入比重（%）	6.68	1	3	1	1
高新技术产业增加值占规模以上工业增加值比重（%）	4.40	4	9	2	1
技术合同成交额	4.48	7	30	4	4
农业产业化省级以上龙头企业数（个）	5.54	3	4	1	1

续表

指标名称	得分/分	全省一类县（市、区）排名		本市排名	
	2022 年	2022 年	2021 年	2022 年	2021 年
经济社会发展	3.70	19	22	2	2
经济增长	4.11	6	7	2	1
GDP 较上一年增长（%）	4.40	4	8	2	3
本级地方财政科技支出占公共财政支出比重（%）	3.82	11	7	3	2
社会生活	3.08	34	34	7	7
居民人均可支配收入（元）	2.75	35	35	7	8
万人社会消费品零售额（万元）	3.49	21	20	5	5

创新环境在全省一类县（市、区）排名第 25 位，较上一年上升了 7 位，排在上饶市第 7 位，较上一年上升了 2 位。具体来看，规模以上工业企业建立研发机构比例从 2021 年的 26.79% 下降至 2022 年的 25.14%，在全省一类县（市、区）排名却上升了 1 位；当年新增省级及以上研发平台/创新载体数从 2021 年的 5 个上升到 2022 年的 11 个，在全省一类县（市、区）排名上升了 5 位。

创新投入在全省一类县（市、区）排名第 7 位，较上一年下降了 2 位，排在上饶市第 1 位，与上一年持平。具体来看，规模以上工业企业 R&D 人员占从业人员比重从 2021 年的 7.60% 下降至 2022 年的 7.02%，在全省一类县（市、区）排名下降 2 位；规模以上工业企业 R&D 经费支出占营业收入比重从 2021 年的 1.60% 下降至 2022 年的 1.39%，在全省一类县（市、区）排名下降 2 位。

创新成效在全省一类县（市、区）排名第 5 位，排在上饶市第 1 位，均与上一年持平。具体来看，万人有效发明专利拥有量增量从 2021 年的 0.15 件上升至 2022 年的 0.29 件，但在全省一类县（市、区）排名却下降了 3 位；规模以上工业企业新产品销售收入占营业收入比重从 2021 年的 58.32% 上升至 2022 年的 62.16%，在全省一类县（市、区）排名上升 2 位；技术合同成交额从 2021 年的 22 512.23 万元上升至 2022 年的 121 177.03 万元，在全省一类县（市、区）排名上升23位。

经济社会发展排在全省一类县（市、区）第19位，较上一年上升了3位，排在上饶市第2位，与上一年持平。具体来看，GDP增幅从2021年的9.30%下降至2022年的5.60%，但在全省一类县（市、区）排名却上升了4位。

综上所述，广信区规模以上工业企业R&D经费支出和规模以上工业企业新产品销售收入占营业收入比重在全省一类县（市、区）排名第一，农业产业化省级以上龙头企业数、GDP较上一年增长等排名靠前。但人均科普经费投入、每十万人科普专职人员、万人有效发明专利拥有量增量、居民人均可支配收入等排名落后。建议该区增加科普经费投入，积极营造创新氛围，加速培育科技型中小企业，为新质生产力发展提供良好环境和有力保障。

四、玉山县

玉山县，位于江西省东北部，上饶市下辖县。2022年，玉山县科技创新能力在全省二类县（市、区）排名第11位，较上一年上升了1位，排在上饶市第4位，与上一年位次相同（表3-68）。

表 3-68　玉山县（二类）科技创新能力评价指标得分与位次

指标名称	得分/分	全省二类县（市、区）排名		本市排名	
	2022年	2022年	2021年	2022年	2021年
科技创新能力	68.72	11	12	4	4
创新环境	3.99	1	1	1	2
创新基础	3.43	17	9	5	3
规模以上企业数（家）	4.46	1	1	3	2
规模以上工业企业建立研发机构的比例（%）	2.94	26	22	7	7
当年新增省级及以上研发平台/创新载体（个）	2.78	25	13	10	4
科技意识	4.84	1	1	2	1
人均科普经费投入（元）	4.01	3	31	2	10
每十万人科普专职人员（人）	5.85	1	1	1	1

续表

指标名称	得分/分	全省二类县（市、区）排名		本市排名	
	2022 年	2022 年	2021 年	2022 年	2021 年
创新投入	3.17	23	20	7	6
人力投入	3.09	23	22	7	5
规模以上工业企业中万人 R&D 人员全时当量（人·年）	3.03	20	21	6	5
规模以上工业企业 R&D 人员占从业人员比重（%）	3.15	20	18	7	6
财力投入	3.25	20	15	5	4
规模以上工业企业 R&D 经费支出	3.45	10	6	3	4
规模以上工业企业 R&D 经费支出占营业收入比重（%）	3.07	31	23	12	7
创新成效	3.35	17	24	6	5
技术创新	3.07	21	21	7	7
万人有效发明专利拥有量增量（件）	2.89	24	29	6	8
每万家企业法人高新技术企业数（家）	3.04	20	22	7	7
每万家企业法人科技型中小企业数（家）	3.33	16	14	3	3
产业化水平	3.62	15	16	5	3
规模以上工业企业新产品销售收入占营业收入比重（%）	3.07	21	13	6	4
高新技术产业增加值占规模以上工业增加值比重（%）	3.86	8	15	3	6
技术合同成交额	3.88	9	29	7	7
农业产业化省级以上龙头企业数（个）	3.56	8	8	4	4
经济社会发展	3.55	10	13	4	6
经济增长	3.48	20	18	4	7
GDP 较上一年增长（%）	4.12	8	4	3	2
本级地方财政科技支出占公共财政支出比重（%）	2.85	29	32	8	11
社会生活	3.65	4	4	3	3
居民人均可支配收入（元）	3.48	11	10	4	4
万人社会消费品零售额（万元）	3.86	1	2	2	2

　　创新环境在全省二类县（市、区）排名第 1 位，与上一年持平，排在上饶市第 1 位，较上一年上升了 1 位。具体来看，规模以上工业企业建立研发机构的比例从 2021 年的 30.58% 下降至 2022 年的 25.99%，在全省二类县

（市、区）排名下降了4位，人均科普经费投入从2021年的0.80元上升至2022年的1.30元，在全省二类县（市、区）排名上升了28位。

创新投入在全省二类县（市、区）排名第23位，较上一年下降了3位，排在上饶市第7位，较上一年下降了1位。具体来看，规模以上工业企业R&D人员占从业人员比重为5.52%，与上一年相同，但在全省二类县（市、区）排名却下降了2位；规模以上工业企业R&D经费支出从2021年的39443.00万元上升至2022年的44393.34万元，但在全省二类县（市、区）排名却下降了4位；规模以上工业企业R&D经费支出占营业收入比重从2021年的0.66%下降至2022年的0.42%，在全省二类县（市、区）排名下降8位。

创新成效在全省二类县（市、区）排名第17位，较上一年上升了7位，排在上饶市第6位，较上一年下降了1位。具体来看，万人有效发明专利拥有量增量在全省二类县（市、区）排名较上一年上升了5位；高新技术产业增加值占规模以上工业增加值比重在全省二类县（市、区）排名较上一年上升了7位；技术合同成交额在全省二类县（市、区）排名较上一年上升了20位。

经济社会发展在全省二类县（市、区）排名第10位，较上一年上升了3位，排在上饶市第4位，较上一年上升了2位。具体来看，本级地方财政科技支出占公共财政支出比重从2021年的1.16%上升至2022年的2.03%，在全省二类县（市、区）排名较上一年上升3位；万人社会消费品零售额在全省二类县（市、区）排名较上一年上升1位。

综上所述，玉山县规模以上企业数、每十万人科普专职人员、万人社会消费品零售额排名均居全省二类县（市、区）首位。但本级地方财政科技支出占公共财政支出比重、规模以上工业企业建立研发机构的比例、万人有效发明专利拥有量增量等排名相对靠后。建议该县加大创新投入，鼓励有条件的企业建立研发平台、更大力度参与科技创新，同时完善高新技术企业和科技型中小企业成长加速机制，推动产业向价值链高端攀升。

五、铅山县

铅山县，位于江西省东北部，上饶市下辖县。2022 年，铅山县科技创新能力在全省二类县（市、区）排名第 19 位，较上一年上升了 2 位，排在上饶市第 7 位，较上一年下降 2 位（表 3-69）。

表 3-69　铅山县（二类）科技创新能力评价指标得分与位次

指标名称	得分/分	全省二类县（市、区）排名		本市排名	
	2022 年	2022 年	2021 年	2022 年	2021 年
科技创新能力	64.88	19	21	7	5
创新环境	3.12	25	22	9	8
创新基础	3.14	25	24	8	8
规模以上企业数（家）	2.97	25	25	10	10
规模以上工业企业建立研发机构的比例（%）	3.46	20	15	5	3
当年新增省级及以上研发平台/创新载体（个）	2.96	20	24	5	8
科技意识	3.10	25	24	6	8
人均科普经费投入（元）	2.71	28	29	8	9
每十万人科普专职人员（人）	3.56	8	9	4	4
创新投入	3.38	12	6	3	2
人力投入	3.39	12	16	4	4
规模以上工业企业中万人 R&D 人员全时当量（人·年）	2.77	24	24	7	8
规模以上工业企业 R&D 人员占从业人员比重（%）	4.01	3	3	2	2
财力投入	3.37	12	6	2	3
规模以上工业企业 R&D 经费支出	3.44	11	4	4	3
规模以上工业企业 R&D 经费支出占营业收入比重（%）	3.31	15	12	4	2
创新成效	3.12	25	31	8	9
技术创新	2.77	31	31	12	12
万人有效发明专利拥有量增量（件）	2.89	24	26	6	5
每万家企业法人高新技术企业数（家）	2.81	29	29	11	11
每万家企业法人科技型中小企业数（家）	2.58	32	31	12	12
产业化水平	3.47	17	28	6	8

续表

指标名称	得分/分	全省二类县（市、区）排名		本市排名	
	2022年	2022年	2021年	2022年	2021年
规模以上工业企业新产品销售收入占营业收入比重（%）	3.15	20	10	5	3
高新技术产业增加值占规模以上工业增加值比重（%）	2.66	28	23	11	7
技术合同成交额	4.83	4	31	2	9
农业产业化省级以上龙头企业数（个）	2.90	28	27	9	9
经济社会发展	3.45	14	10	5	5
经济增长	3.77	12	7	3	3
GDP较上一年增长（%）	3.27	24	21	7	12
本级地方财政科技支出占公共财政支出比重（%）	4.27	9	5	1	1
社会生活	2.98	20	20	9	9
居民人均可支配收入（元）	2.74	25	24	8	7
万人社会消费品零售额（万元）	3.27	10	11	7	7

创新环境在全省二类县（市、区）排名第 25 位，较上一年下降了 3 位，排在上饶市第 9 位，较上一年下降了 1 位。具体来看，规模以上工业企业建立研发机构的比例从 2021 年的 36.28% 下降至 2022 年的 33.91%，在全省二类县（市、区）排名下降了 5 位。

创新投入在全省二类县（市、区）排名第 12 位，较上一年下降了 6 位，排在上饶市第 3 位，较上一年下降了 1 位。具体来看，规模以上工业企业 R&D 经费支出从 2021 年的 27 636.10 万元上升到 2022 年的 30 272.79 万元，但在全省二类县（市、区）排名却下降了 7 位；规模以上工业企业 R&D 经费支出占营业收入比重从 2021 年的 0.96% 下降到 2022 年的 0.90%，在全省二类县（市、区）排名下降了 3 位。

创新成效在全省二类县（市、区）排名第 25 位，较上一年上升了 6 位，排在上饶市第 8 位，较上一年上升了 1 位。具体来看，万人有效发明专利拥有量增量从 2021 年的 0.20 件下降至 2022 年的 0.13 件，但在全省二类县（市、区）排名却上升了 2 位；技术合同成交额从 2021 年的 5271.00 万元上升到

2022 年的 98 462.01 万元，在全省二类县（市、区）排名上升 27 位。

经济社会发展在全省二类县（市、区）排名第 14 位，较上一年下降了 4 位，排在上饶市第 5 位，与上一年持平。具体来看，铅山县 2022 年 GDP 较上一年增速 4.80%，在全省二类县（市、区）排名下降了 3 位；本级地方财政科技支出占公共财政支出比重从 2021 年的 4.41% 下降至 2022 年的 4.34%，在全省二类县（市、区）排名较上一年下降了 4 位。

综上所述，铅山县规模以上工业企业 R&D 人员占从业人员比重、技术合同成交额、每十万人科普专职人员在全省二类县（市、区）排名靠前，但每万家企业法人科技型中小企业数、人均科普经费投入、每万家企业法人高新技术企业数、农业产业化省级以上龙头企业数等排名相对靠后。建议该县进一步优化创新环境、夯实创新基础，增加科普投入力度，完善高新技术企业和科技型中小企业成长加速机制，不断塑造发展新动能新优势。

六、横峰县

横峰县，位于江西省东北部，上饶市下辖县。2022 年，横峰县科技创新能力在全省三类县（市、区）排名第 29 位，与上一年位次相同，排在上饶市第 9 位，较上一年上升了 1 位（表 3-70）。

表 3-70　横峰县（三类）科技创新能力评价指标得分与位次

指标名称	得分 /分	全省三类县（市、区）排名		本市排名	
	2022 年	2022 年	2021 年	2022 年	2021 年
科技创新能力	61.87	29	29	9	10
创新环境	3.96	3	27	2	11
创新基础	3.12	25	25	9	12
规模以上企业数（家）	2.70	17	17	12	12
规模以上工业企业建立研发机构的比例（%）	3.53	21	27	4	11
当年新增省级及以上研发平台/创新载体（个）	3.13	11	13	6	4
科技意识	5.22	2	19	1	6
人均科普经费投入（元）	6.74	1	15	1	5

续表

指标名称	得分/分	全省三类县（市、区）排名		本市排名	
	2022年	2022年	2021年	2022年	2021年
每十万人科普专职人员（人）	3.36	15	14	6	6
创新投入	3.06	28	28	9	9
人力投入	2.71	28	29	9	9
规模以上工业企业中万人R&D人员全时当量（人·年）	2.72	27	24	8	7
规模以上工业企业R&D人员占从业人员比重（%）	2.69	28	30	12	10
财力投入	3.35	20	20	3	10
规模以上工业企业R&D经费支出	3.48	13	13	2	9
规模以上工业企业R&D经费支出占营业收入比重（%）	3.25	26	28	6	10
创新成效	2.65	32	30	12	11
技术创新	2.79	30	29	11	10
万人有效发明专利拥有量增量（件）	2.76	32	32	12	11
每万家企业法人高新技术企业数（家）	2.85	26	28	10	10
每万家企业法人科技型中小企业数（家）	2.75	30	26	9	10
产业化水平	2.52	32	31	12	10
规模以上工业企业新产品销售收入占营业收入比重（%）	1.85	31	32	12	12
高新技术产业增加值占规模以上工业增加值比重（%）	2.75	28	10	10	2
技术合同成交额	2.78	24	29	11	8
农业产业化省级以上龙头企业数（个）	2.63	28	31	12	12
经济社会发展	3.01	25	19	9	9
经济增长	3.12	24	15	8	5
GDP较上一年增长（%）	3.13	26	17	10	8
本级地方财政科技支出占公共财政支出比重（%）	3.11	18	12	5	3
社会生活	2.85	19	19	10	10
居民人均可支配收入（元）	2.52	24	23	10	10
万人社会消费品零售额（万元）	3.26	8	9	8	8

创新环境在全省三类县（市、区）排名第3位，较上一年上升了24位，排在上饶市第2位，较上一年上升了9位。具体来看，规模以上工业企业建

立研发机构的比例从 2021 年的 24.14% 上升至 2022 年的 34.94%，在全省三类县（市、区）排名较上一年上升 6 位；人均科普经费投入从 2021 年的 1.00 元上升至 2022 年的 2.37 元，在全省三类县（市、区）排名较上一年上升 14 位。

创新投入在全省三类县（市、区）排名第 28 位，排在上饶市第 9 位，均与上一年持平。具体来看，规模以上工业企业 R&D 人员占从业人员比重从 2021 年的 4.18% 上升至 2022 年的 4.20%，在全省三类县（市、区）排名较上一年上升了 2 位；规模以上工业企业 R&D 经费支出占营业收入比重从 2021 年的 0.37% 上升至 2022 年的 0.54%，在全省三类县（市、区）排名较上一年上升 2 位。

创新成效在全省三类县（市、区）排名第 32 位，较上一年下降了 2 位，排在上饶市第 12 位，较上一年下降了 1 位。具体来看，每万家企业法人科技型中小企业数从 2021 年的 55.93 家上升至 2022 年的 57.80 家，但在全省三类县（市、区）排名较上一年下降了 4 位；高新技术产业增加值占规模以上工业增加值比重从 2021 年的 44.31% 下降至 2022 年的 32.64%，在全省三类县（市、区）排名较上一年下降 18 位。

经济社会发展在全省三类县（市、区）排名第 25 位，较上一年下降了 6 位，排在上饶市第 9 位，与上一年持平。具体来看，GDP 增速从 2021 年的 8.80% 下降至 2022 年的 4.70%，在全省三类县（市、区）排名较上一年下降了 9 位；本级地方财政科技支出占公共财政支出比重 2021 年的 2.59% 下降至 2022 年的 2.46%，在全省三类县（市、区）排名较上一年下降了 6 位。

综上所述，横峰县创新环境排名较上一年提升较大，但万人有效发明专利拥有量增量、规模以上工业企业新产品销售收入占营业收入比重、农业产业化省级以上龙头企业数、规模以上工业企业 R&D 人员占从业人员比重、技术合同成交额等在全省三类县（市、区）排名较后。建议该县引导企业加大研发投入、更大力度参与科技创新，完善高新技术企业和科技型中小企业成长加速机制，提高科技成果转化和产业化水平，助力区域经济高质量发展。

七、弋阳县

弋阳县，位于江西省东北部，上饶市下辖县。2022 年，弋阳县科技创新能力在全省二类县（市、区）排名第 16 位，较上一年上升了 8 位，排在上饶市第 5 位，较上一年上升了 1 位（表 3-71）。

表 3-71 弋阳县（二类）科技创新能力评价指标得分与位次

指标名称	得分/分	全省二类县（市、区）排名		本市排名	
	2022 年	2022 年	2021 年	2022 年	2021 年
科技创新能力	66.93	16	24	5	6
创新环境	3.24	21	28	6	10
创新基础	3.38	22	21	6	6
规模以上企业数（家）	3.33	16	19	9	9
规模以上工业企业建立研发机构的比例（%）	3.64	18	20	2	5
当年新增省级及以上研发平台/创新载体（个）	3.13	13	24	4	9
科技意识	3.03	27	30	8	10
人均科普经费投入（元）	3.25	21	15	4	5
每十万人科普专职人员（人）	2.77	32	32	11	11
创新投入	3.19	21	17	6	5
人力投入	3.16	20	26	6	7
规模以上工业企业中万人 R&D 人员全时当量（人·年）	3.17	18	23	5	6
规模以上工业企业 R&D 人员占从业人员比重（%）	3.15	19	28	6	9
财力投入	3.22	21	4	7	2
规模以上工业企业 R&D 经费支出	3.18	21	2	8	2
规模以上工业企业 R&D 经费支出占营业收入比重（%）	3.26	19	15	5	3
创新成效	3.59	3	23	5	4
技术创新	3.29	11	20	4	4
万人有效发明专利拥有量增量（件）	2.97	21	21	2	2
每万家企业法人高新技术企业数（家）	3.38	11	13	5	5
每万家企业法人科技型中小企业数（家）	3.55	7	20	2	5
产业化水平	3.89	5	22	4	5

续表

指标名称	得分/分	全省二类县（市、区）排名		本市排名	
	2022 年	2022 年	2021 年	2022 年	2021 年
规模以上工业企业新产品销售收入占营业收入比重（%）	4.06	7	5	2	2
高新技术产业增加值占规模以上工业增加值比重（%）	3.11	23	31	9	10
技术合同成交额	5.03	1	18	1	3
农业产业化省级以上龙头企业数（个）	2.90	28	30	9	10
经济社会发展	3.25	21	18	7	8
经济增长	3.31	24	19	5	8
GDP 较上一年增长（%）	3.27	24	14	7	6
本级地方财政科技支出占公共财政支出比重（%）	3.34	15	26	4	6
社会生活	3.16	14	17	6	6
居民人均可支配收入（元）	3.16	19	19	6	6
万人社会消费品零售额（万元）	3.16	13	16	9	9

创新环境在全省二类县（市、区）排名第 21 位，较上一年上升了 7 位，排在上饶市第 6 位，较上一年上升了 4 位。具体来看，规模以上企业数从 2021 年的 182 家上升至 2022 年的 208 家，在全省二类县（市、区）排名上升 3 位；规模以上工业企业建立研发机构的比例从 2021 年的 33.55% 上升至 2022 年的 36.57%，在全省二类县（市、区）排名上升 2 位。

创新投入排在全省二类县（市、区）第 21 位，较上一年下降了 4 位，排在上饶市第 6 位，较上一年下降了 1 位。具体来看，规模以上工业企业 R&D 经费支出从 2021 年的 15 316.70 万元上升至 2022 年的 16 801.63 万元，但在全省二类县（市、区）排名却下降了 19 位；规模以上工业企业 R&D 经费支出占营业收入比重从 2021 年的 0.79% 下降至 2022 年的 0.73%，在全省二类县（市、区）排名下降 4 位。

创新成效排在全省二类县（市、区）第 3 位，较上一年上升了 20 位，排在上饶市第 5 位，较上一年下降了 1 位。具体来看，每万家企业法人科技型中小企业数从 2021 年的 69.12 家上升至 2022 年的 113.20 家，在全省二类县（市、区）排名上升 13 位；高新技术产业增加值占规模以上工业增加值比重从 2021 年的 16.94% 上升至 2022 年的 22.20%，在全省二类县（市、区）排名上升 8 位；技术合同成交额从 2021 年的 18 215 万元上升至 2022 年的 88 250 万元，在全省二类县（市、区）排名上升 17 位。

经济社会发展排在全省二类县（市、区）第 21 位，较上一年下降了 3 位，排在上饶市第 7 位，较上一年上升了 1 位。具体来看，GDP 较增速从 2021 年的 9% 下降至 2022 年的 4.80%，在全省二类县（市、区）排名下降 10 位。

综上所述，弋阳县每万家企业法人科技型中小企业数、技术合同成交额等排名较上一年大幅提升，但农业产业化省级以上龙头企业数、高新技术产业增加值占规模以上工业增加值比重、GDP 较上一年增长、每十万人科普专职人员等排名靠后。建议该县夯实创新基础，营造创新氛围，积极培养和引进人才，同时引导企业加大研发投入、更大力度参与科技创新，助推区域经济高质量发展。

八、余干县

余干县，位于江西省东北部，上饶市下辖县。2022 年，余干县科技创新能力在全省二类县（市、区）排名第 32 位，较上一年下降了 1 位，排在上饶市第 12 位，较上一年下降了 4 位（表 3-72）。

表 3-72　余干县（二类）科技创新能力评价指标得分与位次

指标名称	得分/分	全省二类县（市、区）排名		本市排名	
	2022 年	2022 年	2021 年	2022 年	2021 年
科技创新能力	56.50	32	31	12	8
创新环境	3.09	26	15	10	5
创新基础	2.73	33	22	12	7
规模以上企业数（家）	3.34	15	13	8	7
规模以上工业企业建立研发机构的比例（%）	2.06	32	26	12	8
当年新增省级及以上研发平台/创新载体（个）	2.78	25	13	10	4
科技意识	3.64	8	7	5	4

续表

指标名称	得分/分	全省二类县（市、区）排名		本市排名	
	2022 年	2022 年	2021 年	2022 年	2021 年
人均科普经费投入（元）	4.01	3	2	2	1
每十万人科普专职人员（人）	3.19	18	19	8	8
创新投入	2.77	30	29	11	8
人力投入	2.58	31	27	11	8
规模以上工业企业中万人 R&D 人员全时当量（人·年）	2.31	32	31	11	11
规模以上工业企业 R&D 人员占从业人员比重（%）	2.85	24	17	9	5
财力投入	2.92	31	19	11	5
规模以上工业企业 R&D 经费支出	2.67	32	17	11	6
规模以上工业企业 R&D 经费支出占营业收入比重（%）	3.13	28	19	10	6
创新成效	2.71	32	32	11	12
技术创新	2.82	29	28	9	9
万人有效发明专利拥有量增量（件）	2.87	29	33	10	12
每万家企业法人高新技术企业数（家）	2.92	26	24	9	8
每万家企业法人科技型中小企业数（家）	2.64	30	24	10	9
产业化水平	2.60	32	33	11	12
规模以上工业企业新产品销售收入占营业收入比重（%）	2.07	30	23	11	7
高新技术产业增加值占规模以上工业增加值比重（%）	2.45	30	33	12	12
技术合同成交额	2.83	27	33	10	12
农业产业化省级以上龙头企业数（个）	3.29	18	20	8	8
经济社会发展	2.90	30	29	10	12
经济增长	3.15	27	27	6	11
GDP 较上一年增长（%）	3.97	11	18	4	10
本级地方财政科技支出占公共财政支出比重（%）	2.33	32	31	11	10
社会生活	2.53	31	32	12	12
居民人均可支配收入（元）	2.42	29	29	11	11
万人社会消费品零售额（万元）	2.66	30	30	12	12

创新环境在全省二类县（市、区）排名第 26 位，较上一年下降了 11 位，排在上饶市第 10 位，较上一年下降了 5 位。具体来看，规模以上企业数从 2021 年的 200 家上升至 2022 年的 210 家，但在全省二类县（市、区）排名却下降了 2 位，规模以上工业企业建立研发机构的比例从 2021 年的 27.70% 下降至 2022 年的 12.66%，在全省二类县（市、区）排名下降 6 位。

创新投入排在全省二类县（市、区）第 30 位，较上一年下降了 1 位，排在上饶市第 11 位，较上一年下降了 3 位。具体来看，规模以上工业企业 R&D 人员占从业人员比重从 2021 年的 5.56% 下降至 2022 年的 4.65%，在全省二类县（市、区）排名下降了 7 位；规模以上工业企业 R&D 经费支出从 2021 年的 20 262.90 万元下降至 2022 年的 15 889.34 万元，在全省二类县（市、区）排名下降 15 位。

创新成效排在全省二类县（市、区）第 32 位，与上一年位次相同，排在上饶市第 11 位，较上一年上升了 1 位。具体来看，每万人有效发明专利拥有量增量从 2021 年的 0 件上升至 2022 年的 0.10 件，在全省二类县（市、区）排名上升了 4 位；高新技术产业增加值占规模以上工业增加值比重从 2021 年的 7.36% 上升至 2022 年的 8.20%，在全省二类县（市、区）排名上升了 3 位；技术合同成交额从 2021 年的 570.00 万元上升至 2022 年的 40 210.56 万元，在全省二类县（市、区）排名上升了 6 位。

经济社会发展排在全省二类县（市、区）第 30 位，较上一年下降了 1 位，排在上饶市第 10 位，较上一年上升了 2 位。具体来看，本级地方财政科技支出占公共财政支出比重从 2021 年的 1.24% 下降至 2022 年的 1.18%，在全省二类县（市、区）排名下降了 1 位。

综上所述，余干县人均科普经费投入在全省二类县（市、区）排名第 3 位，但规模以上工业企业中万人 R&D 人员全时当量、万人有效发明专利拥有量增量、高新技术产业增加值占规模以上工业增加值比重、技术合同成交额等排名靠后。建议该县夯实创新基础，鼓励有条件的企业建立研发机构、更大力度参与科技创新，大力培养与引进人才、持续激发人才创新活力，提高科技成果转化和产业化水平，推动产业向价值链高端攀升。

九、鄱阳县

鄱阳县，位于江西省东北部，省试点直管县，上饶市代管。2022 年，鄱阳县科技创新能力在全省二类县（市、区）排名第 31 位，较上一年上升了 1 位，排在上饶市第 10 位，较上一年下降了 1 位（表 3-73）。

表 3-73　鄱阳县（二类）科技创新能力评价指标得分与位次

指标名称	得分/分	全省二类县（市、区）排名		本市排名	
	2022 年	2022 年	2021 年	2022 年	2021 年
科技创新能力	60.78	31	32	10	9
创新环境	2.99	31	19	11	7
创新基础	3.55	10	17	3	5
规模以上企业数（家）	3.56	8	8	6	6
规模以上工业企业建立研发机构的比例（%）	3.76	16	18	1	4
当年新增省级及以上研发平台/创新载体（个）	3.31	9	24	5	9
科技意识	2.15	33	25	11	9
人均科普经费投入（元）	1.67	32	4	10	3
每十万人科普专职人员（人）	2.73	33	33	12	12
创新投入	3.13	24	31	8	10
人力投入	2.86	27	30	8	12
规模以上工业企业中万人 R&D 人员全时当量（人·年）	2.50	29	30	10	10
规模以上工业企业 R&D 人员占从业人员比重（%）	3.21	18	31	5	12
财力投入	3.35	13	24	4	9
规模以上工业企业 R&D 经费支出	3.24	16	26	6	10
规模以上工业企业 R&D 经费支出占营业收入比重（%）	3.44	10	18	2	4
创新成效	3.03	30	27	10	7
技术创新	2.81	30	30	10	11
万人有效发明专利拥有量增量（件）	2.88	26	31	9	9
每万家企业法人高新技术企业数（家）	2.92	25	26	8	9
每万家企业法人科技型中小企业数（家）	2.60	31	29	11	11
产业化水平	3.25	24	20	9	4

指标名称	得分/分	全省二类县（市、区）排名		本市排名	
	2022年	2022年	2021年	2022年	2021年
规模以上工业企业新产品销售收入占营业收入比重（%）	2.92	22	31	7	10
高新技术产业增加值占规模以上工业增加值比重（%）	3.50	16	5	6	4
技术合同成交额	2.34	32	32	12	11
农业产业化省级以上龙头企业数（个）	5.14	2	2	2	2
经济社会发展	2.85	31	25	11	10
经济增长	3.04	28	24	9	9
GDP 较上一年增长（%）	3.55	18	14	6	6
本级地方财政科技支出占公共财政支出比重（%）	2.53	31	30	9	8
社会生活	2.55	30	30	11	11
居民人均可支配收入（元）	2.32	31	31	12	12
万人社会消费品零售额（万元）	2.83	25	25	11	11

创新环境在全省二类县（市、区）排名第 31 位，较上一年下降了 12 位，排在上饶市第 11 位，较上一年下降了 4 位。具体来看，人均科普经费投入从 2021 年的 1.10 元下降至 2022 年的 0.38 元，在全省二类县（市、区）排名下降了 28 位。

创新投入排在全省二类县（市、区）第 24 位，较上一年上升了 7 位，排在上饶市第 8 位，较上一年上升了 2 位。具体来看，规模以上工业企业 R&D 人员占从业人员比重从 2021 年的 3.43% 上升至 2022 年的 5.71%，在全省二类县（市、区）排名上升了 13 位；规模以上工业企业 R&D 经费支出从 2021 年的 21 086.70 万元上升至 2022 年的 29 222.65 万元，在全省二类县（市、区）排名上升了 10 位；规模以上工业企业 R&D 经费支出占营业收入比重从 2021 年的 1.06% 上升至 2022 年的 1.13%，在全省二类县（市、区）排名上升了 8 位。

创新成效排在全省二类县（市、区）第 30 位，排在上饶市第 10 位，均较上一年下降了 3 位。具体来看，每万家企业法人科技型中小企业数从 2021 年的 38.95 家上升至 2022 年的 46.95 家，但在全省二类县（市、区）排名却下降了2位；高新技术产业增加值占规模以上工业增加值比重从2021年的27.74%上升至2022年的33.41%，但在全省二类县（市、区）排名却下降了11位。

经济社会发展排在全省二类县（市、区）第31位，较上一年下降了6位，排在上饶市第11位，较上一年下降了1位。具体来看，GDP增速从2021年的9%下降至2022年的5%，在全省二类县（市、区）排名下降了4位。

综上所述，鄱阳县农业产业化省级以上龙头企业数排名靠前，但规模以上工业企业中万人R&D人员全时当量、技术合同成交额、每万家企业法人科技型中小企业数、每十万人科普专职人员、本级地方财政科技支出占公共财政支出比重等排名靠后。建议该县夯实创新基础，营造创新氛围，坚持人才培养与引进并举、持续激发人才创新活力，完善高新技术企业和科技型中小企业成长加速机制，不断塑造发展新动能新优势。

十、万年县

万年县，位于江西省东北部，上饶市下辖县。2022年，万年县科技创新能力在全省二类县（市、区）排名第20位，较上一年上升了5位，排在上饶市第8位，较上一年下降了1位（表3-74）。

表3-74　万年县（二类）科技创新能力评价指标得分与位次

指标名称	得分/分	全省二类县（市、区）排名		本市排名	
	2022年	2022年	2021年	2022年	2021年
科技创新能力	64.72	20	25	8	7
创新环境	3.29	19	14	5	4
创新基础	2.97	29	26	10	11
规模以上企业数（家）	3.71	7	4	5	4
规模以上工业企业建立研发机构的比例（%）	2.25	31	30	11	12
当年新增省级及以上研发平台/创新载体（个）	2.96	20	13	8	4
科技意识	3.78	3	4	4	3
人均科普经费投入（元）	3.25	21	15	4	5
每十万人科普专职人员（人）	4.42	2	3	3	3
创新投入	3.20	20	28	5	7

续表

指标名称	得分/分	全省二类县（市、区）排名		本市排名	
	2022年	2022年	2021年	2022年	2021年
人力投入	3.21	17	23	5	6
规模以上工业企业中万人R&D人员全时当量（人·年）	3.31	15	18	4	4
规模以上工业企业R&D人员占从业人员比重（%）	3.11	21	27	8	8
财力投入	3.20	22	23	8	7
规模以上工业企业R&D经费支出	3.22	19	16	7	5
规模以上工业企业R&D经费支出占营业收入比重（%）	3.18	25	29	8	9
创新成效	3.27	19	25	7	6
技术创新	3.24	14	16	5	3
万人有效发明专利拥有量增量（件）	2.86	30	25	11	4
每万家企业法人高新技术企业数（家）	3.53	5	10	4	4
每万家企业法人科技型中小企业数（家）	3.33	17	19	4	4
产业化水平	3.31	22	26	4	6
规模以上工业企业新产品销售收入占营业收入比重（%）	2.61	25	18	9	6
高新技术产业增加值占规模以上工业增加值比重（%）	3.84	10	24	4	8
技术合同成交额	3.23	21	24	8	5
农业产业化省级以上龙头企业数（个）	3.56	8	9	4	5
经济社会发展	3.10	26	15	8	7
经济增长	2.98	30	16	11	4
GDP较上一年增长（%）	2.99	30	11	11	5
本级地方财政科技支出占公共财政支出比重（%）	2.98	25	21	7	5
社会生活	3.29	12	13	5	5
居民人均可支配收入（元）	3.26	16	15	5	5
万人社会消费品零售额（万元）	3.31	9	10	6	6

创新环境在全省二类县（市、区）排名第19位，较上一年下降了5位，排在上饶市第5位，较上一年下降了1位。具体来看，规模以上企业数从2021年的250家上升至2022年的267家，但在全省二类县（市、区）排名却下降了3位。人均科普经费投入1元，与上一年持平，但在全省二类县

（市、区）排名却下降了 6 位。

创新投入排在全省二类县（市、区）第 20 位，较上一年上升了 8 位，排在上饶市第 5 位，较上一年上升 2 位。具体来看，规模以上工业企业 R&D 人员占从业人员比重从 2021 年的 4.63% 上升至 2022 年的 5.40%，在全省二类县（市、区）排名上升了 6 位；规模以上工业企业 R&D 经费支出占营业收入比重从 2021 年的 0.62% 下降至 2022 年的 0.55%，在全省二类县（市、区）排名却上升了 4 位。

创新成效排在全省二类县（市、区）第 19 位，较上一年上升了 6 位，排在上饶市第 7 位，较上一年下降了 1 位。具体来看，每万家企业法人高新技术企业数从 2021 年的 69.33 家下降至 2022 年的 62.34 家，但在全省二类县（市、区）排名却上升了 5 位；高新技术产业增加值占规模以上工业增加值比重从 2021 年的 29.75% 上升至 2022 年的 39.12%，在全省二类县（市、区）排名上升 14 位；技术合同成交额从 2021 年的 15 342 万元上升至 2022 年的 49 033 万元，在全省二类县（市、区）排名上升 3 位。

经济社会发展排在全省二类县（市、区）第 26 位，较上一年下降了 11 位，排在上饶市第 8 位，较上一年下降了 1 位。具体来看，GDP 增速从 2021 年的 9.10% 下降至 2022 年的 4.60%，在全省二类县（市、区）排名下降了 19 位；本级地方财政科技支出占公共财政支出比重从 2021 年的 2.26% 下降至 2022 年的 2.24%，在全省二类县（市、区）排名下降了 4 位。

综上所述，万年县每万家企业法人高新技术企业数、每十万人科普专职人员等排名靠前，但规模以上工业企业建立研发机构的比例、万人有效发明专利拥有量增量、本级地方财政科技支出占公共财政支出比重、GDP 较上一年增长等排名靠后。建议该县加大政府科技投入力度，鼓励有条件的企业建立研发平台、更大力度参与科技创新，提高科技成果转化和产业化水平，助推区域经济高质量发展。

十一、婺源县

婺源县，位于江西省东北部，上饶市下辖县。2022 年，婺源县科技创新能力在全省三类县（市、区）排名 32 位，排在上饶市第 11 位，均与上一年位次相同（表 3-75）。

表 3-75　婺源县（三类）科技创新能力评价指标得分与位次

指标名称	得分/分	全省三类县（市、区）排名		本市排名	
	2022 年	2022 年	2021 年	2022 年	2021 年
科技创新能力	57.24	32	32	11	11
创新环境	2.55	32	18	12	6
创新基础	2.73	30	21	11	10
规模以上企业数（家）	2.82	15	16	11	11
规模以上工业企业建立研发机构的比例（%）	2.60	28	16	10	2
当年新增省级及以上研发平台 / 创新载体（个）	2.78	28	21	10	9
科技意识	2.27	32	10	10	5
人均科普经费投入（元）	1.31	32	6	12	2
每十万人科普专职人员（人）	3.43	14	13	5	5
创新投入	2.88	31	31	10	12
人力投入	2.65	30	31	10	11
规模以上工业企业中万人 R&D 人员全时当量（人·年）	2.59	30	31	9	9
规模以上工业企业 R&D 人员占从业人员比重（%）	2.71	27	31	11	11
财力投入	3.07	31	30	10	12
规模以上工业企业 R&D 经费支出	2.74	32	30	10	12
规模以上工业企业 R&D 经费支出占营业收入比重（%）	3.33	20	30	3	12
创新成效	3.09	25	26	9	8
技术创新	3.12	21	21	6	5
万人有效发明专利拥有量增量（件）	2.89	27	31	6	10
每万家企业法人高新技术企业数（家）	3.54	12	14	3	3
每万家企业法人科技型中小企业数（家）	2.89	25	24	7	7
产业化水平	3.06	28	26	10	9
规模以上工业企业新产品销售收入占营业收入比重（%）	2.66	28	28	8	9
高新技术产业增加值占规模以上工业增加值比重（%）	3.15	25	30	8	11
技术合同成交额	3.12	20	14	9	1
农业产业化省级以上龙头企业数（个）	3.43	8	7	7	7

续表

指标名称	得分/分	全省三类县（市、区）排名		本市排名	
	2022 年	2022 年	2021 年	2022 年	2021 年
经济社会发展	2.65	29	29	12	11
经济增长	2.38	29	30	12	12
GDP 较上一年增长（%）	2.85	29	17	12	8
本级地方财政科技支出占公共财政支出比重（%）	1.91	32	32	12	12
社会生活	3.05	12	12	8	8
居民人均可支配收入（元）	2.68	17	16	9	9
万人社会消费品零售额（万元）	3.50	7	8	4	4

创新环境在全省三类县（市、区）排名第 32 位，较上一年下降了 14 位，排在上饶市第 12 位，较上一年下降了 6 位。具体来看，规模以上工业企业建立研发机构的比例从 2021 年的 37.78% 下降至 2022 年的 20.79%，在全省三类县（市、区）排名下降了 12 位；人均科普经费投入从 2021 年的 1.20 元下降至 2022 年的 0.24 元，在全省三类县（市、区）排名下降了 26 位。

创新投入排在全省三类县（市、区）第 31 位，与上一年位次相同，排在上饶市第 10 位，较上一年上升了 2 位。具体来看，规模以上工业企业 R&D 人员占从业人员比重从 2021 年的 4.14% 上升至 2022 年的 4.24%，在全省三类县（市、区）排名上升了 4 位；规模以上工业企业 R&D 经费支出占营业收入比重从 2021 年的 0.54% 上升至 2022 年的 0.73%，在全省三类县（市、区）排名上升了 10 位。

创新成效排在全省三类县（市、区）第 25 位，较上一年上升了 1 位，排在上饶市第 9 位，较上一年下降了 1 位。具体来看，万人有效发明专利拥有量增量从 2021 年的 0.05 件上升至 2022 年的 0.13 件，在全省三类县（市、区）排名上升了 4 位；每万家企业法人高新技术企业数从 2021 年的 72.58 家下降至 2022 年的 62.61 家，但在全省三类县（市、区）排名却上升了 2 位；高新技术产业增加值占规模以上工业增加值比重从 2021 年的 16.73% 上升至 2022 年的 22.61%，在全省三类县（市、区）排名上升了 5 位；

经济社会发展排在全省三类县（市、区）第 29 位，与上一年位次相同，排在上饶市第 12 位，较上一年下降了 1 位。具体来看，GDP 增速从 2021 年的 8.80% 下降至 2022 年的 4.50%，在全省三类县（市、区）排名下降了 12 位；万人社会消费品零售额从 2021 年的 26 071.80 万元上升至 2022 年的 27 557.97 万元，在全省三类县（市、区）排名上升了 1 位。

综上所述，婺源县农业产业化省级以上龙头企业数、万人社会消费品零售额在全省三类县（市、区）排名相对靠前，但本级地方财政科技支出占公共财政支出比重、规模以上工业企业中万人 R&D 人员全时当量、规模以上工业企业 R&D 人员占从业人员比重、规模以上工业企业 R&D 经费支出、人均科普经费投入等排名靠后。建议该县加大政府科技投入力度，夯实创新基础，营造创新氛围，引导企业更大力度参与科技创新，提高科技成果转化和产业化水平，推动产业向价值链高端攀升。

十二、德兴市

德兴市，位于江西省东北部，省直辖县级市，上饶市代管。2022 年，德兴市科技创新能力在全省三类县（市、区）排名第 14 位，较上一年下降了 2 位，排在上饶市第 3 位，与上一年位次相同（表 3-76）。

表 3-76 德兴市（三类）科技创新能力评价指标得分与位次

指标名称	得分/分	全省三类县（市、区）排名		本市排名	
	2022 年	2022 年	2021 年	2022 年	2021 年
科技创新能力	70.12	14	12	3	3
创新环境	3.67	10	4	3	3
创新基础	3.50	9	11	4	4
规模以上企业数（家）	3.72	2	2	4	5
规模以上工业企业建立研发机构的比例（%）	2.99	25	22	6	6
当年新增省级及以上研发平台/创新载体（个）	3.83	2	6	3	3
科技意识	3.92	9	4	3	2
人均科普经费投入（元）	3.25	25	9	4	3
每十万人科普专职人员（人）	4.73	4	4	2	2

续表

指标名称	得分/分	全省三类县（市、区）排名		本市排名	
	2022 年	2022 年	2021 年	2022 年	2021 年
创新投入	3.35	19	13	4	4
人力投入	3.50	16	10	3	3
规模以上工业企业中万人 R&D 人员全时当量（人·年）	3.74	9	9	2	2
规模以上工业企业 R&D 人员占从业人员比重（%）	3.25	18	10	4	4
财力投入	3.23	25	17	6	8
规模以上工业企业 R&D 经费支出	3.28	19	12	5	8
规模以上工业企业 R&D 经费支出占营业收入比重（%）	3.18	29	21	9	8
创新成效	3.61	10	18	4	2
技术创新	3.89	8	4	1	1
万人有效发明专利拥有量增量（件）	2.95	24	22	4	3
每万家企业法人高新技术企业数（家）	4.51	2	4	1	1
每万家企业法人科技型中小企业数（家）	4.25	5	4	1	1
产业化水平	3.34	19	24	7	7
规模以上工业企业新产品销售收入占营业收入比重（%）	2.17	29	25	10	8
高新技术产业增加值占规模以上工业增加值比重（%）	3.47	18	17	7	5
技术合同成交额	4.07	5	25	5	6
经济社会发展	3.37	17	9	6	4
经济增长	3.14	23	18	7	6
GDP 较上一年增长（%）	3.27	23	8	7	4
本级地方财政科技支出占公共财政支出比重（%）	3.00	22	28	6	7
社会生活	3.72	2	2	2	2
居民人均可支配收入（元）	3.81	2	2	3	3
万人社会消费品零售额（万元）	3.62	6	7	3	3

创新环境在全省三类县（市、区）排名第 10 位，较上一年下降了 6 位，排在上饶市第 3 位，与上一年位次相同。具体来看，规模以上工业企业建立研发机构的比例从 2021 年的 31.98% 下降至 2022 年的 26.67%，在全省三类

县（市、区）排名下降了 3 位；人均科普经费投入从 2021 年的 1.10 元下降至 2022 年的 1.00 元，在全省三类县（市、区）排名下降了 16 位。

创新投入排在全省三类县（市、区）第 19 位，较上一年下降了 6 位，排在上饶市第 4 位，与上一年位次相同。具体来看，规模以上工业企业 R&D 人员占从业人员比重从 2021 年的 6.83% 下降至 2022 年的 5.83%，在全省三类县（市、区）排名下降了 8 位；规模以上工业企业 R&D 经费支出从 2021 年的 21 641.80 万元上升至 2022 年的 24 872.11 万元，但在全省三类县（市、区）排名却下降了 7 位。

创新成效排在全省三类县（市、区）第 10 位，较上一年上升了 8 位，排在上饶市第 4 位，较上一年下降了 2 位。具体来看，每万家企业法人高新技术企业数从 2021 年的 144.39 家下降至 2022 年的 112.42 家，但在全省三类县（市、区）排名却上升了 2 位；技术合同成交额从 2021 年的 12 960.52 万元上升至 2022 年的 74 975 万元，在全省三类县（市、区）排名上升 20 位。

经济社会发展排在全省三类县（市、区）第 17 位，较上一年下降了 8 位，排在上饶市第 6 位，较上一年下降了 2 位。具体来看，GDP 增速从 2021 年的 9.20% 下降至 2022 年的 4.80%，在全省三类县（市、区）排名下降了 15 位。

综上所述，德兴市规模以上企业数、居民人均可支配收入、每十万人科普专职人员、每万家企业法人高新技术企业数、每万家企业法人科技型中小企业数、技术合同成交额等指标在全省三类县（市、区）排名靠前，具有一定优势。但规模以上工业企业 R&D 经费支出占营业收入比重、规模以上工业企业新产品销售收入占营业收入比重等排名相对靠后。建议该市加大政府科技投入力度，营造创新氛围，同时引导企业加大研发投入、更大力度参与科技创新，提高科技成果转化和产业化水平，不断塑造发展新动能新优势。

第十节　吉　安　市

一、吉州区

吉州区，位于江西省中部，吉安市市辖区。2022 年，吉州区科技创新能力在全省一类县（市、区）排名第 28 位，较上一年下降了 5 位，排在吉安市第 10 位，较上一年下降了 3 位（表 3-77）。

表 3-77　吉州区（一类）科技创新能力评价指标得分与位次

指标名称	得分/分	全省一类县（市、区）排名		本市排名	
	2022 年	2022 年	2021 年	2022 年	2021 年
科技创新能力	65.63	28	23	10	7
创新环境	3.55	19	19	5	4
创新基础	3.47	20	22	8	7
规模以上企业数（家）	3.34	25	23	4	4
规模以上工业企业建立研发机构的比例（%）	3.74	8	25	10	12
当年新增省级及以上研发平台 / 创新载体（个）	3.31	22	8	5	2
科技意识	3.68	10	11	4	3
人均科普经费投入（元）	3.63	10	13	3	2
每十万人科普专职人员（人）	3.74	8	7	4	4
创新投入	3.02	30	21	13	9
人力投入	2.96	28	26	13	12
规模以上工业企业中万人 R&D 人员全时当量（人·年）	2.98	26	24	10	11
规模以上工业企业 R&D 人员占从业人员比重（%）	2.95	26	26	13	12
财力投入	3.07	28	10	13	5
规模以上工业企业 R&D 经费支出	2.91	29	9	12	2
规模以上工业企业R&D经费支出占营业收入比重（%）	3.20	26	11	12	9
创新成效	3.11	32	27	11	11
技术创新	2.82	34	26	12	11
万人有效发明专利拥有量增量（件）	3.14	29	8	7	3

续表

指标名称	得分/分	全省一类县（市、区）排名		本市排名	
	2022 年	2022 年	2021 年	2022 年	2021 年
每万家企业法人高新技术企业数（家）	2.73	33	32	12	12
每万家企业法人科技型中小企业数（家）	2.55	33	33	12	13
产业化水平	3.41	23	24	6	6
规模以上工业企业新产品销售收入占营业收入比重（%）	2.84	27	28	13	13
高新技术产业增加值占规模以上工业增加值比重（%）	4.69	2	6	2	5
技术合同成交额	2.72	32	33	9	13
农业产业化省级以上龙头企业数（个）	3.16	19	19	7	5
经济社会发展	4.25	4	5	1	1
经济增长	3.83	11	3	4	2
GDP 较上一年增长（%）	3.97	9	2	6	2
本级地方财政科技支出占公共财政支出比重（%）	3.68	14	13	3	3
社会生活	4.87	10	13	1	1
居民人均可支配收入（元）	4.95	11	11	1	1
万人社会消费品零售额（万元）	4.78	10	14	2	1

创新环境在全省一类县（市、区）排名第 19 位，与上一年位次相同，排在吉安市第 5 位，较上一年下降了 1 位。具体来看，规模以上工业企业建立研发机构的比例从 2021 年的 21.60% 上升至 2022 年的 38.06%，在全省一类县（市、区）排名上升了 17 位；当年新增省级及以上研发平台 / 创新载体从 2021 年的 6 个下降至 2022 年的 3 个，在全省一类县（市、区）排名下降了 14 位。

创新投入排在全省一类县（市、区）第 30 位，较上一年下降了 9 位，排在吉安市第 13 位，较上一年下降了 4 位。具体来看，规模以上工业企业 R&D 经费支出从 2021 年的 23 228.20 万元上升至 2022 年的 23 500.00 万元，但在全省一类县（市、区）排名却下降了 20 位；规模以上工业企业 R&D 经费支出占营业收入比重从 2021 年的 0.72% 下降至 2022 年的 0.62%，在全省一类县（市、区）排名下降 15 位。

创新成效排在全省一类县（市、区）第 32 位，较上一年下降了 5 位，排在吉安市第 11 位，与上一年位次相同。具体来看，每万人有效发明专利拥有量增量从 2021 年的 1.96 件下降至 2022 年的 0.70 件，在全省一类县（市、区）排名下降了 21 位；每万家企业法人高新技术企业数从 2021 年的 29.62 家下降至 2022 年的 21.13 家，在全省一类县（市、区）排名下降 1 位。

经济社会发展排在全省一类县（市、区）第 4 位，较上一年上升了 1 位，排在吉安市第 1 位，与上一年位次相同。具体来看，万人社会消费品零售额从 2021 年的 35 093.04 万元上升至 2022 年的 49 053.64 万元，在全省一类县（市、区）排名上升了 4 位。

综上所述，吉州区高新技术产业增加值占规模以上工业增加值比重、规模以上工业企业建立研发机构的比例、每十万人科普专职人员指标排名靠前，但每万家企业法人科技型中小企业数、技术合同成交额、每万家企业法人高新技术企业数、规模以上工业企业 R&D 经费支出等排名靠后。建议该区引导企业加大研发投入、更大力度参与科技创新，同时完善高新技术企业和科技型中小企业成长加速机制，进一步提升区域科技创新能力。

二、青原区

青原区，位于江西省中部，吉安市市辖区。2022 年，青原区科技创新能力在全省三类县（市、区）排名第 21 位，较上一年下降了 4 位，排在吉安市第 8 位，较上一年上升了 2 位（表 3-78）。

表 3-78　青原区（三类）科技创新能力评价指标得分与位次

指标名称	得分/分	全省三类县（市、区）排名		本市排名	
	2022 年	2022 年	2021 年	2022 年	2021 年
科技创新能力	67.17	21	17	8	10
创新环境	3.23	24	23	12	11
创新基础	3.37	15	17	10	8
规模以上企业数（家）	2.87	14	12	12	11
规模以上工业企业建立研发机构的比例（%）	4.37	13	14	5	6
当年新增省级及以上研发平台/创新载体（个）	2.78	28	13	12	8

续表

指标名称	得分/分	全省三类县（市、区）排名		本市排名	
	2022 年	2022 年	2021 年	2022 年	2021 年
科技意识	3.03	28	30	13	13
人均科普经费投入（元）	3.28	23	15	7	6
每十万人科普专职人员（人）	2.73	32	31	13	13
创新投入	3.36	18	9	9	6
人力投入	3.50	15	15	8	8
规模以上工业企业中万人 R&D 人员全时当量（人·年）	3.81	8	7	5	5
规模以上工业企业 R&D 人员占从业人员比重（%）	3.18	20	23	12	11
财力投入	3.24	24	6	11	4
规模以上工业企业 R&D 经费支出	3.04	28	4	11	4
规模以上工业企业 R&D 经费支出占营业收入比重（%）	3.41	14	8	3	4
创新成效	3.30	22	24	6	12
技术创新	3.12	20	23	8	10
万人有效发明专利拥有量增量（件）	3.53	7	5	1	6
每万家企业法人高新技术企业数（家）	2.78	27	25	10	10
每万家企业法人科技型中小企业数（家）	3.06	23	29	10	10
产业化水平	3.47	15	22	5	9
规模以上工业企业新产品销售收入占营业收入比重（%）	3.98	13	12	5	6
高新技术产业增加值占规模以上工业增加值比重（%）	3.66	16	25	8	9
技术合同成交额	3.21	16	18	1	1
农业产业化省级以上龙头企业数（个）	2.77	24	15	11	9
经济社会发展	3.82	4	8	4	7
经济增长	3.44	19	10	10	11
GDP 较上一年增长（%）	3.69	16	11	10	12
本级地方财政科技支出占公共财政支出比重（%）	3.19	16	11	10	11
社会生活	4.40	1	5	2	4
居民人均可支配收入（元）	3.52	6	6	3	3
万人社会消费品零售额（万元）	5.46	1	11	1	8

创新环境在全省三类县（市、区）排名第 24 位，排在吉安市第 12 位，均较上一年下降了 1 位。具体来看，规模以上企业数从 2021 年的 127 上升至 2022 年的 137 家，但在全省三类县（市、区）排名却下降了 2 位；人均科普经费投入从 2021 年的 1.00 元上升至 2022 年的 1.01 元，但在全省三类县（市、区）排名却下降了 8 位。

创新投入排在全省三类县（市、区）第 18 位，较上一年下降了 9 位，排在吉安市第 9 位，较上一年下降了 3 位。具体来看，规模以上工业企业 R&D 经费支出从 2021 年的 18 626.20 万元下降至 2022 年的 17 100.00 万元，在全省三类县（市、区）排名下降了 24 位；规模以上工业企业 R&D 经费支出占营业收入比重从 2021 年的 0.93% 上升至 2022 年的 1.02%，但在全省三类县（市、区）排名却下降了 6 位。

创新成效排在全省三类县（市、区）第 22 位，较上一年下降了 2 位，排在吉安市第 6 位，较上一年上升了 6 位。具体来看，每万家企业法人高新技术企业数从 2021 年的 39.28 家下降至 2022 年的 23.66 家，在全省三类县（市、区）排名下降了 2 位；规模以上工业企业新产品销售收入占营业收入比重从 2021 年的 25.54% 上升至 2022 年的 29.28%，但在全省三类县（市、区）排名却下降了 1 位。

经济社会发展排在全省三类县（市、区）第 4 位，较上一年上升了 4 位，排在吉安市第 4 位，较上一年上升了 3 位。具体来看，万人社会消费品零售额从 2021 年的 21 779.77 万元上升至 2022 年的 60 631.78 万元，在全省三类县（市、区）排名上升了 10 位。

综上所述，青原区万人社会消费品零售额、万人有效发明专利拥有量增量、居民人均可支配收入等指标在全省三类县（市、区）排名靠前，但当年新增省级及以上研发平台/创新载体、规模以上工业企业 R&D 经费支出、每十万人科普专职人员、每万家企业法人科技型中小企业数等排名靠后。建议该区夯实创新基础，营造创新氛围，引导企业加大研发投入、更大力度参与科技创新，同时完善科技型中小企业成长加速机制，为新质生产力发展提供良好环境和有力保障。

三、井冈山市

井冈山市，位于江西省西南部，省直管县级市，吉安市代管。2022年，井冈山市科技创新能力在全省三类县（市、区）排名第26位，较上一年下降了21位，排在吉安市第11位，较上一年下降了8位（表3-79）。

表3-79 井冈山市（三类）科技创新能力评价指标得分与位次

指标名称	得分/分	全省三类县（市、区）排名		本市排名	
	2022年	2022年	2021年	2022年	2021年
科技创新能力	64.45	26	5	11	3
创新环境	3.81	5	2	3	1
创新基础	3.68	5	1	4	2
规模以上企业数（家）	2.48	28	29	13	13
规模以上工业企业建立研发机构的比例（%）	5.50	3	2	2	2
当年新增省级及以上研发平台/创新载体（个）	2.96	16	1	9	3
科技意识	4.01	8	5	1	1
人均科普经费投入（元）	3.50	20	11	5	3
每十万人科普专职人员（人）	4.63	5	6	1	2
创新投入	3.15	25	4	12	3
人力投入	3.15	22	6	12	4
规模以上工业企业中万人R&D人员全时当量（人·年）	2.93	24	12	12	7
规模以上工业企业R&D人员占从业人员比重（%）	3.37	17	5	10	2
财力投入	3.15	29	4	12	3
规模以上工业企业R&D经费支出	2.82	31	11	13	11
规模以上工业企业R&D经费支出占营业收入比重（%）	3.41	15	2	4	1
创新成效	2.87	30	31	13	13
技术创新	2.66	32	32	13	13
万人有效发明专利拥有量增量（件）	2.97	22	21	9	13
每万家企业法人高新技术企业数（家）	2.59	32	32	13	13
每万家企业法人科技型中小企业数（家）	2.39	32	32	13	12
产业化水平	3.09	26	30	12	13
规模以上工业企业新产品销售收入占营业收入比重（%）	3.51	20	24	9	12

续表

指标名称	得分/分	全省三类县（市、区）排名		本市排名	
	2022 年	2022 年	2021 年	2022 年	2021 年
高新技术产业增加值占规模以上工业增加值比重（%）	3.10	26	28	13	13
技术合同成交额	2.62	28	21	10	3
农业产业化省级以上龙头企业数（个）	3.29	9	15	4	9
经济社会发展	3.52	13	3	6	3
经济增长	3.66	14	5	6	5
GDP 较上一年增长（%）	3.97	10	2	6	3
本级地方财政科技支出占公共财政支出比重（%）	3.34	13	15	5	10
社会生活	3.32	8	1	4	2
居民人均可支配收入（元）	3.81	1	1	2	2
万人社会消费品零售额（万元）	2.72	30	1	13	2

创新环境在全省三类县（市、区）排名第 5 位，较上一年下降了 3 位，排在吉安市第 3 位，较上一年下降了 2 位。具体来看，规模以上工业企业建立研发机构的比例从 2021 年的 71.11% 下降至 2022 年的 64.81%，在全省三类县（市、区）排名下降了 1 位；当年新增省级及以上研发平台 / 创新载体从 2021 年的 4 个下降为 2022 年的 1 个，在全省三类县（市、区）排名下降了 15 位。

创新投入排在全省三类县（市、区）第 25 位，较上一年下降了 21 位，排在吉安市第 12 位，较上一年下降了 9 位。具体来看，规模以上工业企业 R&D 人员占从业人员比重从 2021 年的 9.63% 下降至 2022 年的 6.16%，在全省三类县（市、区）排名下降了 12 位；规模以上工业企业 R&D 经费支出从 2021 年的 6300.00 万元上升至 2022 年的 6335.40 万元，但在全省三类县（市、区）排名却下降了 20 位；规模以上工业企业 R&D 经费支出占营业收入比重从 2021 年的 2.04% 下降至 2022 年的 1.53%，在全省三类县（市、区）排名下降 13 位。

创新成效排在全省三类县（市、区）第 30 位，较上一年上升了 1 位，排在吉安市第 13 位，与上一年位次相同。具体来看，规模以上工业企业新产品销售收入占营业收入比重从 2021 年的 13.50% 上升至 2022 年的 23.44%，在全省三类县（市、区）排名上升 4 位；高新技术产业增加值占规模以上工业增加值比重从 2021 年的 27.30% 上升至 2022 年的 27.84%，在全省三类县（市、区）排名上升 2 位。

经济社会发展排在全省三类县（市、区）第 13 位，较上一年下降了 10 位，排在吉安市第 6 位，较上一年下降了 3 位。具体来看，GDP 增速从 2021 年的 10% 下降至 2022 年的 5.30%，在全省三类县（市、区）排名下降 8 位。

综上所述，井冈山市当年规模以上工业企业建立研发机构的比例、居民人均可支配收入排名在全省三类县（市、区）排名靠前，但创新投入与创新成效多个指标排名靠后。建议该市引导企业加大研发投入、更大力度参与科技创新，同时完善科技型中小企业成长加速机制，提高科技成果转化和产业化水平，推动产业向价值链高端攀升。

四、吉安县

吉安县，位于江西省中部，吉安市下辖县。2022 年，吉安县科技创新能力在全省一类县（市、区）排名第 4 位，排在吉安市第 1 位，均与上一年位次相同（表 3-80）。

表 3-80　吉安县（一类）科技创新能力评价指标得分与位次

指标名称	得分/分	全省一类县（市、区）排名		本市排名	
	2022 年	2022 年	2021 年	2022 年	2021 年
科技创新能力	85.67	4	4	1	1
创新环境	3.84	13	16	2	2
创新基础	4.37	7	9	1	1
规模以上企业数（家）	4.42	14	14	1	1
规模以上工业企业建立研发机构的比例（%）	3.88	7	8	7	7
当年新增省级及以上研发平台/创新载体（个）	4.88	6	5	1	1
科技意识	3.05	31	29	12	10
人均科普经费投入（元）	3.25	23	22	9	6
每十万人科普专职人员（人）	2.80	32	28	12	10
创新投入	5.02	3	2	1	1

续表

指标名称	得分/分	全省一类县（市、区）排名		本市排名	
	2022年	2022年	2021年	2022年	2021年
人力投入	5.88	2	1	1	1
规模以上工业企业中万人R&D人员全时当量（人·年）	8.35	1	1	1	1
规模以上工业企业R&D人员占从业人员比重（%）	3.41	22	12	9	5
财力投入	4.31	5	6	1	1
规模以上工业企业R&D经费支出	5.49	3	3	1	1
规模以上工业企业R&D经费支出占营业收入比重（%）	3.34	16	16	7	12
创新成效	4.06	8	7	1	1
技术创新	4.34	7	4	1	1
万人有效发明专利拥有量增量（件）	3.21	26	6	3	2
每万家企业法人高新技术企业数（家）	5.44	4	4	1	1
每万家企业法人科技型中小企业数（家）	4.38	5	5	1	1
产业化水平	3.77	14	11	3	2
规模以上工业企业新产品销售收入占营业收入比重（%）	3.87	11	10	6	5
高新技术产业增加值占规模以上工业增加值比重（%）	4.66	3	1	3	2
技术合同成交额	2.97	28	26	3	2
农业产业化省级以上龙头企业数（个）	3.43	18	17	2	2
经济社会发展	3.39	30	26	8	8
经济增长	3.54	17	15	8	8
GDP较上一年增长（%）	4.12	7	8	4	9
本级地方财政科技支出占公共财政支出比重（%）	2.97	22	17	11	7
社会生活	3.16	32	32	5	9
居民人均可支配收入（元）	3.09	32	32	8	8
万人社会消费品零售额（万元）	3.25	27	27	5	7

创新环境在全省一类县（市、区）排名第13位，较上一年上升了3位，排在吉安市第2位，与上一年位次相同。具体来看，规模以上工业企业建立研发机构的比例从2021年的40.49%下降至2022年的40.26%，但在全省一类县（市、区）排名却上升了1位。

创新投入排在全省一类县（市、区）第3位，较上一年下降了1位，排在吉安市第1位，与上一年位次相同。具体来看，规模以上工业企业R&D人员占从业人员比重从2021年的7.69%下降至2022年的6.29%，在全省一类县（市、区）排名下降了10位。

创新成效排在全省一类县（市、区）第8位，较上一年下降了1位，排在吉安市第1位，与上一年位次相同。具体来看，万人有效发明专利拥有量增量从2021年的2.37件下降至2022年的0.87件，在全省一类县（市、区）排名下降了20位；高新技术产业增加值占规模以上工业增加值比重从2021年的75.78%下降至2022年的75.63%，在全省一类县（市、区）排名下降了2位；技术合同成交额从2021年的23 300.00万元上升至2022年的45 892.30万元，但在全省一类县（市、区）排名却下降了2位。

经济社会发展排在全省一类县（市、区）第30位，较上一年下降了4位，排在吉安市第8位，与上一年位次相同。具体来看，本级地方财政科技支出占公共财政支出比重从2021年的2.59%下降至2022年的2.23%，在全省一类县（市、区）排名下降5位。

综上所述，吉安县科技创新能力在全省一类县（市、区）排名较为稳定，其中高新技术产业增加值占规模以上工业增加值比重、规模以上工业企业中万人R&D人员全时当量、规模以上工业企业R&D经费支出等多项指标排名靠前，具有一定优势，但人均科普经费投入、每十万人科普专职人员、技术合同成交额等排名靠后。建议该县进一步优化创新环境，增加科普经费投入，营造创新氛围，同时提高科技成果和产业化水平，打通从科技强到企业强、产业强、经济强的通道。

五、新干县

新干县，位于江西省中部、吉安市北部，吉安市下辖县。2022年，新干县科技创新能力在全省二类县（市、区）排名第6位，较上一年下降了2位，排在吉安市第4位，与上一年位次相同（表3-81）。

表 3-81 新干县（二类）科技创新能力评价指标得分与位次

指标名称	得分/分	全省二类县（市、区）排名		本市排名	
	2022 年	2022 年	2021 年	2022 年	2021 年
科技创新能力	71.20	6	4	4	4
创新环境	3.50	12	7	7	5
创新基础	3.65	5	3	5	4
规模以上企业数（家）	3.88	2	2	2	2
规模以上工业企业建立研发机构的比例（%）	3.88	14	7	8	5
当年新增省级及以上研发平台/创新载体（个）	3.13	13	7	6	5
科技意识	3.27	20	23	8	9
人均科普经费投入（元）	3.43	18	15	6	6
每十万人科普专职人员（人）	3.07	23	23	7	7
创新投入	3.59	7	5	5	4
人力投入	3.93	5	3	4	3
规模以上工业企业中万人 R&D 人员全时当量（人·年）	4.32	6	4	3	3
规模以上工业企业 R&D 人员占从业人员比重（%）	3.53	14	5	7	4
财力投入	3.32	14	20	7	11
规模以上工业企业 R&D 经费支出	3.43	12	15	5	10
规模以上工业企业 R&D 经费支出占营业收入比重（%）	3.24	22	24	10	11
创新成效	3.58	4	13	2	6
技术创新	3.36	9	5	4	4
万人有效发明专利拥有量增量（件）	2.85	32	14	12	10
每万家企业法人高新技术企业数（家）	3.38	10	7	3	3
每万家企业法人科技型中小企业数（家）	3.95	2	2	2	2
产业化水平	3.80	8	19	2	10
规模以上工业企业新产品销售收入占营业收入比重（%）	4.00	8	14	4	10
高新技术产业增加值占规模以上工业增加值比重（%）	4.19	6	28	6	11
技术合同成交额	3.04	24	27	2	9
农业产业化省级以上龙头企业数（个）	4.22	5	4	1	1
经济社会发展	3.48	12	4	7	5

指标名称	得分/分	全省二类县（市、区）排名		本市排名	
	2022年	2022年	2021年	2022年	2021年
经济增长	3.52	19	5	9	6
GDP较上一年增长（%）	3.83	14	2	9	6
本级地方财政科技支出占公共财政支出比重（%）	3.20	20	12	9	5
社会生活	3.44	9	9	3	3
居民人均可支配收入（元）	3.30	15	16	6	6
万人社会消费品零售额（万元）	3.60	6	5	3	4

创新环境在全省排名第12位，较上一年下降了5位，排在吉安市第7位，较上一年下降了2位。具体来看，规模以上工业企业建立研发机构的比例从2021年的46.52%下降至2022年的40.25%，在全省二类县（市、区）排名下降了7位；人均科普经费投入从2021年的1.00元上升至2022年的1.07元，但在全省二类县（市、区）排名却下降了3位。

创新投入排在全省二类县（市、区）第7位，较上一年下降了2位，排在吉安市第5位，较上一年下降了1位。具体来看，规模以上工业企业中万人R&D人员全时当量从2021年的37.42人·年下降至2022年的36.59人·年，在全省二类县（市、区）排名下降了2位；规模以上工业企业R&D人员占从业人员比重从2021年的7.89%下降至2022年的6.62%，在全省二类县（市、区）排名下降了9位。

创新成效排在全省二类县（市、区）第4位，较上一年上升了9位，排在吉安市第2位，较上一年上升了4位。具体来看，规模以上工业企业新产品销售收入占营业收入比重从2021年的21.56%上升至2022年的29.41%，在全省二类县（市、区）排名上升了6位；高新技术产业增加值占规模以上工业增加值比重从2021年的27.73%上升至2022年的42.59%，在全省二类县（市、区）排名上升了22位；技术合同成交额从2021年的13 853.69万元上升至2022年的44 276.42万元，在全省二类县（市、区）排名上升了3位。

经济社会发展排在全省二类县（市、区）第12位，较上一年下降了8位，排在吉安市第 7 位，较上一年下降了 2 位。具体来看，GDP 增速从 2021 年的 9.70% 下降至 2022 年的 5.20%，在全省二类县（市、区）排名下降了 12 位。

综上所述，新干县规模以上企业数、每万家企业法人科技型中小企业数、高新技术产业增加值占规模以上工业增加值比重排名靠前，但万人有效发明专利拥有量增量、技术合同成交额排名相对靠后。建议该县鼓励企业更大力度参与科技创新、自主研发，提升成果转化和产业化水平，促进科技与经济社会融合发展。

六、永丰县

永丰县，位于江西省中部、吉安市东北面，吉安市下辖县。2022 年，永丰县科技创新能力在全省二类县（市、区）排名第 23 位，较上一年上升了 5 位，排在吉安市第 12 位，较上一年上升了 1 位（表 3-82）。

表 3-82　永丰县（二类）科技创新能力评价指标得分与位次

指标名称	得分/分	全省二类县（市、区）排名		本市排名	
	2022 年	2022 年	2021 年	2022 年	2021 年
科技创新能力	64.40	23	28	12	13
创新环境	3.39	14	11	9	8
创新基础	3.20	24	25	12	11
规模以上企业数（家）	3.32	17	12	5	3
规模以上工业企业建立研发机构的比例（%）	2.83	29	27	13	11
当年新增省级及以上研发平台/创新载体（个）	3.48	4	13	3	8
科技意识	3.68	6	3	3	2
人均科普经费投入（元）	3.25	21	15	9	6
每十万人科普专职人员（人）	4.21	3	2	3	1
创新投入	3.27	18	26	11	13
人力投入	3.28	16	19	11	10
规模以上工业企业中万人 R&D 人员全时当量（人·年）	2.95	21	22	11	12
规模以上工业企业 R&D 人员占从业人员比重（%）	3.61	11	16	6	8
财力投入	3.27	19	25	10	12
规模以上工业企业 R&D 经费支出	3.24	18	27	10	13

续表

指标名称	得分/分	全省二类县（市、区）排名		本市排名	
	2022 年	2022 年	2021 年	2022 年	2021 年
规模以上工业企业 R&D 经费支出占营业收入比重（%）	3.29	17	17	9	10
创新成效	3.12	24	14	10	8
技术创新	3.15	18	10	7	5
万人有效发明专利拥有量增量（件）	3.22	7	5	2	4
每万家企业法人高新技术企业数（家）	3.14	18	14	7	6
每万家企业法人科技型中小企业数（家）	3.08	22	10	9	5
产业化水平	3.09	26	18	11	8
规模以上工业企业新产品销售收入占营业收入比重（%）	3.61	13	7	7	7
高新技术产业增加值占规模以上工业增加值比重（%）	3.17	22	18	12	7
技术合同成交额	2.41	31	28	13	10
农业产业化省级以上龙头企业数（个）	3.43	15	13	2	2
经济社会发展	3.05	28	33	13	13
经济增长	2.99	29	33	13	13
GDP 较上一年增长（%）	3.13	29	33	13	13
本级地方财政科技支出占公共财政支出比重（%）	2.85	28	25	12	12
社会生活	3.14	16	14	7	7
居民人均可支配收入（元）	3.33	14	13	5	4
万人社会消费品零售额（万元）	2.90	19	13	10	9

创新环境在全省排名第 14 位，较上一年下降了 3 位，排在吉安市第 9 位，较上一年下降了 1 位。具体来看，规模以上企业数从 2021 年的 203 家上升至 2022 年的 207 家，但在全省二类县（市、区）排名却下降了 5 位；规模以上工业企业建立研发机构的比例从 2021 年的 26.28% 下降至 2022 年的 24.22%，在全省二类县（市、区）排名下降 2 位。

创新投入排在全省二类县（市、区）第 18 位，较上一年上升了 8 位，排在吉安市第 11 位，较上一年上升了 2 位。具体来看，规模以上工业企业 R&D 人员占从业人员比重从 2021 年的 6.11% 上升至 2022 年的 6.88%，在全省二类县（市、区）排名上升了 5 位；规模以上工业企业 R&D 经费支出从

2021 年的 21 800 万元上升至 2022 年的 25 660 万元，在全省二类县（市、区）排名上升了 9 位。

创新成效排在全省二类县（市、区）第 24 位，较上一年下降了 10 位，排在吉安市第 10 位，较上一年下降了 2 位。具体来看，规模以上工业企业新产品销售收入占营业收入比重从 2021 年的 24.29% 上升至 2022 年的 24.68%，但在全省二类县（市、区）排名却下降了 6 位；高新技术产业增加值占规模以上工业增加值比重从 2021 年的 47.48% 下降至 2022 年的 40.03%，在全省二类县（市、区）排名下降了 4 位。

经济社会发展排在全省二类县（市、区）第 28 位，较上一年上升了 5 位，排在吉安市第 13 位，与上一年位次相同。具体来看，GDP 增速从 2021 年的 4% 上升至 2022 年的 4.70%，在全省二类县（市、区）排名上升了 4 位。

综上所述，永丰县每十万人科普专职人员、当年新增省级及以上研发平台/创新载体在全省二类县（市、区）排名靠前，但技术合同成交额、规模以上工业企业建立研发机构的比例、GDP 较上一年增长、本级地方财政科技支出占公共财政支出比重等指标排名靠后。建议该县进一步加大政府科技投入力度，鼓励有条件的企业建立研发平台、更大力度参与科技创新，提高科技成果转化和产业化水平，助推区域经济高质量发展。

七、峡江县

峡江县，位于江西省中部、吉安市北部，吉安市下辖县。2022 年，峡江县科技创新能力在全省二类县（市、区）排名第 25 位，较上一年下降了 7 位，排在吉安市第 13 位，较上一年下降了 2 位（表 3-83）。

表 3-83　峡江县（二类）科技创新能力评价指标得分与位次

指标名称	得分/分	全省二类县（市、区）排名		本市排名	
	2022 年	2022 年	2021 年	2022 年	2021 年
科技创新能力	64.32	25	18	13	11
创新环境	3.09	27	25	13	12
创新基础	3.07	26	27	13	12

续表

指标名称	得分/分	全省二类县（市、区）排名		本市排名	
	2022年	2022年	2021年	2022年	2021年
规模以上企业数（家）	3.53	10	15	3	5
规模以上工业企业建立研发机构的比例（%）	2.87	27	23	12	10
当年新增省级及以上研发平台/创新载体（个）	2.78	25	24	12	13
科技意识	3.12	24	22	10	8
人均科普经费投入（元）	3.25	21	9	9	4
每十万人科普专职人员（人）	2.97	25	26	8	9
创新投入	3.36	13	18	8	10
人力投入	3.46	11	9	9	6
规模以上工业企业中万人R&D人员全时当量（人·年）	3.63	9	9	6	6
规模以上工业企业R&D人员占从业人员比重（%）	3.29	17	13	11	6
财力投入	3.28	18	27	9	13
规模以上工业企业R&D经费支出	3.42	13	21	6	12
规模以上工业企业R&D经费支出占营业收入比重（%）	3.17	26	30	13	13
创新成效	3.15	22	15	9	9
技术创新	3.23	15	4	5	2
万人有效发明专利拥有量增量（件）	3.18	12	1	6	1
每万家企业法人高新技术企业数（家）	3.07	19	17	8	9
每万家企业法人科技型中小企业数（家）	3.48	10	12	6	6
产业化水平	3.06	28	25	13	12
规模以上工业企业新产品销售收入占营业收入比重（%）	3.27	17	4	10	3
高新技术产业增加值占规模以上工业增加值比重（%）	3.29	20	25	11	10
技术合同成交额	2.82	28	22	6	6
农业产业化省级以上龙头企业数（个）	2.77	32	33	11	12
经济社会发展	3.19	24	12	12	11
经济增长	3.29	25	8	12	7
GDP较上一年增长（%）	3.27	24	4	12	8
本级地方财政科技支出占公共财政支出比重（%）	3.31	17	15	6	9

续表

指标名称	得分/分	全省二类县（市、区）排名		本市排名	
	2022 年	2022 年	2021 年	2022 年	2021 年
社会生活	3.04	19	19	9	10
居民人均可支配收入（元）	2.74	24	25	10	10
万人社会消费品零售额（万元）	3.41	8	9	4	6

创新环境在全省二类县（市、区）排名第 27 位，较上一年下降了 2 位，排在吉安市第 13 位，较上一年下降了 1 位。具体来看，规模以上工业企业建立研发机构的比例从 2021 年的 29.32% 下降至 2022 年的 24.85%，在全省二类县（市、区）排名下降了 4 位，人均科普经费投入从 2021 年的 1.05 元下降至 2022 年的 1.00 元，在全省二类县（市、区）排名下降了 12 位。

创新投入排在全省二类县（市、区）第 13 位，较上一年上升了 5 位，排在吉安市第 8 位，较上一年上升了 2 位。具体来看，规模以上工业企业 R&D 经费支出从 2021 年的 10 722.70 万元上升至 2022 年的 13 600.00 万元，在全省二类县（市、区）排名上升了 8 位；规模以上工业企业 R&D 经费支出占营业收入比重从 2021 年的 0.45% 上升至 2022 年的 0.46%，在全省二类县（市、区）排名上升了 4 位。

创新成效排在全省二类县（市、区）第 22 位，较上一年下降了 7 位，排在吉安市第 9 位，与上一年位次相同。具体来看，万人有效发明专利拥有量增量从 2021 年的 3.16 件下降至 2022 年的 0.80 件，在全省二类县（市、区）排名下降了 11 位；规模以上工业企业新产品销售收入占营业收入比重从 2021 年的 26.68% 下降至 2022 年的 20.54%，在全省二类县（市、区）排名下降了 13 位；技术合同成交额从 2021 年的 10 020 万元上升至 2022 年的 21 619.72 万元，但在全省二类县（市、区）排名却下降了 6 位。

经济社会发展排在全省二类县（市、区）第 24 位，较上一年下降了 12 位，排在吉安市第 12 位，较上一年下降了 1 位。具体来看，GDP 增速从 2021 年的 9.40% 下降至 2022 年的 4.80%，在全省二类县（市、区）排名下降了 20 位。

综上所述，峡江县技术合同成交额、规模以上工业企业建立研发机构的比例、农业产业化省级以上龙头企业数、规模以上工业企业 R&D 经费支出占营业收入比重等指标排名靠后。建议该县进一步优化创新环境，夯实创新基础，引导企业加大研发投入、更大力度参与科技创新，提高科技成果转化和产业化水平，不断塑造发展新动能新优势。

八、吉水县

吉水县，位于江西省中部，吉安市下辖县。2022 年，吉水县科技创新能力在全省二类县（市、区）排名第 10 位，较上一年上升了 4 位，排在吉安市第 6 位，较上一年上升了 3 位（表3-84）。

表 3-84   吉水县（二类）科技创新能力评价指标得分与位次

指标名称	得分/分	全省二类县（市、区）排名		本市排名	
	2022 年	2022 年	2021 年	2022 年	2021 年
科技创新能力	69.52	10	14	6	9
创新环境	3.48	13	10	8	7
创新基础	3.48	12	18	7	9
规模以上企业数（家）	3.27	21	18	6	6
规模以上工业企业建立研发机构的比例（%）	4.13	9	21	6	8
当年新增省级及以上研发平台/创新载体（个）	2.96	20	13	9	8
科技意识	3.48	13	5	5	4
人均科普经费投入（元）	3.53	11	15	4	6
每十万人科普专职人员（人）	3.41	9	4	5	3
创新投入	3.54	8	14	6	8
人力投入	3.66	8	17	6	9
规模以上工业企业中万人 R&D 人员全时当量（人·年）	3.60	10	14	7	8
规模以上工业企业 R&D 人员占从业人员比重（%）	3.72	8	15	5	7
财力投入	3.45	11	12	4	8
规模以上工业企业 R&D 经费支出	3.75	8	11	2	7
规模以上工业企业 R&D 经费支出占营业收入比重（%）	3.20	23	11	11	5
创新成效	3.25	21	19	7	10
技术创新	3.19	16	19	6	9

续表

指标名称	得分/分 2022年	全省二类县（市、区）排名 2022年	全省二类县（市、区）排名 2021年	本市排名 2022年	本市排名 2021年
万人有效发明专利拥有量增量（件）	2.85	31	19	11	11
每万家企业法人高新技术企业数（家）	3.28	13	16	5	8
每万家企业法人科技型中小企业数（家）	3.48	9	16	5	7
产业化水平	3.32	21	17	8	7
规模以上工业企业新产品销售收入占营业收入比重（%）	3.57	14	11	8	9
高新技术产业增加值占规模以上工业增加值比重（%）	3.56	15	12	8	9
技术合同成交额	2.94	25	21	4	5
农业产业化省级以上龙头企业数（个）	3.16	21	27	7	9
经济社会发展	4.02	5	11	2	10
经济增长	4.59	4	13	2	12
GDP 较上一年增长（%）	4.12	8	8	4	10
本级地方财政科技支出占公共财政支出比重（%）	5.07	5	20	1	11
社会生活	3.15	15	11	6	6
居民人均可支配收入（元）	3.34	13	14	4	4
万人社会消费品零售额（万元）	2.92	18	8	8	5

创新环境在全省二类县（市、区）排名第 13 位，较上一年下降了 3 位，排在吉安市第 8 位，较上一年下降了 1 位。具体来看，规模以上企业数从 2021 年的 183 家上升至 2022 年的 199 家，但在全省二类县（市、区）排名却下降了 3 位；当年新增省级及以上研发平台 / 创新载体数与上一年持平，但在全省二类县（市、区）排名却下降了 7 位。

创新投入排在全省二类县（市、区）第 8 位，较上一年上升了 6 位，排在吉安市第 6 位，较上一年上升了 2 位。具体来看，规模以上工业企业 R&D 人员占从业人员比重从 2021 年的 6.17% 上升至 2022 年的 7.17%，在全省二类县（市、区）排名上升了 7 位；规模以上工业企业 R&D 经费支出从 2021 年的 32 500 万元上升至 2022 年的 42 000 万元，在全省二类县（市、区）排名上升了 3 位。

创新成效排在全省二类县（市、区）第 21 位，较上一年下降了 2 位，排在吉安市第 7 位，较上一年上升了 3 位。具体来看，规模以上工业企业新产品销售收入占营业收入比重从 2021 年的 22.12% 上升至 2022 年的 24.26%，但在全省二类县（市、区）排名却下降了 3 位；高新技术产业增加值占规模以上工业增加值比重从 2021 年的 44.76% 下降至 2022 年的 43.76%，在全省二类县（市、区）排名下降了 3 位。

经济社会发展排在全省二类县（市、区）第 5 位，较上一年上升了 6 位，排在吉安市第 2 位，较上一年上升了 8 位。具体来看，本级地方财政科技支出占公共财政支出比重从 2021 年的 2.30% 上升至 2022 年的 5.64%，在全省二类县（市、区）排名上升了 15 位。

综上所述，吉水县本级地方财政科技支出占公共财政支出比重、规模以上工业企业 R&D 经费支出、规模以上工业企业 R&D 人员占从业人员比重、规模以上工业企业建立研发机构的比例等在全省二类县（市、区）排名靠前，但技术合同成交额、农业产业化省级以上龙头企业数、万人有效发明专利拥有量增量排名相对靠后。建议该县引导企业更大力度参与科技创新，提高专利质量效益，打通从科技强到企业强、产业强、经济强的通道。

九、泰和县

泰和县，位于江西省中南部，吉安市下辖县。2022 年，泰和县科技创新能力在全省二类县（市、区）排名第 14 位，较上一年上升了 9 位，排在吉安市第 7 位，较上一年上升了 5 位（表 3-85）。

表 3-85 泰和县（二类）科技创新能力评价指标得分与位次

指标名称	得分/分	全省二类县（市、区）排名		本市排名	
	2022 年	2022 年	2021 年	2022 年	2021 年
科技创新能力	67.52	14	23	7	12
创新环境	3.26	20	33	11	13
创新基础	3.39	19	30	9	13
规模以上企业数（家）	3.20	23	22	8	7
规模以上工业企业建立研发机构的比例（%）	3.81	15	31	9	13

续表

指标名称	得分/分	全省二类县（市、区）排名		本市排名	
	2022 年	2022 年	2021 年	2022 年	2021 年
当年新增省级及以上研发平台/创新载体（个）	3.13	13	13	6	8
科技意识	3.07	26	27	11	11
人均科普经费投入（元）	3.25	21	15	9	6
每十万人科普专职人员（人）	2.85	29	29	9	11
创新投入	3.35	14	19	10	12
人力投入	3.38	13	24	10	13
规模以上工业企业中万人 R&D 人员全时当量（人·年）	3.25	17	19	9	10
规模以上工业企业 R&D 人员占从业人员比重（%）	3.52	15	25	8	13
财力投入	3.32	15	11	8	7
规模以上工业企业 R&D 经费支出	3.24	17	13	9	8
规模以上工业企业 R&D 经费支出占营业收入比重（%）	3.39	11	10	6	3
创新成效	3.51	9	12	4	5
技术创新	3.11	20	17	9	7
万人有效发明专利拥有量增量（件）	3.20	10	6	6	7
每万家企业法人高新技术企业数（家）	3.15	17	15	6	7
每万家企业法人科技型中小企业数（家）	2.97	24	28	11	11
产业化水平	3.91	4	11	1	5
规模以上工业企业新产品销售收入占营业收入比重（%）	5.04	2	2	1	1
高新技术产业增加值占规模以上工业增加值比重（%）	4.78	2	20	1	8
技术合同成交额	2.48	29	23	12	7
农业产业化省级以上龙头企业数（个）	3.16	21	23	7	8
经济社会发展	3.21	23	9	11	9
经济增长	3.32	23	8	11	10
GDP 较上一年增长（%）	3.41	20	8	11	10
本级地方财政科技支出占公共财政支出比重（%）	3.23	18	10	8	4
社会生活	3.05	18	16	8	8
居民人均可支配收入（元）	3.19	18	18	7	7
万人社会消费品零售额（万元）	2.88	21	14	12	10

创新环境在全省二类县（市、区）排名第 20 位，较上一年上升了 13 位，排在吉安市第 11 位，较上一年上升了 2 位。具体来看，规模以上工业企业建

立研发机构的比例从 2021 年的 16.79% 上升至 2022 年的 39.16%，在全省二类县（市、区）排名上升了 16 位。

创新投入排在全省二类县（市、区）第 14 位，较上一年上升了 5 位，排在吉安市第 10 位，较上一年上升了 2 位。具体来看，规模以上工业企业中万人 R&D 人员全时当量从 2021 年的 17.39 人·年上升至 2022 年的 19.08 人·年，在全省二类县（市、区）排名上升了 2 位；规模以上工业企业 R&D 人员占从业人员比重从 2021 年的 4.71% 上升至 2022 年的 6.60%，在全省二类县（市、区）排名上升了 10 位。

创新成效排在全省二类县（市、区）第 9 位，较上一年上升了 3 位，排在吉安市第 4 位，较上一年上升了 1 位。具体来看，每万家企业法人科技型中小企业数从 2021 年的 42.50 家上升至 2022 年的 72.85 家，在全省二类县（市、区）排名上升了 4 位；高新技术产业增加值占规模以上工业增加值比重从 2021 年的 57.27% 上升至 2022 年的 66.93%，在全省二类县（市、区）排名上升了 18 位。

经济社会发展排在全省二类县（市、区）第 23 位，较上一年下降了 14 位，排在吉安市第 11 位，较上一年下降了 2 位。具体来看，GDP 增幅从 2021 年的 9.20% 下降至 2022 年的 4.90%，在全省二类县（市、区）排名下降了 12 位。

综上所述，泰和县科技创新能力较上一年进步较大，规模以上工业企业新产品销售收入占营业收入比重、高新技术产业增加值占规模以上工业增加值比重在全省二类县（市、区）排名靠前，但技术合同成交额、每十万人科普专职人员、每万家企业法人科技型中小企业数等排名相对靠后。建议该县优化创新环境，营造创新氛围，加速培育科技型中小企业，提高科技成果转化和产业化水平，助推区域经济高质量发展。

十、万安县

万安县，位于江西省中南部、吉安市南部，吉安市下辖县。2022 年，万安县科技创新能力在全省三类县（市、区）排名第 8 位，较上一年下降了

7 位，排在吉安市第 3 位，较上一年下降了 1 位（表 3-86）。

表 3-86　万安县（三类）科技创新能力评价指标得分与位次

指标名称	得分/分	全省三类县（市、区）排名		本市排名	
	2022 年	2022 年	2021 年	2022 年	2021 年
科技创新能力	71.69	8	1	3	2
创新环境	3.28	21	19	10	9
创新基础	3.22	22	20	11	10
规模以上企业数（家）	3.09	8	8	10	10
规模以上工业企业建立研发机构的比例（%）	3.43	23	21	11	9
当年新增省级及以上研发平台/创新载体（个）	3.13	11	6	6	5
科技意识	3.37	23	14	7	5
人均科普经费投入（元）	3.84	11	3	2	1
每十万人科普专职人员（人）	2.81	30	22	11	8
创新投入	3.93	4	2	2	2
人力投入	4.12	5	2	3	2
规模以上工业企业中万人 R&D 人员全时当量（人·年）	4.05	5	2	4	2
规模以上工业企业 R&D 人员占从业人员比重（%）	4.20	6	2	2	1
财力投入	3.77	6	2	2	2
规模以上工业企业 R&D 经费支出	3.75	9	2	3	3
规模以上工业企业 R&D 经费支出占营业收入比重（%）	3.80	5	4	1	1
创新成效	3.32	20	13	5	3
技术创新	3.41	15	14	2	6
万人有效发明专利拥有量增量（件）	3.20	12	8	4	8
每万家企业法人高新技术企业数（家）	3.41	14	17	2	4
每万家企业法人科技型中小企业数（家）	3.66	17	16	4	4
产业化水平	3.23	24	12	9	4
规模以上工业企业新产品销售收入占营业收入比重（%）	3.08	23	15	11	8
高新技术产业增加值占规模以上工业增加值比重（%）	3.87	12	9	7	4
技术合同成交额	2.76	26	23	8	8
农业产业化省级以上龙头企业数（个）	3.16	13	10	7	5
经济社会发展	3.90	3	2	3	2

续表

指标名称	得分/分	全省三类县（市、区）排名		本市排名	
	2022 年	2022 年	2021 年	2022 年	2021 年
经济增长	4.63	2	1	1	1
GDP 较上一年增长（%）	4.26	7	1	3	1
本级地方财政科技支出占公共财政支出比重（%）	5.01	3	2	2	1
社会生活	2.80	23	26	11	12
居民人均可支配收入（元）	2.53	21	21	12	11
万人社会消费品零售额（万元）	3.13	14	22	6	12

创新环境在全省三类县（市、区）排名第 21 位，较上一年下降了 2 位，排在吉安市第 10 位，较上一年下降了 1 位。具体来看，规模以上工业企业建立研发机构的比例从 2021 年的 32.08% 上升至 2022 年的 33.33%，但在全省三类县（市、区）排名却下降了 2 位；当年新增省级及以上研发平台 / 创新载体 2 个，与上一年持平，但在全省三类县（市、区）排名却下降了 5 位。

创新投入排在全省三类县（市、区）第 4 位，较上一年下降了 2 位，排在吉安市第 2 位，与上一年位次相同。具体来看，规模以上工业企业 R&D 人员占从业人员比重从 2021 年的 10.86% 下降至 2022 年的 8.57%，在全省三类县（市、区）排名下降了 4 位；规模以上工业企业 R&D 经费支出从 2021 年的 21 570.30 万元上升至 2022 年的 24 250.00 万元，但在全省三类县（市、区）排名却下降了 7 位。

创新成效排在全省三类县（市、区）第 20 位，较上一年下降了 7 位，排在吉安市第 5 位，较上一年下降了 2 位。具体来看，规模以上工业企业新产品销售收入占营业收入比重从 2021 年的 24.22% 下降至 2022 年的 18.26%，在全省三类县（市、区）排名下降了 8 位；高新技术产业增加值占规模以上工业增加值比重从 2021 年的 67.16% 下降至 2022 年的 60.29%，在全省三类县（市、区）排名下降了 3 位。

经济社会发展排在全省三类县（市、区）第 3 位，排在吉安市第 3 位，均较上一年下降了 1 位。具体来看，GDP 增速从 2021 年的 10.30% 下降至

2022 年的 5.50%，在全省三类县（市、区）排名下降了 6 位。

综上所述，万安县本级地方财政科技支出占公共财政支出比重、规模以上工业企业中万人 R&D 人员全时当量、规模以上工业企业 R&D 经费支出占营业收入比重排名靠前，一级指标中创新投入在全省三类县（市、区）排第4 位，具有一定竞争优势。但每十万人科普专职人员、技术合同成交额等排名相对靠后。建议该县夯实创新基础，营造创新氛围，引导企业更大力度参与科技创新，提高科技成果转化和产业化水平，不断塑造发展新动能新优势。

十一、遂川县

遂川县，位于江西省西南边缘，吉安市下辖县。2022 年，遂川县科技创新能力在全省三类县（市、区）排名第 13 位，较上一年上升了 2 位，排在吉安市第 5 位，较上一年上升了 3 位（表 3-87）。

表 3-87　遂川县（三类）科技创新能力评价指标得分与位次

指标名称	得分/分	全省三类县（市、区）排名		本市排名	
	2022 年	2022 年	2021 年	2022 年	2021 年
科技创新能力	70.60	13	15	5	8
创新环境	3.85	4	11	1	6
创新基础	3.93	2	4	3	5
规模以上企业数（家）	3.10	7	7	9	9
规模以上工业企业建立研发机构的比例（%）	4.99	6	9	3	4
当年新增省级及以上研发平台/创新载体（个）	3.66	4	6	2	5
科技意识	3.73	13	20	5	6
人均科普经费投入（元）	3.25	25	15	9	6
每十万人科普专职人员（人）	4.32	7	16	2	5
创新投入	3.71	8	15	3	11
人力投入	3.82	8	18	5	11
规模以上工业企业中万人 R&D 人员全时当量（人·年）	3.58	11	14	8	9
规模以上工业企业 R&D 人员占从业人员比重（%）	4.06	7	19	3	9

续表

指标名称	得分/分	全省三类县（市、区）排名		本市排名	
	2022年	2022年	2021年	2022年	2021年
财力投入	3.61	7	12	3	10
规模以上工业企业 R&D 经费支出	3.69	10	9	4	9
规模以上工业企业 R&D 经费支出占营业收入比重（%）	3.55	8	10	2	6
创新成效	3.22	23	15	8	4
技术创新	3.06	23	20	10	8
万人有效发明专利拥有量增量（件）	2.83	30	20	13	12
每万家企业法人高新技术企业数（家）	3.06	22	19	9	5
每万家企业法人科技型中小企业数（家）	3.33	20	20	7	8
产业化水平	3.38	17	10	7	3
规模以上工业企业新产品销售收入占营业收入比重（%）	4.01	11	8	3	2
高新技术产业增加值占规模以上工业增加值比重（%）	3.47	19	5	10	3
技术合同成交额	2.82	23	28	5	12
农业产业化省级以上龙头企业数（个）	3.29	9	7	4	2
经济社会发展	3.35	18	6	9	6
经济增长	3.79	13	3	5	3
GDP 较上一年增长（%）	3.97	10	4	6	5
本级地方财政科技支出占公共财政支出比重（%）	3.60	9	7	4	2
社会生活	2.70	26	28	12	13
居民人均可支配收入（元）	2.53	20	22	11	12
万人社会消费品零售额（万元）	2.90	21	24	9	13

创新环境在全省三类县（市、区）排名第4位，较上一年上升了7位，排在吉安市第1位，较上一年上升了5位。具体来看，规模以上工业企业建立研发机构的比例从2021年的50.43%上升至2022年的57.02%，在全省三类县（市、区）排名上升了3位；当年新增省级及以上研发平台/创新载体从2021年2个上升至2022年的5个，在全省三类县（市、区）排名上升了2位。

创新投入排在全省三类县（市、区）第 8 位，较上一年上升了 7 位，排在吉安市第 3 位，较上一年上升了 8 位。具体来看，规模以上工业企业 R&D 人员占从业人员比重从 2021 年的 5.58% 上升至 2022 年的 8.18%，在全省三类县（市、区）排名上升了 12 位；规模以上工业企业 R&D 经费支出占营业收入比重从 2021 年的 1.07% 上升至 2022 年的 1.28%，在全省三类县（市、区）排名上升 2 位。

创新成效排在全省三类县（市、区）第 23 位，较上一年下降了 8 位，排在吉安市第 8 位，较上一年下降了 4 位。具体来看，万人有效发明专利拥有量增量从 2021 年的 0.47 件下降至 2022 年的 0 件，在全省三类县（市、区）排名下降了 10 位；规模以上工业企业新产品销售收入占营业收入比重从 2021 年的 27.29% 上升至 2022 年的 29.64%，但在全省三类县（市、区）排名却下降了 3 位；高新技术产业增加值占规模以上工业增加值比重从 2021 年的 61.52% 下降至 2022 年的 51.79%，在全省三类县（市、区）排名下降了 14 位。

经济社会发展排在全省三类县（市、区）第 18 位，较上一年下降了 12 位，排在吉安市第 9 位，较上一年下降了 3 位。具体来看，GDP 增速从 2021 年的 9.80% 下降至 2022 年的 5.30%，在全省三类县（市、区）排名下降了 6 位。

综上所述，遂川县规模以上企业数、当年新增省级及以上研发平台 / 创新载体、每十万人科普专职人员排名靠前，但万人有效发明专利拥有量增量、技术合同成交额、人均科普经费投入等指标排名相对靠后。建议该县增加科普经费投入力度，积极营造创新氛围，完善高新技术企业和科技型中小企业成长加速机制，提高科技成果转化和产业化水平，推动产业向价值链高端攀升。

十二、安福县

安福县，位于江西省中南部、吉安市西部，吉安市下辖县。2022 年，安福县科技创新能力在全省三类县（市、区）排名第 6 位，排在吉安市第 2 位，均较上一年上升了 4 位（表 3-88）。

表 3-88　安福县（三类）科技创新能力评价指标得分与位次

指标名称	得分/分	全省三类县（市、区）排名		本市排名	
	2022 年	2022 年	2021 年	2022 年	2021 年
科技创新能力	73.04	6	10	2	6
创新环境	3.70	8	5	4	3
创新基础	4.00	1	2	2	3
规模以上企业数（家）	3.21	6	5	7	8
规模以上工业企业建立研发机构的比例（%）	5.67	1	3	1	2
当年新增省级及以上研发平台 / 创新载体（个）	2.96	16	3	9	4
科技意识	3.26	25	22	9	7
人均科普经费投入（元）	3.28	23	14	7	5
每十万人科普专职人员（人）	3.25	17	18	6	6
创新投入	3.69	9	12	4	7
人力投入	4.13	4	14	2	7
规模以上工业企业中万人 R&D 人员全时当量（人·年）	4.47	2	6	2	4
规模以上工业企业 R&D 人员占从业人员比重（%）	3.79	9	21	4	10
财力投入	3.34	21	10	5	9
规模以上工业企业 R&D 经费支出	3.36	15	7	7	6
规模以上工业企业 R&D 经费支出占营业收入比重（%）	3.32	21	11	8	7
创新成效	3.56	11	22	3	7
技术创新	3.37	17	12	3	3
万人有效发明专利拥有量增量（件）	3.03	19	7	8	7
每万家企业法人高新技术企业数（家）	3.36	16	12	4	2
每万家企业法人科技型中小企业数（家）	3.77	13	9	3	3
产业化水平	3.76	6	23	4	11
规模以上工业企业新产品销售收入占营业收入比重（%）	4.50	6	11	2	4
高新技术产业增加值占规模以上工业增加值比重（%）	4.34	3	27	4	12
技术合同成交额	2.78	25	22	7	4
农业产业化省级以上龙头企业数（个）	3.29	9	10	4	5
经济社会发展	3.72	6	4	5	4

续表

指标名称	得分/分	全省三类县（市、区）排名		本市排名	
	2022 年	2022 年	2021 年	2022 年	2021 年
经济增长	4.18	5	4	3	4
GDP 较上一年增长（%）	5.10	1	2	1	3
本级地方财政科技支出占公共财政支出比重（%）	3.26	14	14	7	8
社会生活	3.02	13	6	10	5
居民人均可支配收入（元）	3.03	11	11	9	9
万人社会消费品零售额（万元）	3.00	16	4	7	3

创新环境在全省三类县（市、区）排名第 8 位，较上一年下降了 3 位，排在吉安市第 4 位，较上一年下降了 1 位。具体来看，当年新增省级及以上研发平台 / 创新载体从 2021 年的 3 个下降至 2022 年的 1 个，在全省三类县（市、区）排名下降了 13 位。

创新投入排在全省三类县（市、区）第 9 位，排在吉安市第 4 位，均较上一年上升了 3 位。具体来看，规模以上工业企业中万人 R&D 人员全时当量从 2021 年的 31.38 人·年上升至 2022 年的 38.98 人·年，在全省三类县（市、区）排名上升了 4 位；规模以上工业企业 R&D 人员占从业人员比重从 2021 年的 5.25% 上升至 2022 年的 7.39%，在全省三类县（市、区）排名上升 12 位。

创新成效排在全省三类县（市、区）第 11 位，较上一年上升了 11 位，排在吉安市第 3 位，较上一年上升了 4 位。具体来看，规模以上工业企业新产品销售收入占营业收入比重从 2021 年的 26.34% 上升至 2022 年的 35.62%，在全省三类县（市、区）排名上升了 5 位；高新技术产业增加值占规模以上工业增加值比重从 2021 年的 31.17% 上升至 2022 年的 46.52%，在全省三类县（市、区）排名上升了 24 位。

经济社会发展排在全省三类县（市、区）第 6 位，较上一年下降了 2 位，排在吉安市第 5 位，较上一年下降了 1 位。具体来看，万人社会消费品零售额从 2021 年的 30 468.33 万元下降至 2022 年的 19 143.27 万元，在全省三类县（市、区）排名下降了 12 位。

综上所述，安福县科技创新能力排名较上一年略有提升，其中规模以上工业企业建立研发机构的比例、高新技术产业增加值占规模以上工业增加值比重、规模以上工业企业中万人 R&D 人员全时当量、GDP 较上一年增长排名居全省三类县（市、区）前三，具有一定优势。但技术合同成交额、人均科普经费投入、规模以上工业企业 R&D 经费支出占营业收入比重排名相对靠后。建议该县增加科普经费投入力度，营造良好创新氛围，引导企业加大研发投入，提高科技成果转化和产业化水平，助推区域经济高质量发展。

十三、永新县

永新县，位于江西省西部，吉安市下辖县。2022 年，永新县科技创新能力在全省三类县（市、区）排名第 22 位，较上一年下降了 14 位，排在吉安市第 9 位，较上一年下降了 4 位（表 3-89）。

表 3-89　永新县（三类）科技创新能力评价指标得分与位次

指标名称	得分 /分	全省三类县（市、区）排名		本市排名	
	2022 年	2022 年	2021 年	2022 年	2021 年
科技创新能力	66.23	22	8	9	5
创新环境	3.53	12	20	6	10
创新基础	3.59	7	7	6	6
规模以上企业数（家）	2.87	13	14	11	12
规模以上工业企业建立研发机构的比例（%）	4.39	12	8	4	3
当年新增省级及以上研发平台/创新载体（个）	3.48	6	13	3	8
科技意识	3.44	18	29	6	12
人均科普经费投入（元）	3.94	7	15	1	6
每十万人科普专职人员（人）	2.83	29	30	10	12
创新投入	3.45	14	8	7	5
人力投入	3.61	12	11	7	5
规模以上工业企业中万人 R&D 人员全时当量（人·年）	2.80	26	17	13	13
规模以上工业企业 R&D 人员占从业人员比重（%）	4.42	4	6	1	3

续表

指标名称	得分/分	全省三类县（市、区）排名		本市排名	
	2022 年	2022 年	2021 年	2022 年	2021 年
财力投入	3.33	22	8	6	6
规模以上工业企业 R&D 经费支出	3.25	21	6	8	5
规模以上工业企业 R&D 经费支出占营业收入比重（%）	3.39	17	12	5	8
创新成效	3.07	26	9	12	2
技术创新	2.92	27	25	11	12
万人有效发明专利拥有量增量（件）	2.87	29	9	10	9
每万家企业法人高新技术企业数（家）	2.77	28	27	11	11
每万家企业法人科技型中小企业数（家）	3.15	22	25	8	9
产业化水平	3.21	25	3	10	1
规模以上工业企业新产品销售收入占营业收入比重（%）	3.06	24	18	12	11
高新技术产业增加值占规模以上工业增加值比重（%）	4.32	4	1	5	1
技术合同成交额	2.52	30	26	11	11
农业产业化省级以上龙头企业数（个）	2.63	28	26	13	12
经济社会发展	3.24	19	14	10	12
经济增长	3.63	15	9	7	9
GDP 较上一年增长（%）	4.54	4	5	2	7
本级地方财政科技支出占公共财政支出比重（%）	2.72	29	27	13	13
社会生活	2.66	28	24	13	11
居民人均可支配收入（元）	2.47	25	26	13	13
万人社会消费品零售额（万元）	2.90	22	16	11	11

创新环境在全省三类县（市、区）排名 12 位，较上一年上升了 8 位，排在吉安市第 6 位，较上一年上升了 4 位。具体来看，当年新增省级及以上研发平台 / 创新载体从 2021 年的 1 个上升至 2022 年的 2 个，在全省三类县（市、区）排名上升了 7 位；人均科普经费投入从 2021 年的 1.00 元上升至 2022 年的 1.27 元，在全省三类县（市、区）排名上升了 8 位。

创新投入排在全省三类县（市、区）第 14 位，较上一年下降了 6 位，排在吉安市第 7 位，较上一年下降了 2 位。具体来看，规模以上工业企业中万人 R&D 人员全时当量从 2021 年的 15.26 人·年下降至 2022 年的 11.77 人·年，在全省三类县（市、区）排名下降 9 位；规模以上工业企业 R&D 经费支出从 2021 年的 13 481.90 万元上升至 2022 年的 16 291.90 万元，但在全省三类县（市、区）排名却下降了 15 位；规模以上工业企业 R&D 经费支出占营业收入比重从 2021 年的 0.94% 上升至 2022 年的 1.00%，但在全省三类县（市、区）排名却下降了 5 位。

创新成效排在全省三类县（市、区）第 26 位，较上一年下降了 17 位，排在吉安市第 12 位，较上一年下降了 10 位。具体来看，规模以上工业企业新产品销售收入占营业收入比重从 2021 年的 19.50% 下降至 2022 年的 17.96%，在全省三类县（市、区）排名下降了 6 位；高新技术产业增加值占规模以上工业增加值比重从 2021 年的 76.89% 下降至 2022 年的 71.75%，在全省三类县（市、区）排名下降了 3 位。

经济社会发展排在全省三类县（市、区）第 19 位，较上一年下降了 5 位，排在吉安市第 10 位，较上一年上升了 2 位。具体来看，本级地方财政科技支出占公共财政支出比重从 2021 年的 1.92% 下降至 2022 年的 1.81%，在全省三类县（市、区）排名下降了 2 位。

综上所述，永新县高新技术产业增加值占规模以上工业增加值比重、规模以上工业企业 R&D 人员占从业人员比重、GDP 较上一年增长排名靠前，但技术合同成交额、每十万人科普专职人员、本级地方财政科技支出占公共财政支出比重、每万家企业法人高新技术企业数等指标排名靠后。建议该县加大政府科技投入，引导企业更大力度参与科技创新，完善高新技术企业和科技型中小企业成长加速机制，提高科技成果转化和产业化水平，不断塑造发展新动能新优势。

第十一节　抚　州　市

一、临川区

临川区，位于江西省东部，抚州市市辖区。2022 年，临川区科技创新能力在全省一类县（市、区）排名第 17 位，较上一年下降了 1 位，排在抚州市第 2 位，与上一年位次相同（表 3-90）。

表 3-90　临川区（一类）科技创新能力评价指标得分与位次

指标名称	得分/分	全省一类县（市、区）排名		本市排名	
	2022 年	2022 年	2021 年	2022 年	2021 年
科技创新能力	75.40	17	16	2	2
创新环境	3.95	11	14	2	1
创新基础	4.33	9	10	1	1
规模以上企业数（家）	4.50	13	12	1	1
规模以上工业企业建立研发机构的比例（%）	4.43	3	6	3	7
当年新增省级及以上研发平台/创新载体（个）	4.01	14	15	2	1
科技意识	3.39	15	23	6	7
人均科普经费投入（元）	3.56	12	22	6	5
每十万人科普专职人员（人）	3.19	16	15	4	5
创新投入	3.56	20	23	5	6
人力投入	3.79	13	20	4	7
规模以上工业企业中万人 R&D 人员全时当量（人·年）	3.63	15	23	4	7
规模以上工业企业 R&D 人员占从业人员比重（%）	3.94	11	17	4	7
财力投入	3.38	22	24	8	7
规模以上工业企业 R&D 经费支出	3.47	21	23	5	4
规模以上工业企业 R&D 经费支出占营业收入比重（%）	3.30	18	17	9	9
创新成效	3.83	13	8	3	2
技术创新	3.75	14	10	4	3
万人有效发明专利拥有量增量（件）	3.48	18	20	3	5

续表

指标名称	得分/分	全省一类县（市、区）排名		本市排名	
	2022 年	2022 年	2021 年	2022 年	2021 年
每万家企业法人高新技术企业数（家）	3.82	10	9	3	3
每万家企业法人科技型中小企业数（家）	3.97	9	10	3	3
产业化水平	3.92	11	5	2	1
规模以上工业企业新产品销售收入占营业收入比重（%）	3.16	21	14	11	8
高新技术产业增加值占规模以上工业增加值比重（%）	3.66	18	3	4	2
技术合同成交额	4.46	8	4	2	1
农业产业化省级以上龙头企业数（个）	4.61	7	5	1	1
经济社会发展	3.92	11	34	2	3
经济增长	4.00	9	29	6	8
GDP 较上一年增长（%）	3.55	16	35	7	8
本级地方财政科技支出占公共财政支出比重（%）	4.44	6	12	4	6
社会生活	3.80	19	18	1	1
居民人均可支配收入（元）	4.37	16	16	1	1
万人社会消费品零售额（万元）	3.10	30	30	3	3

创新环境在全省一类县（市、区）排名第 11 位，较上一年上升了 3 位，排在抚州市第 2 位，较上一年下降了 1 位。具体来看，规模以上工业企业建立研发机构的比例从 2021 年的 43.94% 上升至 2022 年的 48.64%，在全省一类县（市、区）排名上升了 3 位；人均科普经费投入从 2021 年的 1.00 元上升至 2022 年的 1.12 元，在全省一类县（市、区）排名上升了 10 位。

创新投入排在全省一类县（市、区）第 20 位，较上一年上升了 3 位，排在抚州市第 5 位，较上一年上升了 1 位。具体来看，规模以上工业企业中万人 R&D 人员全时当量从 2021 年的 18.77 人·年上升至 2022 年的 25.25 人·年，在全省一类县（市、区）排名上升了 8 位；规模以上工业企业 R&D 人员占从业人员比重从 2021 年的 6.69% 上升至 2022 年的 7.83%，在全省一类县（市、区）排名上升了 6 位。

创新成效排在全省一类县（市、区）第 13 位，较上一年下降了 5 位，排在抚州市第 3 位，较上一年下降了 1 位。具体来看，规模以上工业企业新产品销售收入占营业收入比重从 2021 年的 21.36% 下降至 2022 年的 19.19%，在全省一类县（市、区）排名下降了 7 位；高新技术产业增加值占规模以上工业增加值比重从 2021 年的 57.50% 下降至 2022 年的 52.19%，在全省一类县（市、区）排名下降了 15 位。

经济社会发展排在全省一类县（市、区）第 11 位，较上一年上升了 23 位，排在抚州市第 2 位，较上一年上升了 1 位。具体来看，GDP 增速从 2021 年的 7.80% 下降至 2022 年的 5.00%，但在全省一类县（市、区）排名却上升了 19 位；本级地方财政科技支出占公共财政支出比重从 2021 年的 3.16% 上升至 2022 年的 4.62%，在全省一类县（市、区）排名上升了 6 位。

综上所述，临川区规模以上工业企业建立研发机构的比例、本级地方财政科技支出占公共财政支出比重排名靠前，但万人社会消费品零售额、规模以上工业企业 R&D 经费支出、规模以上工业企业新产品销售收入占营业收入比重排名相对偏后。建议该区引导企业加大研发投入，提高科技成果转化和产业化水平，助推区域经济高质量发展，提高人民生活水平。

二、南城县

南城县，位于江西省东部、抚州市中部，抚州市下辖县。2022 年，南城县科技创新能力在全省二类县（市、区）排名第 4 位，较上一年上升了 2 位，排在抚州市第 4 位，与上一年位次相同（表 3-91）。

表 3-91 南城县（二类）科技创新能力评价指标得分与位次

指标名称	得分/分	全省二类县（市、区）排名		本市排名	
	2022 年	2022 年	2021 年	2022 年	2021 年
科技创新能力	72.71	4	6	4	4
创新环境	3.31	18	16	9	6
创新基础	3.43	16	10	5	2
规模以上企业数（家）	3.38	14	17	2	2
规模以上工业企业建立研发机构的比例（%）	4.02	12	3	7	2

续表

指标名称	得分/分	全省二类县（市、区）排名		本市排名	
	2022年	2022年	2021年	2022年	2021年
当年新增省级及以上研发平台/创新载体（个）	2.78	25	13	11	5
科技意识	3.12	23	29	10	11
人均科普经费投入（元）	3.40	19	15	10	5
每十万人科普专职人员（人）	2.78	31	31	11	11
创新投入	4.07	2	9	2	5
人力投入	4.62	2	6	2	3
规模以上工业企业中万人R&D人员全时当量（人·年）	4.36	5	13	2	3
规模以上工业企业R&D人员占从业人员比重（%）	4.88	2	4	3	4
财力投入	3.62	6	21	2	5
规模以上工业企业R&D经费支出	3.60	9	20	2	2
规模以上工业企业R&D经费支出占营业收入比重（%）	3.64	4	16	2	6
创新成效	3.42	13	2	6	5
技术创新	3.78	2	3	3	4
万人有效发明专利拥有量增量（件）	4.34	1	2	1	1
每万家企业法人高新技术企业数（家）	3.30	12	11	9	7
每万家企业法人科技型中小企业数（家）	3.69	5	9	8	9
产业化水平	3.07	27	2	10	3
规模以上工业企业新产品销售收入占营业收入比重（%）	3.94	9	2	6	4
高新技术产业增加值占规模以上工业增加值比重（%）	2.02	32	2	9	3
技术合同成交额	3.34	19	5	8	3
农业产业化省级以上龙头企业数（个）	3.16	21	13	5	13
经济社会发展	3.51	11	23	7	8
经济增长	3.60	15	29	10	9
GDP较上一年增长（%）	2.85	31	30	11	8
本级地方财政科技支出占公共财政支出比重（%）	4.35	8	9	5	7
社会生活	3.38	10	10	3	3
居民人均可支配收入（元）	3.74	4	4	4	4
万人社会消费品零售额（万元）	2.93	17	20	6	6

　　创新环境在全省二类县（市、区）排名第 18 位，较上一年下降了 2 位，排在抚州市第 9 位，较上一年下降了 3 位。具体来看，规模以上工业企业建立研发机构的比例从 2021 年的 48.46% 下降至 2022 年的 42.41%，在全省二类县（市、区）排名下降了 9 位；当年新增省级及以上研发平台 / 创新载体为 0，在全省二类县（市、区）排名下降了 12 位。

　　创新投入排在全省二类县（市、区）第 2 位，较上一年上升了 7 位，排在抚州市第 2 位，较上一年上升了 3 位。具体来看，规模以上工业企业中万人 R&D 人员全时当量从 2021 年的 22.93 人·年上升至 2022 年的 37.19 人·年，在全省二类县（市、区）排名上升了 8 位；规模以上工业企业 R&D 经费支出从 2021 年的 23 770.60 万元上升至 2022 年的 30 393.60 万元，在全省二类县（市、区）排名上升了 11 位。

　　创新成效排在全省二类县（市、区）第 13 位，较上一年下降了 11 位，排在抚州市第 6 位，较上一年上下降了 1 位。具体来看，规模以上工业企业新产品销售收入占营业收入比重从 2021 年的 25.29% 上升至 2022 年的 28.71%，但在全省二类县（市、区）排名却下降了 3 位；高新技术产业增加值占规模以上工业增加值比重从 2021 年的 49.11% 下降至 2022 年的 25.74%，在全省二类县（市、区）排名下降了 30 位。

　　经济社会发展排在全省二类县（市、区）第 11 位，较上一年上升了 12 位，排在抚州市第 7 位，较上一年上升了 1 位。具体来看，本级地方财政科技支出占公共财政支出比重从 2021 年的 2.73% 上升至 2022 年的 4.47%，在全省二类县（市、区）排名上升了 1 位；万人社会消费品零售额从 2021 年的 16 955.03 万元上升至 2022 年的 17 879.85 万元，在全省二类县（市、区）排名上升了 3 位。

　　综上所述，南城县万人有效发明专利拥有量增量、规模以上工业企业 R&D 人员占从业人员比重、规模以上工业企业中万人 R&D 人员全时当量、居民人均可支配收入、规模以上工业企业 R&D 经费支出占营业收入比重在全省二类县（市、区）排名前五，具有一定优势。但每十万人科普专职人员、高新技术产业增加值占规模以上工业增加值比重、GDP 较上一年增长排名相对靠后。建议该县进一步优化创新环境，增加科普经费投入，营造良好创新氛围，同时提高科技成果转化和产业化水平，助力区域经济高质量发展。

三、黎川县

黎川县，位于江西省中部偏东，抚州市下辖县。2022 年，黎川县科技创新能力在全省三类县（市、区）排名第 18 位，较上一年下降了 2 位，排在抚州市第 8 位，较上一年下降了 3 位（表3-92）。

表3-92　黎川县（三类）科技创新能力评价指标得分与位次

指标名称	得分/分	全省三类县（市、区）排名		本市排名	
	2022 年	2022 年	2021 年	2022 年	2021 年
科技创新能力	69.07	18	16	8	5
创新环境	3.67	9	8	3	3
创新基础	3.39	13	13	7	5
规模以上企业数（家）	2.67	19	19	8	8
规模以上工业企业建立研发机构的比例（%）	4.49	9	12	2	6
当年新增省级及以上研发平台／创新载体（个）	2.96	16	6	7	2
科技意识	4.10	6	7	2	2
人均科普经费投入（元）	3.81	12	15	3	5
每十万人科普专职人员（人）	4.45	6	5	2	2
创新投入	3.40	16	17	8	8
人力投入	3.39	17	23	7	9
规模以上工业企业中万人 R&D 人员全时当量（人·年）	3.32	14	16	6	7
规模以上工业企业 R&D 人员占从业人员比重（%）	3.46	13	24	9	9
财力投入	3.40	15	15	7	6
规模以上工业企业 R&D 经费支出	3.33	16	14	7	3
规模以上工业企业 R&D 经费支出占营业收入比重（%）	3.46	12	13	7	5
创新成效	3.37	18	6	8	4
技术创新	3.42	13	15	8	8
万人有效发明专利拥有量增量（件）	3.00	21	25	10	10

续表

指标名称	得分/分	全省三类县（市、区）排名		本市排名	
	2022 年	2022 年	2021 年	2022 年	2021 年
每万家企业法人高新技术企业数（家）	3.58	11	15	5	6
每万家企业法人科技型中小企业数（家）	3.71	15	11	7	6
产业化水平	3.33	20	6	7	2
规模以上工业企业新产品销售收入占营业收入比重（%）	4.01	12	4	5	3
高新技术产业增加值占规模以上工业增加值比重（%）	1.21	32	3	11	1
技术合同成交额	5.10	2	12	1	1
农业产业化省级以上龙头企业数（个）	2.90	20	22	10	10
经济社会发展	3.49	15	24	8	9
经济增长	3.89	12	27	8	7
GDP 较上一年增长（%）	3.69	16	24	5	2
本级地方财政科技支出占公共财政支出比重（%）	4.08	8	21	9	10
社会生活	2.89	17	17	7	7
居民人均可支配收入（元）	2.93	14	13	8	7
万人社会消费品零售额（万元）	2.83	24	26	8	8

创新环境在全省三类县（市、区）排名第 9 位，较上一年下降了 1 位，排在抚州市第 3 位，与上一年位次相同。具体来看，当年新增省级及以上研发平台 / 创新载体 1 个，在全省三类县（市、区）排名较上一年下降 10 位；每十万人科普专职人员从 2021 年的 47.09 人上升至 2022 年的 48.75 人，但在全省三类县（市、区）排名却下降 1 位。

创新投入排在全省三类县（市、区）第 16 位，较上一年上升了 1 位，排在抚州市第 8 位，与上一年位次相同。具体来看，规模以上工业企业 R&D 人员占从业人员比重从 2021 年的 5.17% 上升至 2022 年的 6.44%，在全省三类县（市、区）排名较上一年上升了 11 位；规模以上工业企业中万人 R&D 人员全时当量从 2021 年的 15.47 人·年上升至 2022 年的 20.20 人·年，在全省三类县（市、区）排名上升了 2 位。

创新成效排在全省三类县（市、区）第 18 位，较上一年下降了 12 位，排在抚州市第 8 位，较上一年下降了 4 位。具体来看，高新技术产业增加值占规模以上工业增加值比重从 2021 年的 39.41% 下降至 2022 年的 9.48%，在全省三类县（市、区）排名下降 29 位；规模以上工业企业新产品销售收入占营业收入比从 2021 年的 31.13% 下降至 2022 年的 29.63%，在全省三类县（市、区）排名较上一年下降 8 位；每万家企业法人科技型中小企业数从 2021 年的 102.86 家上升至 2022 年的 124.19 家，但在全省三类县（市、区）排名却下降了 4 位。

经济社会发展排在全省三类县（市、区）第 15 位，较上一年上升了 9 位，排在抚州市第 8 位，较上一年上升了 1 位。具体来看，本级地方财政科技支出占本地公共财政支出比重从 2021 年的 2.19% 上升至 2022 年的 4.04%，在全省三类县（市、区）排名上升 23 位；GDP 较上一年增长 5.10%，在全省二类县（市、区）排名较上一年上升 8 位。

综上所述，黎川县技术合同成交额、每十万人科普专职人员在全省三类县（市、区）排名靠前，但高新技术产业增加值占规模以上工业增加值比重、万人有效发明专利拥有量增量、万人社会消费品零售额排名相对靠后。建议该县持续巩固良好创新环境，提高科技成果转化和产业化水平，积极培育高技术产业，不断塑造发展新动能新优势。

四、南丰县

南丰县，位于江西省东南部、抚州市南部，抚州市下辖县。2022 年，南丰县科技创新能力在全省三类县（市、区）排名第 11 位，较上一年上升了 7 位，排在抚州市第 5 位，较上一年上升了 3 位（表 3-93）。

表 3-93　南丰县（三类）科技创新能力评价指标得分与位次

指标名称	得分/分	全省三类县（市、区）排名		本市排名	
	2022 年	2022 年	2021 年	2022 年	2021 年
科技创新能力	70.92	11	18	5	8
创新环境	3.25	22	21	10	8
创新基础	3.37	14	16	8	7

续表

指标名称	得分/分	全省三类县（市、区）排名		本市排名	
	2022 年	2022 年	2021 年	2022 年	2021 年
规模以上企业数（家）	2.66	20	23	9	9
规模以上工业企业建立研发机构的比例（%）	4.43	11	6	4	1
当年新增省级及以上研发平台 / 创新载体（个）	2.96	16	21	7	7
科技意识	3.08	26	24	11	6
人均科普经费投入（元）	3.25	25	9	11	1
每十万人科普专职人员（人）	2.87	27	28	9	8
创新投入	3.86	5	7	3	2
人力投入	4.27	2	8	3	4
规模以上工业企业中万人 R&D 人员全时当量（人·年）	3.00	21	27	8	9
规模以上工业企业 R&D 人员占从业人员比重（%）	5.54	2	3	2	2
财力投入	3.52	9	9	3	3
规模以上工业企业 R&D 经费支出	3.19	22	18	9	7
规模以上工业企业 R&D 经费支出占营业收入比重（%）	3.79	6	6	1	1
创新成效	3.35	19	25	9	10
技术创新	3.43	12	16	7	9
万人有效发明专利拥有量增量（件）	3.27	10	11	5	4
每万家企业法人高新技术企业数（家）	3.34	18	20	8	9
每万家企业法人科技型中小企业数（家）	3.73	14	13	6	7
产业化水平	3.27	22	29	9	11
规模以上工业企业新产品销售收入占营业收入比重（%）	3.71	15	26	9	11
高新技术产业增加值占规模以上工业增加值比重（%）	2.37	30	29	8	10
技术合同成交额	4.01	6	17	5	7
农业产业化省级以上龙头企业数（个）	2.90	20	22	10	10
经济社会发展	3.71	7	16	5	4
经济增长	3.97	10	25	7	4
GDP 较上一年增长（%）	3.69	16	32	5	5
本级地方财政科技支出占公共财政支出比重（%）	4.24	6	6	6	5

续表

指标名称	得分/分	全省三类县（市、区）排名		本市排名	
	2022年	2022年	2021年	2022年	2021年
社会生活	3.33	6	8	5	5
居民人均可支配收入（元）	3.78	3	3	3	3
万人社会消费品零售额（万元）	2.78	28	29	9	9

创新环境在全省三类县（市、区）排名第 22 位，较上一年下降了 1 位，排在抚州市第 10 位，较上一年下降了 2 位。具体来看，人均科普经费投入从 2021 年的 1.10 元下降至 2022 年的 1.00 元，在全省三类县（市、区）排名较上一年下降 16 位；规模以上工业企业建立研发机构的比例从 2021 年的 52.08% 下降至 2022 年的 48.57%，在全省三类县（市、区）排名较上一年下降 5 位。

创新投入排在全省三类县（市、区）第 5 位，较上一年上升了 2 位，排在抚州市第 3 位，较上一年下降了 1 位。具体来看，规模以上工业企业中万人 R&D 人员全时当量从 2021 年的 10.24 人·年上升至 2022 年的 14.96 人·年，在全省三类县（市、区）排名较上一年上升 6 位；规模以上工业企业 R&D 人员占从业人员比重从 2021 年的 10.07% 上升至 2022 年的 12.47%，在全省三类县（市、区）排名较上一年上升了 1 位。

创新成效排在全省三类县（市、区）第 19 位，较上一年上升了 6 位，排在抚州市第 9 位，较上一年上升了 1 位。具体来看，规模以上工业企业新产品销售收入占营业收入比重、技术合同成交额在全省三类县（市、区）排名均较上一年上升了 11 位；每万家企业法人高新技术企业数、农业产业化省级以上龙头企业数在全省三类县（市、区）排名均较一年上升了 2 位。

经济社会发展排在全省三类县（市、区）第 7 位，较上一年上升了 9 位，排在抚州市第 5 位，较上一年下降了 1 位。具体来看，GDP 较上一年增长 5.10%，在全省三类县（市、区）排名上升 16 位；万人社会消费品零售额由 2021 年的 14 546.92 万元上升至 2022 年的 15 412.39 万元，在全省三类县（市、区）排名较上一年上升 1 位。

综上所述，南丰县科技创新能力排名较上一年略有提升，规模以上工业企业 R&D 人员占从业人员比重、居民人均可支配收入、技术合同成交额、规模以上工业企业 R&D 经费支出占营业收入比重等指标排名靠前，但高新技术产业增加值占规模以上工业增加值比重、每十万人科普专职人员、万人社会消费品零售额排名靠后。建议该县进一步优化创新环境，增加科普经费投入力度，同时引导企业加大研发投入、更大力度参与科技创新，积极培育高技术产业，助推区域经济高质量发展。

五、崇仁县

崇仁县，位于江西省中部偏东、抚州西部，抚州市下辖县。2022 年，崇仁县科技创新能力在全省二类县（市、区）排名第 1 位，排在抚州市第 1 位，均与上一年位次相同（表 3-94）。

表 3-94　崇仁县（二类）科技创新能力评价指标得分与位次

指标名称	得分/分	全省二类县（市、区）排名		本市排名	
	2022 年	2022 年	2021 年	2022 年	2021 年
科技创新能力	82.61	1	1	1	1
创新环境	3.56	9	12	5	4
创新基础	3.63	6	11	3	3
规模以上企业数（家）	3.08	24	24	4	4
规模以上工业企业建立研发机构的比例（%）	4.61	7	4	1	3
当年新增省级及以上研发平台 / 创新载体（个）	3.13	13	7	5	2
科技意识	3.47	15	21	5	8
人均科普经费投入（元）	3.79	7	15	4	5
每十万人科普专职人员（人）	3.08	22	22	6	6
创新投入	4.34	1	1	1	1
人力投入	5.11	1	1	1	1
规模以上工业企业中万人 R&D 人员全时当量（人·年）	4.53	4	7	1	2
规模以上工业企业 R&D 人员占从业人员比重（%）	5.68	1	1	1	1
财力投入	3.71	4	7	1	1

续表

指标名称	得分/分	全省二类县（市、区）排名		本市排名	
	2022年	2022年	2021年	2022年	2021年
规模以上工业企业 R&D 经费支出	3.86	5	9	1	1
规模以上工业企业 R&D 经费支出占营业收入比重（%）	3.59	6	5	4	3
创新成效	4.46	1	1	1	1
技术创新	4.84	1	1	1	1
万人有效发明专利拥有量增量（件）	3.60	3	4	2	2
每万家企业法人高新技术企业数（家）	5.26	1	1	1	2
每万家企业法人科技型中小企业数（家）	5.79	1	1	1	2
产业化水平	4.08	2	4	1	4
规模以上工业企业新产品销售收入占营业收入比重（%）	4.60	5	9	2	7
高新技术产业增加值占规模以上工业增加值比重（%）	3.83	11	3	2	4
技术合同成交额	4.08	1	1	3	4
农业产业化省级以上龙头企业数（个）	3.69	6	9	3	3
经济社会发展	3.39	17	22	10	6
经济增长	3.66	14	22	9	5
GDP 较上一年增长（%）	3.41	20	29	8	7
本级地方财政科技支出占公共财政支出比重（%）	3.91	11	6	10	3
社会生活	2.97	21	21	6	6
居民人均可支配收入（元）	3.25	17	17	5	5
万人社会消费品零售额（万元）	2.63	31	31	11	11

创新环境在全省二类县（市、区）排名第9位，较上一年上升了3位，排在抚州市第5位，较上一年下降了1位。具体来看，人均科普经费投入由2021年的1.00元上升至2022年的1.21元，全省二类县（市、区）排名上升8位；规模以上工业企业建立研发机构的比例从2021年的48.18%上升至2022年的51.26%，但在全省二类县（市、区）排名却下降了3位。

创新投入排在全省二类县（市、区）第1位，排在抚州市第1位，均与上一年位次相同。具体来看，规模以上工业企业 R&D 人员占从业人员比重

12.89%，该项指标连续两年排在全省二类县（市、区）第1位；规模以上工业企业R&D经费支出由2021年的30 707.70万元上升至2022年的35 246.90万元，在全省二类县（市、区）排名上升4位；规模以上工业企业中万人R&D人员全时当量从2021年的30.74人·年上升至2022年的39.91人·年，在全省二类县（市、区）排名较上一年上升了3位。

创新成效排在全省二类县（市、区）第1位，排在抚州市第1位，均与上一年位次相同。具体来看，每万家企业法人科技型中小企业数269.32家、每万家企业法人高新技术企业数150.82家，以上两项指标连续两年排在全省二类县（市、区）第1位；万人有效发明专利拥有量增量从2021年的1.94件下降至2022年的1.76件，但在全省二类县（市、区）排名却上升了1位。

经济社会发展排在全省二类县（市、区）第17位，较上一年上升了5位，排在抚州市第10位，较上一年下降了4位。具体来看，GDP增幅从2021年的8.00%下降至2022年的4.90%，但在全省二类县（市、区）排名却上升了9位。

综上所述，崇仁县规模以上工业企业R&D人员占从业人员比重、每万家企业法人高新技术企业数、每万家企业法人科技型中小企业数、规模以上工业企业R&D经费支出、万人有效发明专利拥有量增量排名前三，科技创新优势明显。建议该县夯实创新基础，鼓励企业做大做强，积极营造良好创新氛围，打通从科技强到企业强、产业强、经济强的通道。

六、乐安县

乐安县，位于江西省中部、抚州市西南部，抚州市下辖县。2022年，乐安县科技创新能力在全省二类县（市、区）排名第12位，较上一年上升了15位，排在抚州市第9位，与上一年位次相同（表3-95）。

表3-95　乐安县（二类）科技创新能力评价指标得分与位次

指标名称	得分/分	全省二类县（市、区）排名		本市排名	
	2022年	2022年	2021年	2022年	2021年
科技创新能力	68.01	12	27	9	9
创新环境	3.17	24	27	11	10

续表

指标名称	得分/分	全省二类县（市、区）排名		本市排名	
	2022年	2022年	2021年	2022年	2021年
创新基础	3.05	27	28	11	10
规模以上企业数（家）	2.59	32	33	10	10
规模以上工业企业建立研发机构的比例（%）	3.60	19	16	11	8
当年新增省级及以上研发平台/创新载体（个）	2.96	20	24	7	7
科技意识	3.34	17	14	7	3
人均科普经费投入（元）	3.50	13	7	7	3
每十万人科普专职人员（人）	3.14	21	17	5	4
创新投入	3.34	15	27	9	9
人力投入	3.17	19	29	11	10
规模以上工业企业中万人R&D人员全时当量（人·年）	2.77	25	28	11	10
规模以上工业企业R&D人员占从业人员比重（%）	3.57	13	24	8	10
财力投入	3.48	9	9	5	2
规模以上工业企业R&D经费支出	3.33	14	22	6	5
规模以上工业企业R&D经费支出占营业收入比重（%）	3.60	5	4	3	2
创新成效	3.58	5	16	4	8
技术创新	3.45	7	8	6	5
万人有效发明专利拥有量增量（件）	3.05	18	22	8	9
每万家企业法人高新技术企业数（家）	3.60	3	4	4	4
每万家企业法人科技型中小企业数（家）	3.73	4	5	5	5
产业化水平	3.70	12	21	3	9
规模以上工业企业新产品销售收入占营业收入比重（%）	3.77	10	27	7	10
高新技术产业增加值占规模以上工业增加值比重（%）	3.82	12	17	3	8
技术合同成交额	3.60	12	13	6	8
农业产业化省级以上龙头企业数（个）	3.56	8	13	4	4
经济社会发展	3.46	13	32	9	11
经济增长	4.11	7	32	3	11
GDP较上一年增长（%）	4.12	8	31	2	10

续表

指标名称	得分/分	全省二类县（市、区）排名		本市排名	
	2022年	2022年	2021年	2022年	2021年
本级地方财政科技支出占公共财政支出比重（%）	4.10	10	29	8	11
社会生活	2.49	33	33	11	11
居民人均可支配收入（元）	2.18	32	32	11	11
万人社会消费品零售额（万元）	2.86	22	22	7	7

创新环境在全省二类县（市、区）排名第24位，较上一年上升了3位，排在抚州市第11位，较上一年下降了1位。具体来看，当年新增省级及以上研发平台/创新载体1个，在全省二类县（市、区）排名较上一年上升4位；规模以上工业企业数由2021年的70家上升至2022年的94家，在全省二类县（市、区）排名较上一年上升1位。

创新投入排在全省二类县（市、区）第15位，较上一年上升了12位，排在抚州市第9位，与上一年位次相同。具体来看，规模以上工业企业R&D人员占从业人员比重由2021年的4.80%上升至2022年的6.74%，在全省二类县（市、区）排名较上一年上升11位；规模以上工业企业R&D经费支出由2021年的6916.90万元上升至2022年的9804.00万元，在全省二类县（市、区）排名上升8位；规模以上工业企业中万人R&D人员全时当量由2021年的6.19人·年上升至2022年的11.32人·年，在全省二类县（市、区）排名上升3位。

创新成效排在全省二类县（市、区）第5位，较上一年上升了11位，排在抚州市第4位，较上一年上升了4位。具体来看，规模以上工业企业新产品销售收入占营业收入比重由2021年的11.00%上升至2022年的26.68%，在全省二类县（市、区）排名较上一年上升17位；高新技术产业增加值占规模以上工业增加值比重、农业产业化省级以上龙头企业数在全省二类县（市、区）排名均较上一年上升5位。

经济社会发展排在全省二类县（市、区）第13位，较上一年上升了19位，排在抚州市第9位，较上一年上升了2位。具体来看，GDP增幅从2021年的 7.70% 下降至 2022 年的 5.40%，但在全省二类县（市、区）排名却上升了 23 位；本级地方财政科技支出占公共财政支出比重由 2021 年的 1.45% 上升至 2022 年的 4.05%，在全省二类县（市、区）排名较上一年上升 19 位。

综上所述，乐安县科技创新能力排名较上一年进步较大，规模以上工业企业 R&D 经费支出占营业收入比重、每万家企业法人高新技术企业数、每万家企业法人科技型中小企业数等指标在全省二类县（市、区）排名前五，但规模以上企业数、规模以上工业企业中万人 R&D 人员全时当量、居民人均可支配收入等排名靠后。建议该县进一步优化创新环境，鼓励企业做大做强，坚持人才培养与引进并举、持续激发人才创新活力，助推区域经济高质量发展。

七、宜黄县

宜黄县，位于江西省中部偏东、抚州市南部，抚州市下辖县。2022 年，宜黄县科技创新能力在全省三类县（市、区）排名 5 位，较上一年上升了 2 位，排在抚州市第 3 位，与上一年位次相同（表 3-96）。

表 3-96　宜黄县（三类）科技创新能力评价指标得分与位次

指标名称	得分 /分	全省三类县（市、区）排名		本市排名	
	2022 年	2022 年	2021 年	2022 年	2021 年
科技创新能力	73.72	5	7	3	3
创新环境	3.49	14	15	6	5
创新基础	3.42	12	12	6	4
规模以上企业数（家）	2.99	11	13	5	5
规模以上工业企业建立研发机构的比例（%）	3.93	18	11	9	4
当年新增省级及以上研发平台/创新载体（个）	3.31	8	13	4	5
科技意识	3.61	16	21	3	4
人均科普经费投入（元）	3.76	14	15	5	5
每十万人科普专职人员（人）	3.43	13	17	3	3
创新投入	3.59	12	11	4	3
人力投入	3.78	9	5	5	2

续表

指标名称	得分/分	全省三类县（市、区）排名		本市排名	
	2022年	2022年	2021年	2022年	2021年
规模以上工业企业中万人R&D人员全时当量（人·年）	3.94	7	3	3	1
规模以上工业企业R&D人员占从业人员比重（%）	3.62	10	8	7	5
财力投入	3.44	14	18	6	8
规模以上工业企业R&D经费支出	3.55	11	17	3	6
规模以上工业企业R&D经费支出占营业收入比重（%）	3.35	19	18	8	8
创新成效	3.92	5	5	2	3
技术创新	4.18	4	1	2	2
万人有效发明专利拥有量增量（件）	3.09	16	17	7	7
每万家企业法人高新技术企业数（家）	4.49	3	2	2	1
每万家企业法人科技型中小企业数（家）	5.09	1	1	2	1
产业化水平	3.66	11	20	4	8
规模以上工业企业新产品销售收入占营业收入比重（%）	4.80	2	3	1	2
高新技术产业增加值占规模以上工业增加值比重（%）	4.13	7	24	1	9
技术合同成交额	2.56	29	27	11	10
农业产业化省级以上龙头企业数（个）	3.03	17	15	7	8
经济社会发展	3.56	10	23	6	7
经济增长	4.07	8	23	4	4
GDP较上一年增长（%）	3.97	10	21	3	1
本级地方财政科技支出占公共财政支出比重（%）	4.17	7	16	7	9
社会生活	2.79	24	23	9	9
居民人均可支配收入（元）	2.67	18	18	9	9
万人社会消费品零售额（万元）	2.94	19	20	5	5

创新环境在全省三类县（市、区）排名第14位，较上一年上升了1位，排在抚州市第6位，较上一年下降1位。具体来看，当年新增省级及以上研发平台/创新载体3个，在全省三类县（市、区）排名较上一年上升5位；每十万人科普专职人员从2021年的17.21人上升至2022年的20.28人，在全省三类县（市、区）排名较上一年上升4位；规模以上企业数从2021年的

126 家上升至 2022 年的 156 家，在全省三类县（市、区）排名较上一年上升 2 位。

创新投入排在全省三类县（市、区）第 12 位，排在抚州市第 4 位，均较上一年下降了 1 位。具体来看，规模以上工业企业中万人 R&D 人员全时当量从 2021 年的 34.62 人·年下降至 2022 年的 30.27 人·年，在全省三类县（市、区）排名较上一年下降 4 位；规模以上工业企业 R&D 人员占从业人员比重从 2021 年的 7.94% 下降至 2022 年的 6.90%，全省三类县（市、区）排名较上一年下降 2 位。

创新成效排在全省三类县（市、区）第 5 位，与上一年位次相同，排在抚州市第 2 位，较上一年上升了 1 位。具体来看，每万家企业法人科技型中小企业数 220.47 家，该项指标连续两年排在全省三类县（市、区）第 1 位；规模以上工业企业新产品销售收入占营业收入比重从 2021 年的 38.33% 上升至 2022 年的 39.24%，在全省三类县（市、区）排名较上一年上升 1 位。

经济社会发展排在全省三类县（市、区）第 10 位，较上一年上升了 13 位，排在抚州市第 6 位，较上一年上升 1 位。具体来看，GDP 增幅从 2021 年的 8.60% 下降至 2022 年的 5.30%，但在全省三类县（市、区）排名却上升了 11 位；本级地方财政科技支出占公共财政支出比重从 2021 年的 2.43% 上升至 2022 年的 4.18%，在全省三类县（市、区）排名较上一年上升 9 位。

综上所述，宜黄县科技创新能力表现平稳，其中每万家企业法人科技型中小企业数、每万家企业法人高新技术企业数、规模以上工业企业新产品销售收入占营业收入比重排名前三。建议该县持续优化创新环境，鼓励有条件的企业建立研发机构，提高科技成果转化和产业化水平，推动产业向价值链高端攀升。

八、金溪县

金溪县，位于江西省中部，抚州市下辖县。2022 年，金溪县科技创新能力在全省二类县（市、区）排名第 13 位，较上一年上升了 2 位，排在抚州市第 10 位，较上一年下降了 3 位（表 3-97）。

表 3-97　金溪县（二类）科技创新能力评价指标得分与位次

指标名称	得分/分	全省二类县（市、区）排名		本市排名	
	2022 年	2022 年	2021 年	2022 年	2021 年
科技创新能力	67.56	13	15	10	7
创新环境	3.34	17	23	7	9
创新基础	3.43	15	19	4	8
规模以上企业数（家）	2.71	31	31	7	7
规模以上工业企业建立研发机构的比例（%）	4.12	10	8	6	5
当年新增省级及以上研发平台/创新载体（个）	3.48	4	24	3	7
科技意识	3.20	22	28	9	10
人均科普经费投入（元）	3.50	13	15	7	5
每十万人科普专职人员（人）	2.82	30	30	10	10
创新投入	3.30	16	8	10	4
人力投入	3.29	15	8	9	5
规模以上工业企业中万人 R&D 人员全时当量（人·年）	2.92	23	20	10	6
规模以上工业企业 R&D 人员占从业人员比重（%）	3.67	10	2	6	3
财力投入	3.30	16	16	9	4
规模以上工业企业 R&D 经费支出	3.10	24	24	10	8
规模以上工业企业 R&D 经费支出占营业收入比重（%）	3.46	9	7	6	4
创新成效	3.51	8	4	5	7
技术创新	3.51	3	11	5	7
万人有效发明专利拥有量增量（件）	3.19	11	18	6	6
每万家企业法人高新技术企业数（家）	3.49	7	12	4	4
每万家企业法人科技型中小企业数（家）	3.90	3	4	4	4
产业化水平	3.52	16	5	5	5
规模以上工业企业新产品销售收入占营业收入比重（%）	4.13	6	16	4	9
高新技术产业增加值占规模以上工业增加值比重（%）	2.74	27	10	7	6
技术合同成交额	4.03	7	2	4	2
农业产业化省级以上龙头企业数（个）	3.03	26	20	7	6
经济社会发展	3.26	19	31	11	10

续表

指标名称	得分/分	全省二类县（市、区）排名		本市排名	
	2022 年	2022 年	2021 年	2022 年	2021 年
经济增长	3.53	18	30	11	10
GDP 较上一年增长（%）	3.27	24	32	10	11
本级地方财政科技支出占公共财政支出比重（%）	3.79	12	17	11	8
社会生活	2.85	23	23	8	8
居民人均可支配收入（元）	2.96	21	21	6	6
万人社会消费品零售额（万元）	2.72	29	29	10	10

创新环境在全省二类县（市、区）排名第 17 位，较上一年上升了 6 位，排在抚州市第 7 位，较上一年上升了 2 位。具体来看，当年新增省级及以上研发平台 / 创新载体 4 个，在全省二类县（市、区）排名较上一年上升 20 位；人均科普经费投入 1.10 元，在全省二类县（市、区）排名较上一年上升 2 位。

创新投入排在全省二类县（市、区）第 16 位，较上一年下降了 8 位，排在抚州市第 10 位，较上一年下降了 6 位。具体来看，规模以上工业企业 R&D 人员占从业人员比重 7.02%，在全省二类县（市、区）排名较上一年下降 8 位；规模以上工业企业中万人 R&D 人员全时当量从 2021 年的 16.93 人·年下降至 2022 年的 13.75 人·年，在全省二类县（市、区）排名下降 3 位；规模以上工业企业 R&D 经费支出占营业收入比重从 2021 年的 1.36% 下降至 2022 年的 1.29%，在全省二类县（市、区）排名下降 2 位。

创新成效排在全省二类县（市、区）第 8 位，较上一年下降了 4 位，排在抚州市第 5 位，较上一年上升了 2 位。具体来看，高新技术产业增加值占规模以上工业增加值比重从 2021 年的 31.16% 下降至 2022 年的 25.25%，在全省二类县（市、区）排名下降 17 位；农业产业化省级及以上龙头企业数 7 个，在全省二类县（市、区）排名较上一年下降 6 位；技术合同成交额从 2021 年的 34 794.92 万元上升至 2022 年的 50 736.00 万元，但在全省二类县（市、区）排名却下降了 5 位。

经济社会发展排在全省二类县（市、区）第 19 位，较上一年上升了 12 位，排在抚州市第 11 位，较上一年下降了 1 位。具体来看，GDP 增幅从 2021 年的 7.60% 下降至 2022 年的 4.80%，但在全省二类县（市、区）排名却上升了 8 位；本级地方财政科技支出占公共财政支出比重从 2021 年的 2.48% 上升至 2022 年的 3.56%，在全省二类县（市、区）排名上升 5 位。

综上所述，金溪县当年新增省级及以上研发平台/创新载体、每万家企业法人科技型中小企业数在全省二类县（市、区）排名靠前，但规模以上企业数、每十万人科普专职人员、规模以上工业企业 R&D 经费支出、万人社会消费品零售额、高新技术产业增加值占规模以上工业增加值比重等排名偏后。建议该县夯实创新基础，鼓励企业做大做强，积极营造良好创新氛围，引导企业加大研发投入、更大力度参与科技创新，助推经济高质量发展。

九、资溪县

资溪县，位于江西省中部偏东、抚州市东部，抚州市下辖县。2022 年，资溪县科技创新能力在全省三类县（市、区）排名第 15 位，较上一年上升了 13 位，排在抚州市第 7 位，较上一年上升了 4 位（表 3-98）。

表 3-98　资溪县（三类）科技创新能力评价指标得分与位次

指标名称	得分/分	全省三类县（市、区）排名		本市排名	
	2022 年	2022 年	2021 年	2022 年	2021 年
科技创新能力	69.45	15	28	7	11
创新环境	4.64	1	3	1	2
创新基础	3.15	24	28	10	11
规模以上企业数（家）	2.37	32	32	11	11
规模以上工业企业建立研发机构的比例（%）	3.96	16	20	8	10
当年新增省级及以上研发平台/创新载体（个）	3.13	11	21	5	7
科技意识	6.87	1	1	1	1
人均科普经费投入（元）	6.16	2	13	1	4
每十万人科普专职人员（人）	7.74	1	1	1	1
创新投入	3.18	24	30	11	11

续表

指标名称	得分 /分	全省三类县 （市、区）排名		本市排名	
	2022 年	2022 年	2021 年	2022 年	2021 年
人力投入	3.22	21	32	10	11
规模以上工业企业中万人 R&D 人员全时当量（人·年）	2.99	22	32	9	11
规模以上工业企业 R&D 人员占从业人员比重（%）	3.45	15	32	11	11
财力投入	3.15	28	25	11	10
规模以上工业企业 R&D 经费支出	3.01	29	28	11	11
规模以上工业企业 R&D 经费支出占营业收入比重（%）	3.27	25	17	11	7
创新成效	2.94	28	29	11	11
技术创新	2.83	29	31	11	11
万人有效发明专利拥有量增量（件）	2.78	31	24	11	8
每万家企业法人高新技术企业数（家）	2.76	29	31	11	11
每万家企业法人科技型中小企业数（家）	2.99	24	27	11	11
产业化水平	3.04	29	25	11	10
规模以上工业企业新产品销售收入占营业收入比重（%）	4.19	10	13	3	5
高新技术产业增加值占规模以上工业增加值比重（%）	1.92	31	32	10	11
技术合同成交额	3.20	17	20	10	9
农业产业化省级以上龙头企业数（个）	3.03	17	15	7	8
经济社会发展	4.04	2	7	1	1
经济增长	4.49	3	7	1	1
GDP 较上一年增长（%）	3.83	15	29	4	4
本级地方财政科技支出占公共财政支出比重（%）	5.14	2	3	1	1
社会生活	3.36	5	7	4	4
居民人均可支配收入（元）	2.95	13	14	7	8
万人社会消费品零售额（万元）	3.85	3	3	1	1

创新环境在全省三类县（市、区）排名第 1 位，较上一年上升了 2 位，排在抚州市第 1 位，较上一年上升了 1 位。具体来看，人均科普经费投入 2.14 元，在全省三类县（市、区）排名较上一年上升 11 位；当年新增省级及以上研发平台 / 创新载体 2 个，在全省三类县（市、区）排名较上一年上升

10 位；规模以上工业企业建立研发机构的比例从 2021 年的 32.14% 上升至 2022 年的 41.46%，在全省三类县（市、区）排名较上一年上升 4 位。

创新投入排在全省三类县（市、区）第 24 位，较上一年上升了 6 位，排在抚州市第 11 位，与上一年位次相同。具体来看，规模以上工业企业 R&D 人员占从业人员比重从 2021 年的 3.57% 上升至 2022 年的 6.40%，在全省三类县（市、区）排名较上一年上升 17 位；规模以上工业企业中万人 R&D 人员全时当量从 2021 年的 6.09 人·年上升至 2022 年的 14.76 人·年，在全省三类县（市、区）排名较上一年上升了 10 位。

创新成效排在全省三类县（市、区）第 28 位，较上一年上升了 1 位，排在抚州市第 11 位，与上一年位次相同。具体来看，规模以上工业企业新产品销售收入占营业收入比重 31.76%、每万家企业法人科技型中小企业数 73.86 家、技术合同成交额 17 898 万元，以上三项指标在全省三类县（市、区）排名均较上一年上升了 3 位。

经济社会发展排在全省三类县（市、区）第 2 位，较上一年上升了 5 位，排在抚州市第 1 位，与上一年位次相同。具体来看，GDP 较上一年增长 5.20%，在全省三类县（市、区）排名上升 14 位；本级地方财政科技支出占公共财政支出比重 5.76%、居民人均可支配收入 27 140 元，在全省三类县（市、区）排名均较上一年上升 1 位。

综上所述，资溪县科技创新能力排名较上一年进步较大，每十万人科普专职人员在全省三类县（市、区）排名第一，但规模以上企业数、万人有效发明专利拥有量增量、每万家企业法人高新技术企业数、高新技术产业增加值占规模以上工业增加值比重等指标排名落后。建议该县夯实创新基础，鼓励企业做大做强，同时引导企业加大科技创新投入、更大力度参与科技创新，提高科技成果转化和产业化水平，不断塑造发展新动能新优势。

十、广昌县

广昌县，位于江西省抚州市南部，抚州市下辖县。2022 年，广昌县科技创新能力在全省三类县（市、区）排名第 20 位，较上一年上升了 7 位，排在抚州市第 11 位，较上一年下降了 1 位（表 3-99）。

表 3-99　广昌县（三类）科技创新能力评价指标得分与位次

指标名称	得分/分	全省三类县（市、区）排名		本市排名	
	2022 年	2022 年	2021 年	2022 年	2021 年
科技创新能力	67.22	20	27	11	10
创新环境	3.33	20	28	8	11
创新基础	3.19	23	22	9	9
规模以上企业数（家）	2.82	16	15	6	6
规模以上工业企业建立研发机构的比例（%）	3.78	20	23	10	11
当年新增省级及以上研发平台 / 创新载体（个）	2.96	16	21	7	7
科技意识	3.54	17	28	4	9
人均科普经费投入（元）	4.07	5	15	2	5
每十万人科普专职人员（人）	2.90	25	29	7	9
创新投入	3.42	15	24	7	10
人力投入	3.31	19	21	8	8
规模以上工业企业中万人 R&D 人员全时当量（人·年）	3.16	17	18	7	8
规模以上工业企业 R&D 人员占从业人员比重（%）	3.46	14	18	10	8
财力投入	3.52	10	27	4	11
规模以上工业企业 R&D 经费支出	3.55	12	26	4	10
规模以上工业企业 R&D 经费支出占营业收入比重（%）	3.48	10	24	5	11
创新成效	3.21	24	23	10	9
技术创新	3.11	22	26	10	10
万人有效发明专利拥有量增量（件）	3.02	20	26	9	11
每万家企业法人高新技术企业数（家）	3.06	23	24	10	10
每万家企业法人科技型中小企业数（家）	3.27	21	22	10	10
产业化水平	3.30	21	17	8	7
规模以上工业企业新产品销售收入占营业收入比重（%）	3.49	21	2	9	1
高新技术产业增加值占规模以上工业增加值比重（%）	3.24	23	19	5	7
技术合同成交额	3.27	14	32	9	11

续表

指标名称	得分/分 2022年	全省三类县（市、区）排名 2022年	全省三类县（市、区）排名 2021年	本市排名 2022年	本市排名 2021年
农业产业化省级以上龙头企业数（个）	3.16	13	10	5	6
经济社会发展	3.75	5	17	4	5
经济增长	4.44	4	12	2	2
GDP较上一年增长（%）	4.26	7	31	1	5
本级地方财政科技支出占公共财政支出比重（%）	4.63	4	4	2	2
社会生活	2.70	25	25	10	10
居民人均可支配收入（元）	2.46	27	27	10	10
万人社会消费品零售额（万元）	2.99	17	18	4	4

创新环境在全省三类县（市、区）排名第20位，较上一年上升了8位，排在抚州市第8位，较上一年上升了3位。具体来看，人均科普经费投入1.32元，在全省三类县（市、区）排名较上一年上升10位；当年新增省级及以上研发平台/创新载体数在全省三类县（市、区）排名较上一年上升5位；每十万人科普专职人员5.47人，在全省三类县（市、区）排名较上一年上升4位；规模以上工业企业建立研发机构的比例38.64%，在全省三类县（市、区）排名较上一年上升了3位。

创新投入排在全省三类县（市、区）第15位，较上一年上升了9位，排在抚州市第7位，较上一年上升了3位。具体来看，规模以上工业企业R&D经费支出、规模以上工业企业R&D经费支出占营业收入比重在全省三类县（市、区）排名均较上一年上升14位；规模以上工业企业R&D人员占从业人员比重在全省三类县（市、区）排名较上一年上升4位；规模以上工业企业中万人R&D人员全时当量17.65人·年，在全省三类县（市、区）排名较上一年上升1位。

创新成效排在全省三类县（市、区）第24位，排在抚州市第10位，均较上一年下降了1位。具体来看，规模以上工业企业新产品销售收入占营业收入比重23.21%，在全省三类县（市、区）排名较上一年下降19位；高新技术产业增加值占规模以上工业增加值比重由 2021 年的 31.84% 上升至 2022 年的 32.30%，但在全省三类县（市、区）排名却下降了 4 位；农业产业化省级以上龙头企业数 8 个，在全省三类县（市、区）排名下降 3 位。

经济社会发展排在全省三类县（市、区）第 5 位，较上一年上升了 12 位，排在抚州市第 4 位，较上一年上升了 1 位。具体来看，GDP 较上一年增长5.50%，在全省三类县（市、区）排名上升 24 位。

综上所述，广昌县 2022 年度科技创新能力排名略有提升，人均科普经费投入、本级地方财政科技支出占公共财政支出比重排名在全省三类县（市、区）前列，但规模以上工业企业建立研发机构的比例、每万家企业法人高新技术企业数、每万家企业法人科技型中小企业数等指标排名有待提升。建议该县夯实创新基础，营造良好创新氛围，完善高新技术企业和科技型中小企业成长加速机制，提高科技成果转化和产业化水平，不断提升科技创新水平。

十一、东乡区

东乡区，原东乡县，2017 年 12 月撤销东乡县设立东乡区，位于江西省东部，抚州市市辖区。2022 年，东乡区科技创新能力在全省二类县（市、区）排名第 9 位，较上一年上升了 4 位，排在抚州市第 6 位，与上一年位次相同（表 3-100）。

表 3-100　东乡区（二类）科技创新能力评价指标得分与位次

指标名称	得分/分	全省二类县（市、区）排名		本市排名	
	2022 年	2022 年	2021 年	2022 年	2021 年
科技创新能力	70.20	9	13	6	6
创新环境	3.64	5	18	4	7
创新基础	3.91	2	15	2	6
规模以上企业数（家）	3.28	20	20	3	3
规模以上工业企业建立研发机构的比例（%）	4.32	8	19	5	9
当年新增省级及以上研发平台 / 创新载体（个）	4.18	1	7	1	2
科技意识	3.23	21	18	8	5

续表

指标名称	得分/分	全省二类县（市、区）排名		本市排名	
	2022 年	2022 年	2021 年	2022 年	2021 年
人均科普经费投入（元）	3.50	13	4	7	1
每十万人科普专职人员（人）	2.89	28	27	8	7
创新投入	3.44	10	23	6	7
人力投入	3.63	9	15	6	6
规模以上工业企业中万人 R&D 人员全时当量（人·年）	3.53	12	17	5	4
规模以上工业企业 R&D 人员占从业人员比重（%）	3.74	7	11	5	6
财力投入	3.29	17	26	10	9
规模以上工业企业 R&D 经费支出	3.29	15	25	8	9
规模以上工业企业 R&D 经费支出占营业收入比重（%）	3.29	18	27	10	10
创新成效	3.42	14	3	7	6
技术创新	3.41	8	9	9	6
万人有效发明专利拥有量增量（件）	3.31	5	9	4	3
每万家企业法人高新技术企业数（家）	3.55	4	6	6	5
每万家企业法人科技型中小企业数（家）	3.36	13	8	9	8
产业化水平	3.42	19	6	6	6
规模以上工业企业新产品销售收入占营业收入比重（%）	3.20	19	8	10	6
高新技术产业增加值占规模以上工业增加值比重（%）	2.93	25	8	6	5
技术合同成交额	3.57	13	9	7	6
农业产业化省级以上龙头企业数（个）	4.48	4	4	2	2
经济社会发展	3.81	8	14	3	2
经济增长	4.02	8	17	5	3
GDP 较上一年增长（%）	3.41	20	24	8	3
本级地方财政科技支出占公共财政支出比重（%）	4.62	6	7	3	4
社会生活	3.51	8	8	2	2
居民人均可支配收入（元）	3.79	3	3	2	2
万人社会消费品零售额（万元）	3.16	12	15	2	2

创新环境在全省二类县（市、区）排名第 5 位，较上一年上升了 13 位，排在抚州市第 4 位，较上一年上升了 3 位。具体来看，规模以上工业企业建立研发机构的比例 46.84%，在全省二类县（市、区）排名较上一年上升 11 位；

当年新增省级及以上研发平台/创新载体共6个，其中国家级1个，在全省二类县（市、区）排名较上一年上升6位。

创新投入排在全省二类县（市、区）第10位，较上一年上升了13位，排在抚州市第6位，较上一年上升了1位。具体来看，规模以上工业企业R&D经费支出从2021年的28 786.40万元上升至2022年的30 549.30万元，在全省二类县（市、区）排名上升10位；规模以上工业企业R&D经费支出占营业收入比重从2021年的0.86%下降至2022年的0.81%，但在全省二类县（市、区）排名却上升了9位；规模以上工业企业中万人R&D人员全时当量23.62人·年，在全省二类县（市、区）排名较上一年上升5位；规模以上工业企业R&D人员占从业人员比重7.23%，在全省二类县（市、区）排名较上一年上升4位。

创新成效排在全省二类县（市、区）第14位，较上一年下降了11位，排在抚州市第7位，较上一年下降了1位。具体来看，高新技术产业增加值占规模以上工业增加值比重从2021年的31.20%下降至2022年的27.76%，在全省二类县（市、区）排名下降17位；技术合同成交额从2021年的33 001.74万元上升至2022年的63 881.02万元，但在全省二类县（市、区）排名却下降了4位。

经济社会发展排在全省二类县（市、区）第8位，较上一年上升了6位，排在抚州市第3位，较上一年下降了1位。具体来看，GDP增幅从2021年的8.40%下降至2022年的4.90%，但在全省二类县（市、区）排名却上升了4位；本级地方财政科技支出占公共财政支出比重从2021年的3.46%上升至2022年的4.91%，在全省二类县（市、区）排名上升1位。

综上所述，东乡区当年新增省级及以上研发平台/创新载体、每万家企业法人高新技术企业数、农业产业化省级以上龙头企业数、居民人均可支配收入等指标排名前五，但每十万人科普专职人员、规模以上工业企业R&D经费支出占营业收入比重、高新技术产业增加值占规模以上工业增加值比重等排名相对靠后。建议该区积极营造良好创新氛围，引导企业加大研发投入、更大力度参与科技创新，同时积极培育高技术产业，为新质生产力发展提供良好环境和有力保障。

科技创新能力得分计算方法 ①

第一步，将三级指标原始数据进行标准化：

$$S_{ijk} = \frac{X_{ijk} - \overline{X}}{\sigma}$$

其中，S_{ijk} 为三级指标标准化后的数值；X_{ijk} 为第 i 个一级指标下、第 j 个二级指标下的第 k 个三级指标；$\overline{X}$ 为三级指标各区县的均值；σ 为标准差。

第二步，二级指标得分：

$$S_{ij} = \sum_{k=1}^{n_j} (S_{ijk} + \partial) W_{ijk}$$

其中，S_{ij} 为二级指标得分；∂ 为三级指标得分修正值；W_{ijk} 为各三级指标对应权重；n_j 为第 j 个二级指标下设的三级指标个数。

第三步，一级指标得分：

$$S_i = \sum_{j=1}^{n_i} S_{ij} W_{ij}$$

其中，S_i 为一级指标得分；W_{ij} 为各二级指标对应权重；n_i 为第 i 个一级指标下设的二级指标个数。

第四步，综合得分：

---

① 陈勇，李政刚，张欣 .2016.2014 年度重庆市区县科技竞争力评价报告 [M]. 重庆：重庆出版集团 . 各级指标权重由专家打分综合确定。数值保留小数点后两位。

$$S = \sum_{i=1}^{n} S_i W_i$$

其中，S 为综合得分；W_i 为各一级指标对应权重；n 为一级指标个数。

第五步，百分制转换后总得分：

$$S_{总} = S/t$$

其中，$S_{总}$ 为百分制转换后的总得分，S 为综合得分，t 为转换系数。